企业会计信息化

主　编　周　阅　黄菊英

副主编　张　猜　牟艳梅

参　编　张　力　刘丽燕

主　审　方永强

北京理工大学出版社

BEIJING INSTITUTE OF TECHNOLOGY PRESS

内 容 提 要

本书主要讲述会计信息化的基础知识与基本原理、会计信息化的实施和会计信息化的操作应用。

全书共分七个学习情境，分别介绍企业会计信息化实施，总账处理，报表管理，薪酬管理，固定资产管理，采购与应付、库存、存货业务处理，销售与应收、库存、存货业务处理的基础知识和基本原理，并主要以用友 ERP – U8.72 为平台讲述会计信息化的操作应用，每一个学习情境都有配套的情境引例来驱动教学。

通过本书的学习，可了解会计信息化的基础知识、熟悉会计信息化的基本原理、掌握常用财务软件的操作应用、懂得会计信息化的管理方法，为实际工作和进一步学习奠定扎实的基础。因此，本书适用于高等院校会计类及其他相关经管专业的教学，也可作为社会自学人士和从业人士的参考用书。

图书在版编目（CIP）数据

企业会计信息化／周阅，黄菊英主编. —北京：北京理工大学出版社，2014.5（2018.2 重印）
ISBN 978 – 7 – 5640 – 8759 – 3

Ⅰ．①企…　Ⅱ．①周…②黄…　Ⅲ．①企业管理 – 会计信息 – 财务管理系统
Ⅳ．①F275.2

中国版本图书馆 CIP 数据核字（2014）第 004961 号

出版发行／北京理工大学出版社有限责任公司
社　　　址／北京市海淀区中关村南大街 5 号
邮　　　编／100081
电　　　话／（010）68914775（总编室）
　　　　　　82562903（教材售后服务热线）
　　　　　　68948351（其他图书服务热线）
网　　　址／http：//www.bitpress.com.cn
经　　　销／全国各地新华书店
印　　　刷／三河市天利华印刷装订有限公司
开　　　本／787 毫米×1092 毫米　1/16
印　　　张／16　　　　　　　　　　　　　　　　　　　责任编辑／张慧峰
字　　　数／364 千字　　　　　　　　　　　　　　　　文案编辑／多海鹏
版　　　次／2014 年 5 月第 1 版　2018 年 2 月第 3 次印刷　责任校对／周瑞红
定　　　价／49.00 元　　　　　　　　　　　　　　　　责任印制／马振武

高等职业教育"十二五"规划教材
重庆市高等学校会计专业核心课程教学团队建设成果
编委会

　　我国高等职业教育的改革，在"十一五"期间可以概括为"有力度、有方法、有效果"。国家政策、各级政府配套法规与相应的资金支持有力度，以 2005 年国务院关于大力发展职业教育的决定［国发 35 号文件］为总纲，以 2006 年教育部关于全面提高高等职业教育教学质量的若干意见［教高 16 号文件］、教育部和财政部关于实施国家示范性高等职业院校建设计划，加快高等职业教育改革与发展的意见［教高 14 号文件］为操作依据，以 100 所国家级示范性高职院校建设为抓手，推动了以"工学结合、就业导向"的、以内涵建设为质量本体的、高职教育专业设置、课程改革、师资培养、实习实训场地和设施建设、校企合作等全方位的改革与发展，取得了高职教育改革发展巨大成果。在全国 5 所国家示范性高职会计专业建设成果的推广和影响下，我国的高职会计专业建设也取得了非常可喜的成就。重庆市教育委员会 2010 年［渝教高 2010 年 13 号文件］下达的高等学校市级教学团队中的"会计专业核心课程教学团队"，也是在全面提升高职教育质量这个背景下产生的。

　　"会计专业核心课程"是一个具有庞大内涵的话题，运行这样的课程团队建设，至少需要逻辑上界定以下四个层级关系：高职教育与高职专业教育、课程与核心课程、会计专业课程与会计专业核心课程、行政管理与团队建设；同时也需要从本质上回答课程与专业教育目标的内在联系，尤其是高职会计专业教育内容与达成培养目标实现途径的内在联系。带着这些问题，重庆市高职会计专业核心课程教学团队成员进行了艰苦、认真和积极的研究。我们认同以下的说法：课程是有范围、序列和进程的、包括教学方法和技术的设计等在内的"有计划"的教学活动的组合，也是有目的地达到预期的学习结果或目标的教学活动；在某个体系中处于中心的位置就是核心，核心课程是形成某种职业能力的关键课程。会计专业课程就是构成会计职业能力的全部专业课程，会计专业核心课程就是构成会计职业能力的关键课程。在既定的培养目标下，高职会计专业需要开设哪些课程，需要选择哪些课程来构建其核心课程，这些课程应该选择哪些内容，这些内容之间又怎么有机地联系起来，如此等等，都是我们团队在课程建设中需要不断思考和不断完善来逐渐形成的。

　　专业核心课程培养专业核心能力，会计专业核心能力是什么？有哪些表现形式？通过 3 年教育怎么达成学生的会计专业核心能力？这些核心能力又怎样得到社会认可（认证）？这也是教育工作者需要认真严肃思考和认真对待的。

　　会计专业的核心能力是：会计人员能依据财会法规，设置会计账簿，填制会计凭证，对会计业务进行确认、计量、记录和报告，依法计算和缴纳税费，实行会计监督，协调财务关系。

会计专业核心能力主要通过在会计工作表现出来的，主要内容有职业品行规范，专业知识扎实，业务技术娴熟，熟悉财会法规，知晓主要税收法规，团结协作，善于沟通。

在明确其培养目标、培养的人才规格的定位后，确定高职会计专业核心课程的内容。团队主持人黄骥教授从事会计职业教育33年，近年先后到中国香港、德国学习其的职业教育，长期参与国内培训、进修、研讨会议等，特别是全过程跟踪学习国家示范性高职会计专业建设的优秀做法，将高职会计教育与中职会计教育、本科会计教育的状况进行对比，提出核心课程框架，经团队成员反复研讨，确定高职会计专业核心课程有以下9门：

企业会计基础

会计职业技能

企业初级会计核算与报告

企业会计信息化

企业成本核算

企业税费计算及纳税申报

企业财务管理

企业中级会计核算与报告

企业会计核算与报告综合实训

要让学生达成会计专业职业核心能力，我们探索和创新地设计了会计专业教育的"1333人才培养模式"，基本含义是：一条职业素质教育主线，三大能力目标，职业社会能力，职业方法能力，专业岗位能力；三种证书融通，毕业证、课程等级证书、职业资格证书与培养计划衔接；三种有效培养途径，在校由专任教师培养，顶岗实习由企业专家培养，终身由学生自主互助修养。还设计了与这个人才培养模式相适应的"课程教学模式"和"实践教学体系"。

学生达成了会计职业应有能力又怎样获得社会认可（认证）呢？在课程教学与社会认可（认证）之间又怎样不走或者少走重复教学的弯路呢？这也是当前高职会计专业教育不可逾越的问题。高职会计专业学生毕业时，连一个会计从业资格证都没有，能迅速就业吗？因此在高职会计专业课程设计中，我们还无法回避受教育者需获得"会计从业资格证书"这个现实问题。

综合上述问题的研究，我们依凭重庆市高职会计专业核心课程教学团队的建设成果，吸取国内外职业教育先进理念，借鉴国内会计专业教育的优秀做法，召集西南地区11所高职院校的40余名会计专业教师，邀请10余名企业实际工作的高级会计师，共同参与教材的编写工作，经过反复研讨、甄别和取舍，对这套丛书系列教材，采取了"能力本位课程模式"与"项目化课程模式"相结合的"双课程模式结构"。"能力本位课程"模式主要为了使学生能较好地应对必须要参加会计从业资格证书、会计专业技术资格获得的考试的需要，在这9门核心课程中企业会计基础、企业初级会计核算与报告、企业中级会计核算与报告3门课程按这种模式设计，其余6门课程均按"项目化课程"模式设计，主要是为了培养学生专业能力，应对实际工作的直接要求。

在"双课程模式结构"下，这套教材具有以下特点：

1. 定位明确。高职会计专业就是要培养全部学生能获得会计从业资格的社会认证为标准，培养部分学生能考取助理会计师资格为目标，为学生终身学习和发展职业能力打下良好基础。基于这个培养目标的定位下，高职3年教育的职业核心能力、专业能力、职业道德、职业发展能力等问题就迎刃而解。

2. 学生实用。财政部《会计行业中长期人才发展规划（2010－2020年）》指出：当前和今后一个时期，我国会计人才发展的指导方针是：服务发展，以用为本；健全制度，创新机制；高端引领，整体开发。通过对这9门核心课程的学习，要求全部学生都能较好考取会计从业资格证书，部分学生能考取助理会计师的会计专业技术资格证书。同时这9本教材的逻辑起点和终点，既遵循教育的渐进规律，更尊重会计职业能力养成的递进规律，在内容选取、排序、表现形式等都有独到之处。比如企业会计基础一书，我们从认识会计的凭证、账簿和报表开始，给出了典型的会计凭证、账簿和报表的实物图形，学生能直观感受许多陌生的会计学概念；进而依次认识会计平衡公式、借贷记账法，逐渐推进到会计业务核算，会计凭证填制和会计账簿填写，最后再认识会计的发展。

3. 教师好用。本套系列丛书，是"4合1"的立体教学材料的有机融合。在主体教材中，还安排了一定的"教学案例、教学互动"等较为活泼的教学内容，安排了必要的发展性学习的"知识窗、拓展阅读"等内容，安排了配合能力形成的"能力训练"项目。除主体教材外，还配套编写了适应教师教学使用的"授课计划、教案、课件、能力训练参考答案"4种教学资源。

4. 结构创新。"能力本位课程模式"的结构，并没有按照传统的学科体系来编撰，而是打破了学科体系，按会计职业能力养成的递进规律重新排序编撰。"项目化课程模式"的结构，是按完成一项较为完整的会计工作任务，需要哪些职业能力和相应的职业知识，要具备的职业态度等要求来编排的，非常适合学生在学中做，在做中学，边学边做，逐步达成教育目标要求的职业能力。

5. 内容创新。内容或者表现内容的形式都有较多的创新。比如：企业会计基础，首次将"把握会计职业风险"的内容纳入教学，其内容编排的秩序充分体现了渐进性教育规律；会计职业技能，八个项目内容都依据现实的会计岗位能力需要编写，丰富的图片尽显操作要领；企业初级会计核算与报告与企业会计信息化，融理论知识、技能训练、职业资格认证于一体，既注重学生专业技能培训，又注重学生可持续发展；企业成本核算，引入"加强团队协作，共同降低成本"的理念；企业税费计算及纳税申报，以工作情景为导向的案例引入，难点浅显化，学习趣味化；企业财务管理，将"个人理财知识点融入企业财务管理"行为中；企业中级会计核算与报告，增加了外币折算的内容；企业会计核算与报告综合实训，充分体现实训教程的综合性、实作性、超前性，打破传统综合实训瓶颈，实现手工账与电算化的完美结合。

6. 模式创新。院校与出版社、作者与编辑之间进行了良好的互动和合作，可以概括为：编辑全程参与教学研讨、课程体系构建，作者全程参与教材编印制作的工作。

在这套教材出版之际，我们团队的全体成员，对长期关心团队建设的教育部经济类教指委和经济类教指委财会专业委员会的领导们、全国高职院校的会计教育专家们，以及来自企业行业的会计实践工作的专家们，对参考或借鉴的文献作者们，在此一并谢谢你们热情的帮助和无私的奉献。

这套教材能够顺利出版，得到了北京理工大学出版社有关领导给予的足够关注和实在的支持，有关编辑人员积极参与教材的研发，在编辑过程中付出了艰辛的劳动，在此请接受我们深深的谢意。

对关心重庆市高等学校会计专业核心课程教学团队建设的重庆市教委领导和专家们、重庆城市管理职业学院的领导们，也致以真诚的谢意。

高等职业教育"十二五"规划教材

重庆市高等学校会计专业核心课程教学团队建设成果

编委会

2012 年 6 月

FOREWORD 前言

21 世纪，信息化的浪潮扑面而来，各行各业都承受着信息化的冲击与洗礼，会计工作作为经济社会领域的重要方面也不例外，会计电算化普及提高并已迈步走进会计信息化。社会对会计信息化人才的需求数量在稳步增长，对会计从业人员的会计信息化能力也提出了更高的要求。

会计信息化是建立在会计学、管理学、系统工程学、计算机科学、数据库技术、网络技术和信息技术等基础之上的一门综合性、边缘性学科。经济越发展，会计越重要。社会经济的飞速发展和经济信息的爆炸式增长对会计学提出了更新更高的要求，信息技术的进步为会计学插上了腾飞的翅膀，会计信息化在企业经营管理中的重要作用越来越凸显，国家对会计的信息化工作也越加重视，企业的会计信息化程度也越来越高。这一切都表明，科技不断进步，会计信息化也会随之提高普及，具备扎实过硬的会计信息化能力是新世纪会计从业人员的必备武器。

本书依据新企业会计准则，结合用友ERP－U8.72组织编写。全书本着理论必需够用、技能扎实过硬的原则，充分贯彻"学中做、做中学"的理念，采取任务驱动模式，特色鲜明，优势突出，是一部针对性和实用性极强的教材。本书各学习情境均以实际工作任务为情境引例，通过知识准备、业务操作流程、职业判断与业务操作依次展开学习，再利用拓展学习进行选择性补充，并提供系统的单项与综合相结合实训案例，能很好满足高等教育人才培养需求。

本书由周阅、黄菊英担任主编，张倩、牟艳梅担任副主编，张力、刘丽燕等老师参加了编写。全书由周阅负责设计体系结构和拟定编写大纲，并负责对全书进行修改、补充、统撰，最后由方永强审定。

本书在编写过程中受到了各参编学校的领导与北京理工大学出版社的大力支持和帮助，在此表示诚挚的感谢。

本书虽严谨编撰，但由于时间仓促、能力有限，编写过程中难免有疏漏与不足之处，恳请读者理解并批评指正。

编　者

目　录

典型工作任务

◎选择与安装会计软件。

◎建立账套。

◎财务分工。

◎设置基础档案。

职业能力目标

◎能根据工作任务查阅有关资料。

◎能根据企业的实际情况选择适合的会计软件及相应的功能模块，并能正确安装。

◎能完成初始建账工作。

◎能按需配置操作人员并合理进行财务分工。

◎能根据管理要求和企业实际情况正确设置基础档案。

◎了解会计信息化相关的法律法规。

◎养成良好的会计职业道德。

学习情境一　企业会计信息化实施

【情境引例】

重庆阅典计算机有限公司是一家集电脑及其周边产品生产、销售为一体的工业企业，会计核算采用新会计制度科目，于2011年1月1日开始实施会计信息化。

一、操作员及其权限

重庆阅典计算机有限公司操作员及其权限见表1-1。

表1-1　操作员及其权限

编号	姓名	口令	所属部门	角色	权限
001	宋岚	123456	财务部	账套主管	
002	赵红兵	123456	财务部	总账会计	
003	陈峰	123456	财务部		出纳签字和出纳的权限

二、账套信息

公司地址：重庆市西永微电园电达路99号

法人代表：阅子航

邮政编码：400018

电话：023-67676868

传真：023-67678686

税务登记号：3102256437218

启用会计期：2011年1月

企业类型：工业

行业性质：2007 年新会计制度科目

账套主管：宋岚

基础信息：对存货、客户、供应商进行分类，有外币核算

科目编码级次：4222

三、部门档案

重庆阅典计算机有限公司部门档案见表 1 - 2。

表 1 - 2　部门档案

部门编码	部门名称	成立日期
1	生产部	2011 年 1 月 1 日
101	生产一部	2011 年 1 月 1 日
102	生产二部	2011 年 1 月 1 日
2	工程部	2011 年 1 月 1 日
3	采购部	2011 年 1 月 1 日
4	业务部	2011 年 1 月 1 日
401	业务一部	2011 年 1 月 1 日
402	业务二部	2011 年 1 月 1 日
5	管理部	2011 年 1 月 1 日
501	财务部	2011 年 1 月 1 日
502	总经办	2011 年 1 月 1 日
6	仓储部	2011 年 1 月 1 日
7	计划部	2011 年 1 月 1 日

四、职员档案

重庆阅典计算机有限公司职员档案见表 1 - 3。

表 1 - 3　职员档案

部门编码	部门名称	人员		人员类别	性别	生效日期	业务或费用部门	说明
1	生产部	10001	王齐	在职人员	男	2011 - 01 - 01	生产一部	生产管理
101	生产一部	10101	罗梁	在职人员	男	2011 - 01 - 01	生产一部	车间管理
102	生产二部	10201	董小辉	在职人员	男	2011 - 01 - 01	生产二部	车间管理
2	工程部	20001	吴红梅	在职人员	女	2011 - 01 - 01	工程部	物料清单
		20002	李明	在职人员	男	2011 - 01 - 01	工程部	工艺路线
3	采购部	30001	倪雪	在职人员	女	2011 - 01 - 01	采购部	采购管理

续表

部门编码	部门名称	人员		人员类别	性别	生效日期	业务或费用部门	说明
4	业务部	40001	李飞	在职人员	男	2011-01-01	业务一部	业务审核
401	业务一部	40101	雷磊	在职人员	男	2011-01-01	业务一部	销售
402	业务二部	40201	何亮	在职人员	男	2011-01-01	业务二部	销售
5	管理部	50001	代方	在职人员	女	2011-01-01	财务部	财务管理
501	财务部	50101	宋岚	在职人员	女	2011-01-01	财务部	会计
		50102	赵红兵	在职人员	男	2011-01-01	财务部	会计
		50103	陈峰	在职人员	男	2011-01-01	财务部	出纳
6	仓储部	60001	肖遥	在职人员	女	2011-01-01	仓储部	库存管理
7	计划部	70001	陈娟	在职人员	女	2011-01-01	计划部	生产计划
		70002	石海	在职人员	男	2011-01-01	计划部	生产计划

五、客户与供应商信息

（一）客户分类及客户档案

1. 客户分类（见表1-4）

表1-4 客户分类

分类编码	分类名称
01	批发
02	零售
03	代销
04	专柜

2. 客户档案（见表1-5）

表1-5 客户档案

客户编码	客户简称	所属分类	税 号	开户银行	账号
0001	华宏公司	批发	310003154	工行	112
0002	昌新贸易公司	批发	310108777	中行	567
0003	精益公司	专柜	315000123	建行	158
0004	利氏公司	代销	315452453	招行	763

（二）供应商分类及供应商档案

1. 供应商分类（见表1-6）

表1-6 供应商分类

分类编码	分类名称
01	原料供应商
02	成品供应商
03	委外供应商
04	其他

2. 供应商档案（见表1-7）

表1-7 供应商档案

供应商编码	供应商简称	所属分类	税号	属性
YDGS	益达公司	原料供应商	313546844	货物
XHGS	兴华公司	成品供应商	310821385	货物
JCGS	建昌公司	成品供应商	314825705	货物
FMSH	泛美商行	委外供应商	318478228	委外
ADGS	艾德公司	其他	310488008	服务

六、计量单位与存货信息

（一）计量单位（见表1-8）

表1-8 计量单位

编号	名称	所属计量单位组	计量单位组类别
0101	台	数量单位	无换算
0102	只	数量单位	无换算
0103	个	数量单位	无换算
0104	条	数量单位	无换算
0105	片	数量单位	无换算
0106	次	数量单位	无换算

（二）存货分类（见表1-9）

表1-9 存货分类

编码	名称
01	产成品
02	半成品

续表

编码	名称
03	外购品
04	原材料
05	模型类
06	应税劳务

（三）存货档案（见表 1 – 10）

表 1 – 10　存货档案

存货编码	存货名称	计量单位	存货属性	所属类别	税率/%
0101	电脑（P3）	台	自制/内销/外销/MPS	产成品	17
0102	电脑（P4）	台	自制/内销/外销/MPS	产成品	17
0201	机箱	个	委外/内销/外销/生产耗用/MPS	半成品	17
0202	主机（P3）	台	自制/内销/外销/生产耗用/MPS	半成品	17
0203	主机（P4）	台	自制/内销/外销/生产耗用/MPS/重复计划	半成品	17
0301	显示器	台	外购/内销/外销/生产耗用	外购品	17
0302	鼠标	个	外购/内销/外销/生产耗用	外购品	17
0303	键盘	个	外购/内销/外销/生产耗用	外购品	17
0304	内存条	条	外购/内销/外销/生产耗用	外购品	17
0305	硬盘	个	外购/内销/外销/生产耗用	外购品	17
0306	喷墨打印机	台	外购/内销/外销/生产耗用	外购品	17
0307	激光打印机	台	外购/内销/外销/生产耗用	外购品	17
0401	金属板（1M×2M）	片	外购/生产耗用	原料库	17
0402	金属板（1M×3M）	片	外购/生产耗用	原料库	17
0601	运输费	次	外购/内销/外销/应税劳务	应税劳务	17

七、外币信息

币名：美元；

币符：USD；

期初汇率：8.275。

八、会计科目

重庆阅典计算机有限公司部分会计科目及核算属性见表 1 – 11。

表 1-11 部分会计科目及核算属性

科目编码	科目名称	外币/单位	辅助账类型	方向	科目编码	科目名称	外币/单位	辅助账类型	方向
1001	库存现金		指定科目（日记账）	借	222112	应交个人所得税			贷
1002	银行存款		指定科目	借	4002	资本公积			贷
100201	工行存款		（日记、银行账）	借	4101	盈余公积			贷
100202	中行存款	美元	（日记、银行账）	借	4103	本年利润			贷
1122	应收账款		客户往来	借	4104	利润分配			贷
1123	预付账款		供应商往来	借	410401	未分配利润			贷
112301	报刊费			借	5001	生产成本			借
1221	其他应收款		个人往来	借	500101	直接材料		项目核算	借
1403	原材料			借	500102	直接人工		项目核算	借
1405	库存商品			借	500103	制造费用		项目核算	借
140501	硬盘	个	数量核算	借	5101	制造费用			借
140502	电脑（P3）	台	数量核算	借	510101	工资		部门核算	借
140503	电脑（P4）	台	数量核算	借	510102	福利费		部门核算	借
1511	长期股权投资			借	510103	加班费		部门核算	借
151101	股票投资			借	510104	折旧费		部门核算	借
151102	其他股权投资			借	510199	其他		部门核算	借
2001	短期借款			贷	6001	主营业务收入			贷
2201	应付票据			贷	600101	硬盘	个	数量核算	贷
2202	应付账款		供应商往来	贷	600102	电脑（P3）	台	数量核算	贷
2203	预收账款		客户往来	贷	600103	电脑（P4）	台	数量核算	贷
2211	应付职工薪酬				6401	主营业务成本			借
221101	应付工资			贷	640101	硬盘	个	数量核算	
221102	应付福利费			贷	640102	电脑（P3）	台	数量核算	借
2221	应交税费			贷	640103	电脑（P4）	台	数量核算	借
222101	应交增值税			贷	6601	销售费用			借
22210101	进项税额			贷	6602	管理费用			借
22210102	已交税金			贷	660201	工资		部门核算	借
22210103	转出未交增值税			贷	660202	福利费		部门核算	借
22210105	销项税额			贷	660203	电话费		部门核算	借
22210107	进项税额转出			贷	660204	折旧费		部门核算	借
22210109	转出多交增值税			贷	660205	办公费		部门核算	借

续表

科目编码	科目名称	外币/单位	辅助账类型	方向	科目编码	科目名称	外币/单位	辅助账类型	方向
222102	未交增值税			贷	660299	其他		部门核算	借
222103	应交营业税			贷	6603	财务费用			借
222104	应交消费税			贷	660301	手续费			借
222106	应交所得税			贷	660302	利息收入			借
222108	应交城建税			贷	660303	利息支出			借

九、凭证类别

采用通用记账凭证。

十、核算项目

（一）新增核算大类

核算大类名称："生产成本"。

（二）项目分类

（1）自行开发项目。
（2）委托开发项目。

（三）项目目录（见表 1 - 12）

表 1 - 12　项目目录

项目编码	项目名称	所属分类
101	P3 电脑产品	自行开发项目
102	P4 电脑产品	自行开发项目
201	PX 电脑产品	委托开发项目

十一、结算方式与开户银行

（一）结算方式（见表 1 - 13）

表 1 - 13　结算方式

编码	名称
1	现金结算

续表

编码	名称
2	支票结算
201	现金支票
202	转账支票
3	汇票结算
4	其他

（二）开户银行

工行微电园分理处，账号：120076584898。

【知识准备】

一、会计信息化的含义及其发展

（一）会计电算化

1. 我国会计电算化的产生

1981 年 8 月在长春召开的"财务、会计、成本应用电子计算机专题讨论会"上，财政部和中国会计学会正式提出了"会计电算化"这个说法。会计电算化是电子计算机技术在会计工作中应用的简称。

我国由于受到各方面条件的制约，会计电算化工作起步较晚，最早产生于 20 世纪 70 年代。迄今为止，我国会计电算化工作经历了起步阶段（1978—1983 年）、缓慢发展阶段（1983—1987 年）和有计划有组织发展阶段（1987 年至今）三个阶段。

1）起步阶段

这一阶段，我国会计电算化主要是进行理论研究和实验准备工作，当时我国已有少数企业在个别业务中使用电子计算机。1979 年，财政部以长春第一汽车制造厂为重点试点单位，拨款 500 万元从德意志民主共和国进口电子计算机，尝试将电子计算机技术应用于会计工作。1981 年 8 月，在财政部、第一机械工业部、中国会计学会的支持下，中国人民大学和第一汽车制造厂在长春市召开"财务、会计、成本应用电子计算机专题讨论会"，正式把"电子计算机在会计中的应用"定名为"会计电算化"。这次会议是我国会计电算化理论研究的一个里程碑，标志着我国在会计电算化方面开始起步。

2）缓慢发展阶段

随着电子计算机技术的飞速发展，全国掀起了计算机应用的热潮，在会计工作中应用电子计算机的单位逐渐多了起来。为迎接新技术革命的挑战，1983 年，国务院成立了电子振兴领导小组，从此，我国电子技术进入了崭新阶段。但由于经验不足，理论准备与人才培训不够，在会计电算化过程中，因组织工作滞后，造成了许多盲目的低水平重复开发，且大多数财务软件功能比较单一，仅局限于工资核算、财务单项核算等比较简单的单项核算，浪费了许多人力、物力和财力。在这一阶段，会计电算化工作的进展非常缓慢。

3）有计划有组织发展阶段

这一阶段，我国会计电算化进入大发展阶段。随着经济体制改革的不断深化，计算机在会计工作中的应用逐步走上正轨，我国的会计电算化事业进入有计划有组织的发展阶段。财政部于1989年12月颁布了我国第一部关于会计电算化管理的规章《会计核算软件管理的几项规定（试行）》，1990年7月颁布了《会计核算软件管理的几项规定的补充规定》，对会计核算软件的开发、使用等问题做出了具体规定。1994年5月，财政部颁布了《关于大力发展我国会计电算化事业的意见》，明确了会计电算化工作的总体目标。以后陆续颁布了一系列的规章制度，分别是：1994年颁布的《会计电算化管理办法》《商品化会计核算软件评审规则》《会计核算软件基本功能规范》，1996年6月颁布的《会计电算化工作规范》等。这一系列规章制度的颁布，保证了会计电算化工作规范开展，加快了会计电算化发展的进程，标志着我国的会计电算化事业走向新的发展高潮。

在这一阶段，我国会计核算软件向着通用化、专业化、商品化方向发展，许多商品化会计核算软件专业开发单位或部门相继成立，同时各级财政部门也规范了对会计软件的评审条例。截至目前，财政部评审通过的财务软件有38种，省级财政厅评审通过的财务软件有164种，形成了中国财务软件的商品化市场。计算机技术、信息处理技术的迅速发展促使我国财务软件以惊人的速度发展，版本从DOS版发展到Windows版，从单用户版发展到局域网、广域网以及今天的网络财务软件；采用的数据库从Dbase、Foxbase、FoxPro、Visual FoxPro、Access发展到SQL Server、Oracle等，能满足集团公司、跨国公司等大型公司海量数据核算的需要。在中国企业使用的财务软件中，中国制造的财务软件居于主导地位，为我国软件产业的发展树立了成功的典范。

2. 会计电算化的含义

"会计电算化"是指将电子计算机技术应用到会计业务处理工作中，更为具体地说，是指应用各种软件（主要指会计软件）指挥各种计算机设备替代手工完成，或完成在手工下很难完成，甚至无法完成的会计工作的过程，是"电子计算机技术在会计工作中应用"的代名词。这是会计电算化的基本含义。

随着会计电算化事业的发展，"会计电算化"的含义得到进一步的引申与发展，与计算机技术在会计工作中应用有关的所有工作也都成为会计电算化的重要内容，包括会计电算化人才的培训、电算化会计制度的建立、会计电算化的宏观管理、计算机审计和电算化会计档案管理等。

以上分析可看出，"会计电算化"的含义有两层：狭义层面，会计电算化是指电子计算机技术在会计工作中应用的过程；广义层面，会计电算化是指与电子计算机在会计工作中应用有关的所有工作，可以称为"会计电算化工作"。

（二）会计信息化

1. 我国会计信息化的产生

我国会计信息化是在会计电算化的基础上产生和发展的，会计信息化的概念是在1999年4月于深圳举办的"会计信息化理论专家座谈会"上提出的。

2. 会计信息化的含义

现代信息技术在发展过程中，与社会诸领域及其各个层面动态地相互作用，形成信息化过程，会计信息化是现代信息技术与会计的融合。具体地说，会计信息化是全面运用以计算机、网络和通信为主的信息技术对伴随企业经营过程发生的原始数据进行获取、加工、传输、存储、分析等处理，为企业经营管理、控制与决策提供及时、准确的信息。会计信息化是企业管理信息化的一部分。

（三）会计信息化与会计电算化的区别

从实质来讲，"会计信息化"和"会计电算化"存在很大的区别，主要体现在以下六个方面。

1. 目标

会计电算化是实现核算会计业务的计算机处理。会计信息化是实现会计业务全面信息化，充分发挥会计在企业管理中的核心作用，与企业管理和人类社会构成一个有机的信息系统。

2. 技术手段

过去的会计电算化以计算机为主，现在的会计信息化以计算机网络和通信等现代技术为主。

3. 功能范围

会计电算化以实现业务核算为主。会计信息化不仅仅是进行业务核算，还有会计信息管理和决策分析，并根据信息管理的原理和信息技术重整会计信息流程。

4. 系统地位

会计电算化是财务部门的事务处理，按计算机的概念来说，是一个部门级的概念。会计信息化是企业业务处理及管理系统的有机组成部分。

5. 信息输入输出

会计电算化强调财务部自己输入，而会计信息化的大量数据从企业内外其他系统直接获取。会计电算化信息输送模式过去是财务部打印输出，并且报送其他机构，而会计信息化是企业内外的各个机构、部门，根据授权从系统或互联网上直接获取。

6. 系统层次

会计电算化以事务处理为主。会计信息化还包括信息管理层、决策支持和决策层。

（四）会计信息化的发展

1. 我国会计信息化的发展历程

我国会计信息化的产生基于信息技术的迅速发展、信息社会经济环境的变化与企业管理的客观要求，其发展主要经历了萌芽、初始、普及与提高三个阶段。

1）会计信息化的萌芽阶段

会计信息化的萌芽阶段具有以下特征：会计工作领域引入了计算机进行核算和辅助管理；核算型会计软件得到规范化的发展，逐步形成会计软件产业；计算机应用与会计工作的相关法规体系逐步建立；核算型会计软件得到较为广泛的应用；以网络技术为核心的现代信息技术的研究及其在会计工作中的应用极少。我国会计电算化的起步、推广、普及阶段就是会计信息化的萌芽阶段。

2）会计信息化的初始阶段

会计信息化的初始阶段具有以下特征：我国开始从会计电算化走向会计信息化；专业

会计软件公司推出适应会计信息化发展要求的 ERP（Enterprise Resource Planning，企业资源计划）管理软件，加快了会计信息化进程；学术界掀起了一场网络财务的研究热潮，会计信息化的理论研究得到了进一步的加强和深化；与会计信息化的萌芽阶段相比，政府对于企业实施会计信息化的直接推动作用较小，而是侧重于宏观指导。

20 世纪 90 年代，信息技术的广泛应用加快了全球经济一体化的进程，ERP 的研究与应用开始得到重视。1998 年 4 月 8 日，用友软件股份有限公司发布了 UFERP；1999 年，金蝶国际软件集团有限公司发布了 K/3ERP 企业管理软件。1999 年 4 月 2 日至 1999 年 4 月 4 日，深圳市财政局与金蝶公司在深圳联合举办"会计信息化理论专家座谈会"，对会计信息化的发展等问题进行探讨。会上，王景新教授指出将"会计电算化"改称为"会计信息化"是可以研究的问题。当时的金蝶公司总裁徐少春提出了"从会计电算化走向会计信息化"的观点。这次会议提出了会计信息化这一概念并明确了其内涵，标志着我国会计信息化的产生。

3）会计信息化的普及与提高阶段

会计信息化的普及与提高阶段具有以下特征：专业会计软件公司蓬勃发展，ERP 产品日益成熟，有力地推动了我国会计信息化的发展；会计信息化理论体系的研究趋于规范，并取得了较多的研究成果；ERP 人才培训和教育工作全面展开；大型企业会计信息化建设的成效较为显著，而中小型企业的会计信息化建设存在一定的困难。

2. 会计信息化的发展趋势

随着电子计算机技术和网络通信技术的发展，计算机的数据处理能力越来越强，国际互联网的服务也越来越贴近最终客户。在这种环境下，会计信息化应用更是扩大了其功能和控制范围。当前最具有发展前景的会计信息化应用有网络会计与体系、多媒体应用、电子商务的电子认证与支付方式等。

随着互联网的发展，电子商务和移动商务已成为热门话题并蓬勃发展。对于会计信息化来说，网站已成为企业电子货币交易的门户。从根本上来说，没有会计信息化和企业信息化，就不会有电子交易与电子支付。在新的形势下，会计信息化必须适应这种正在不断涌现的新型商务交易活动，并且能够利用网络资源及时、正确、完整地处理会计信息，提供不同层次的有效信息，参与企业的管理决策。

二、会计信息系统

（一）会计信息系统的含义

信息系统是以收集、处理和提供信息为目标的系统，该系统可以收集、输入、存储、处理数据并管理、控制信息，向信息的使用者报告信息，使其达到预定目标。会计信息系统是一个面向价值信息的信息系统，是从对组织中的价值运动进行反映和监督的角度提出信息需求的信息系统，因此可以将其定义为：利用信息技术对会计信息进行采集、存储和处理，完成会计核算任务，并能提供为进行会计管理、分析、决策所用信息的系统。

1. 手工环境会计信息系统

在手工环境下，人们所见到的日常经济业务会计数据信息都体现在发票、合同、收据等原始记录上。而将这些原始记录通过收集整理，最终反映记录在纸质介质上，这些纸质介质有原始凭证、记账凭证、账簿、报表等。如何将日常经济业务中的经济信息有序地整理记录下来，常用的会计数据流程有记账凭证账务处理程序、科目汇总表账务处理程序、汇总记账凭证账务处理程序等。这些程序的主要区别在于登记总账的方式不同。

由于手工会计的整个处理过程均由不同的核算组和人员分步骤进行操作，因而手工操作随时都存在着出差错的可能。为了保证操作的正确可靠，需要根据复式记账原理，由不同的会计人员通过明细和汇总两条线重复记账，并通过账证核对、账账核对、试算平衡等手段来检查记账错误。

手工环境科目汇总表账务处理程序的数据处理基本流程如图1-1所示。

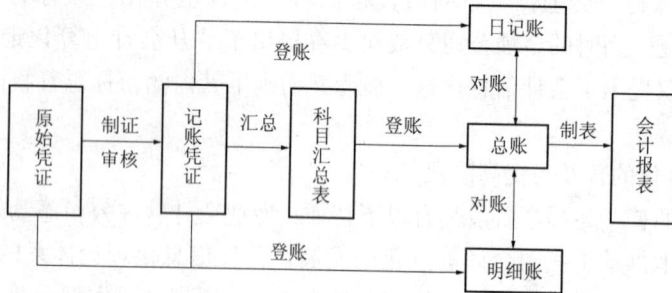

图1-1　手工环境科目汇总表账务处理程序数据处理基本流程

2. IT 环境会计信息系统

在 IT 环境中，日常的会计数据处理工作均由计算机自动完成。除非出现计算机软、硬件故障及病毒破坏等安全问题，正常情况下计算机内部处理过程是不会出现人工操作意义上计算和登录差错的。

因此，在 IT 环境中，只要保证会计数据输入的正确性，也就保证了整个数据处理过程的正确性。其数据处理流程采取会计凭证（包括原始凭证和记账凭证）一次输入，在进行正确性校验后，由计算机同源重复调用凭证数据方式完成数据处理任务。贯穿于手工会计整个数据处理过程的重复记账、账证核对、账账核对、试算平衡等操作在会计软件中不复存在。

IT 环境会计工作数据处理基本流程如图1-2所示。

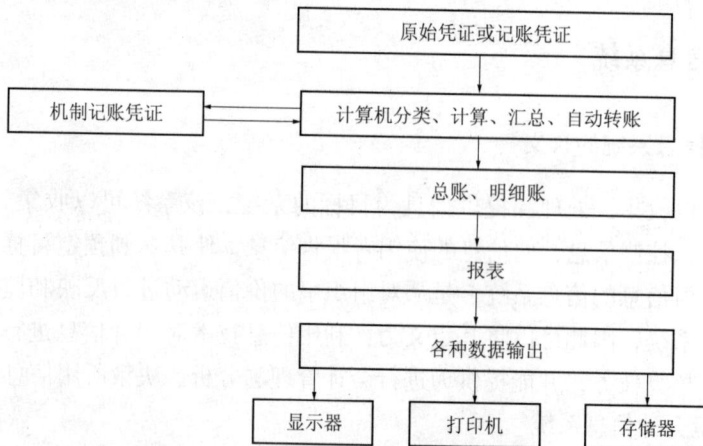

图1-2　IT 环境会计工作数据处理基本流程

（二）IT 环境会计信息系统的特点

1. 数据处理量大

在一个单位中，每一笔现金、银行存款、应收和应付款项的收支变动，每一项物资、设备、工具等的数量增减和规格变化，都必须进行登记，参与系统的核算，所以会计信息系统的数据处理量特别大。据统计，会计数据要占管理信息系统全部数据的 60% ~ 70%。

2. 数据结构复杂

会计信息系统对经济活动的反映是从资产、负债、所有者权益、成本和损益五个方面进行的，这五个方面又分很多项目，这些项目既有呈现层次树状结构的数据内容，又有呈现网状结构的数据内容。数据的增减又呈现相互联系的网状结构，所以数据结构十分复杂。

3. 数据处理方法要求严格

在会计工作中，对各项经济业务的处理都必须严格遵守财经法规、会计准则和有关制度。

4. 数据的真实性、准确性和安全性要求高

会计数据的真实性和准确性，不仅关系到是否能正确反映企业经济活动的真实情况，而且影响到国家、企业和职工之间利益的分配，所以要求会计数据必须真实和准确。在数据处理过程中，对每一项数据都要进行验证和审核，不允许出现丝毫的差错。

5. 与其他子系统的数据关联密切

会计信息系统是管理信息系统中的一个重要子系统，它与其他子系统之间有着数据输入和输出的紧密关系。

（三）IT 环境会计信息系统的构成

一般来说，IT 环境会计信息系统主要可以分为如图 1 - 3 所示的几个模块。由各模块分工完成规定的各项管理要求，并输出规定的内外部报表和分析资料。

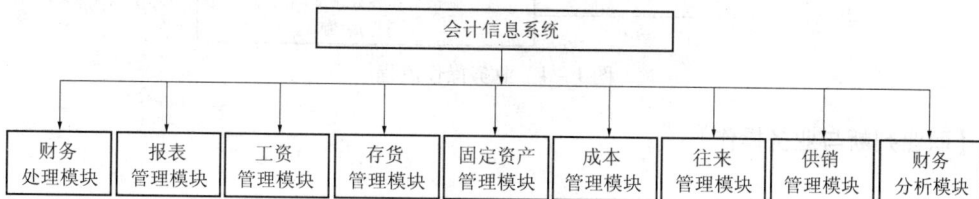

图 1 - 3 会计信息系统构成

【业务操作流程】

业务操作流程如图 1 - 4 所示。

```
┌─────────────────────────────────────┐
│ 1. 以系统管理员Admin身份注册进入系统管理 │
└─────────────────────────────────────┘
        ┌─────────────────────────┐
        │ 2. 新建账套设定账套主管   │
        └─────────────────────────┘
        ┌─────────────────────────┐
        │ 3. 增加角色、用户并设置权限 │
        └─────────────────────────┘
        ┌─────────────────────────┐
        │ 4. 以账套主管身份登录      │
        │    设置账套参数           │
        └─────────────────────────┘
        ┌─────────────────────────┐
        │ 5. 进入企业应用平台        │
        └─────────────────────────┘
        ┌─────────────────────────┐
        │ 6. 启用系统、设置基础信息、建立 │
        │    基础档案               │
        └─────────────────────────┘
        ┌─────────────────────────┐
        │ 7. 进入各子系统           │
        │    录入期初余额           │
        └─────────────────────────┘
        ┌─────────────────────────┐
        │ 8. 日常业务处理           │
        └─────────────────────────┘
        ┌─────────────────────────┐
        │ 9. 月末结账               │
        └─────────────────────────┘
   ┌──────────────┐      ┌──────────────┐
   │ 10. 数据备份  │      │ 11. 打印各种账簿 │
   └──────────────┘      └──────────────┘
        ┌─────────────────────────┐
        │ 12. 完成上年各项工作       │
        └─────────────────────────┘
        ┌─────────────────────────┐
        │ 13. 账套主管建立下一年度账  │
        └─────────────────────────┘
        ┌─────────────────────────┐
        │ 14. 结转上年数据          │
        └─────────────────────────┘
        ┌─────────────────────────┐
        │ 15. 调整账套参数、基础信息、 │
        │     期初余额              │
        └─────────────────────────┘
```

开始下月工作

开始下年工作

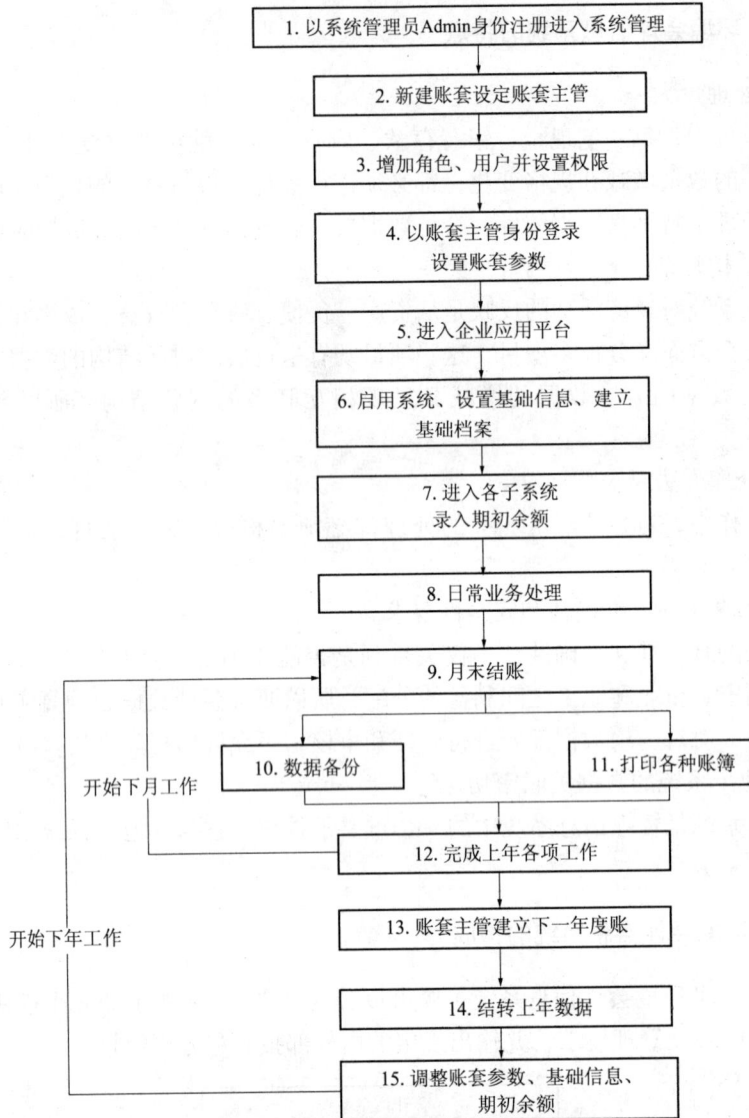

图 1-4 业务操作流程

【职业判断与业务操作】

一、选择会计软件

(一) 取得会计软件的方式

1. 自主开发

自主开发是指依靠自身的力量，独立完成会计信息系统的需求分析、系统设计、程序代码编写和测试及系统维护、升级等阶段的工作。对开发的软件拥有全部版权，享有全部收益，同时也承担全部风险。

2. 委托开发

委托开发是指委托软件开发单位，根据本单位的实际业务进行会计信息系统的开发。

委托开发的软件版权一般归委托单位所有。

3. 联合开发

联合开发是指和其他单位共同组成开发小组，发挥各自优势，利用双方资源，共同完成本单位会计信息系统的开发工作。联合开发的产品版权一般归双方共同拥有。

4. 购买商品化软件

购买商品化软件是指在市场上选购适合本单位需要的商品化会计软件，经过实施（含二次开发）后建立本单位会计信息系统。商品化会计软件的版权归供应商所有。目前大多数单位采用这一方式。

（二）选择适合的商品化会计软件

1. 选择商品化会计软件的方法和步骤

在分析整理好自身需求后，可以采取以下方法和步骤在市场上选择所需要的商品化会计软件。

（1）收集市场信息，确认候选的供应商。

（2）访问软件公司，了解其综合实力和产品信息。

（3）访问软件公司的客户，了解其软件质量和服务。

（4）请有关咨询公司帮助选型。

（5）模拟运行方式。

（6）招标评价。

2. 软件评价标准

1）软件的功能

软件功能应满足本单位当前和今后发展的需要。功能的冗余只会造成使用和维护的复杂化。软件可用部分的比率，取决于软件对用户的使用程度。另外要考虑系统的开放性，预留各种接口。

2）开发工具

任何商品化软件都不能完全适用于本单位的需求，都或多或少地需要二次开发。

3）软件文档

商品化软件必须配备完整的文档，如用户手册、不同层次的培训教材（如会计软件设计开发的工具培训手册、数据库开发及维护培训手册、产品功能培训手册等）及产品实施指南等。文档应全面详尽，以帮助用户自学使用。

4）售后服务与支持

售后服务与支持工作关系到项目的成败。售后服务工作包括各种培训、项目管理、实施指导、二次开发及用户化，可由专业的咨询公司或软件公司承担。由熟悉组织管理、有实施经验的专家组或顾问组做好售后的支持与服务工作。

5）软件商的信誉和稳定性

选择软件时要考虑供应商的实力和信誉。软件供应商应当有长期的经营战略，能够跟踪技术的发展和客户的要求，不断对软件进行版本的更新与维护工作。

6）价格问题

价格方面要考虑软件的性能、功能、技术平台、质量、售后与支持等，另外也要作相应投资效益分析。

7）对原有资源的保护

这里所说的资源不仅指硬件资源，还包括已有的数据资源。这样在选择软件时就要考虑软件产品对硬件平台的要求是否过高，原有的 PC 机能否使用，原有的数据资源能否平滑地移植到新的系统中。

二、安装会计软件

（一）检查与配置运行环境

用户的硬件及网络环境会直接影响到软件应用系统的运行效率与稳定性，安装用友 ERP – U8.72 在准备运行环境的过程中应遵循表 1 – 14 所列的标准进行建设。

表 1 –14　用友 ERP – U8.72 应用系统的运行环境

操作系统	Windows 2000 Professional　+ SP4（或更高版本）　+ KB835732 – x86 Windows 2000 Server　+ SP4（或更高版本）　+ KB835732 – x86 Windows XP　+ SP2（或更高版本） Windows 2003　+ SP2（或更高版本） Windows Vista　+ SP1（或更高版本） Windows 2008
数据库	Microsoft SQL Server 2000 + SP4（或更高版本） Microsoft SQL Server 2005 + SP2 Microsoft SQL Server 2008
浏览器	Internet Explorer 6.0 + SP1
信息服务器	IIS 5.0（或更高版本）
. NET 运行环境	. NET Framework 2.0 Service Pack 1

（二）安装会计软件

1. 安装组件

（1）查看运行环境。确保计算机上所安装的操作系统满足要求。

（2）安装 IIS。安装 IIS（Internet 信息服务），可通过"控制面板"→"添加/删除程序"→"Windows 组件"，添加 IIS 组件来安装。

（3）安装 Microsoft SQL Server。

Microsoft SQL Server 2000（个人版）安装过程设置如下：

选择"安装 SQL Server 2000 组件"→"本地计算机"→"创建新的 SQL Server 实例，或安装'客户端工具'"→输入"姓名""公司"→安装定义选择"服务器和客户端工具"→实例名选择"默认"→安装类型选择"典型"→服务账户选择"对每个服务使用同一账户"→服务设置选择"使用本地系统账户"→身份验证模式"混合模式"，"空密码"→选择"下一步"，直至安装完成。具体如图 1 – 5～图 1 –9 所示。

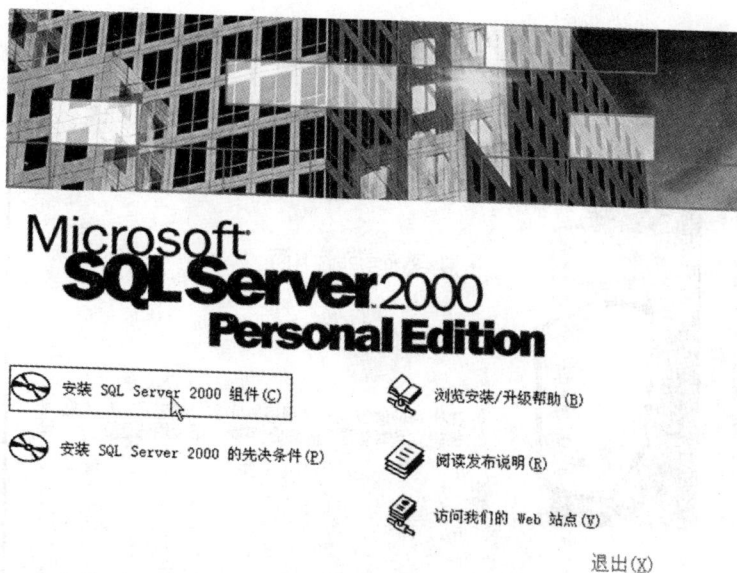

图 1 – 5 安装 SQL Server 2000 组件

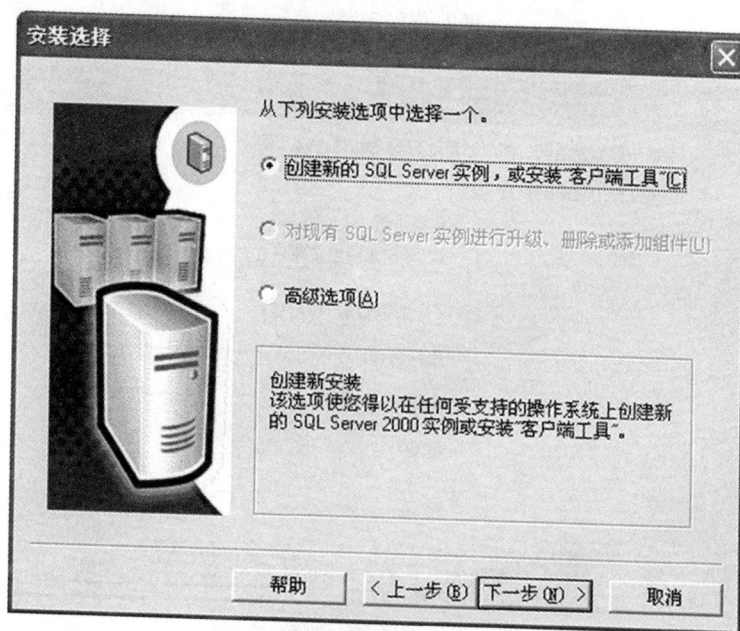

图 1 – 6 安装选择 "创建实例"

如果用户之前安装过 SQL Server，再次安装时可能会出现 "从前的安装程序操作使安装程序操作挂起，需要重新启动计算机" 提示，可选择 "开始" → "运行"，在 "运行" 对话框中输入 "regedit"，打开注册表，找到如下目录："HKEY_ LOCAL_ MACHINE \ SYSTEM \ CurrentControlSet \ Control \ SessionManager"，删除 Pending File Rename Operations 项就可以正常安装了。

安装完成 Microsoft SQL Server 2000 后，再安装其 SP4 补丁。

（4）安装 Internet Explorer 6.0 + SP1。Windows XP + SP2（或更高版本）自带 Internet Explorer 6.0，此步骤一般可以省略。

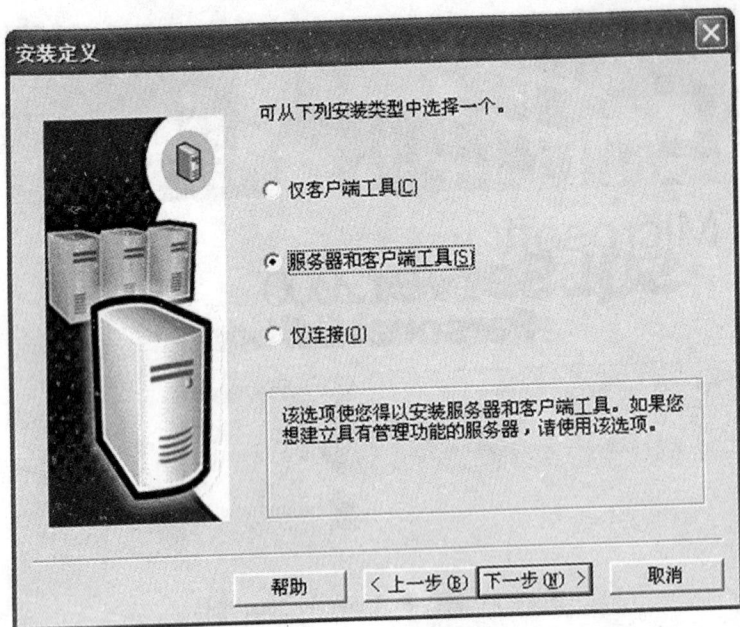

图 1-7 安装定义

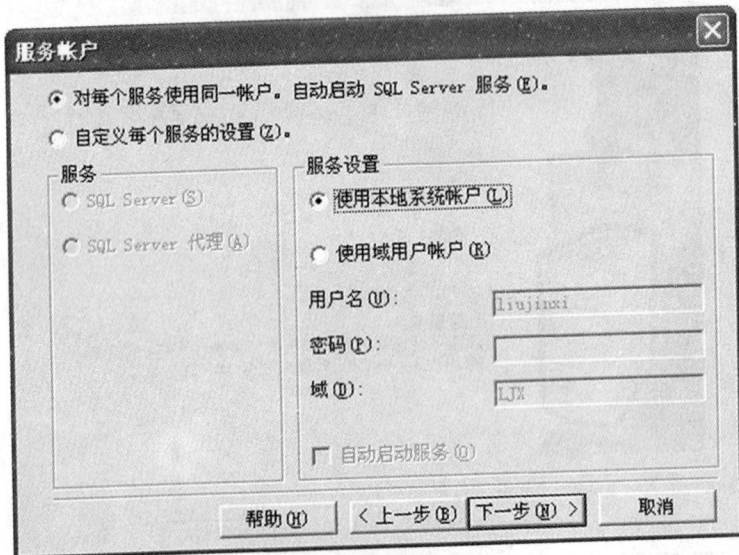

图 1-8 服务账户

(5) 安装 . NET 运行环境。NET Framework 2. 0 Service Pack 1。安装文件位于：用友 ERP - U8. 72 \ U872SETUP \ 3rdProgram \ NetFx20SP1_ x86. exe。

(6) 安装需要的缺省组件。可在安装用友 ERP - U8. 72 的过程中点击界面上的"安装缺省组件"进行安装或到以下目录自行安装。

安装文件：用友 ERP - U8. 72 \ U872SETUP \ 3rdProgram \ iewebcontrols. msi。

2. 安装用友 ERP - U8. 72

安装文件：用友 ERP - U8. 72 \ U872SETUP \ setup. exe 文件，运行安装程序。

根据提示单击"下一步"进行操作。若将 SQL Server 数据库和用友 ERP - U8. 72 安装到一台计算机上，可选择"标准"安装类型或"全产品"安装类型。标准安装模式为除

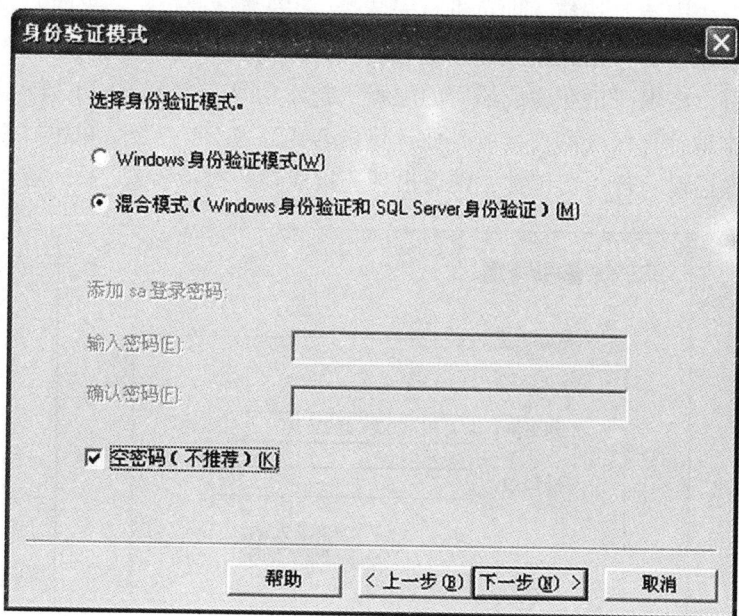

图 1-9　身份验证模式

GSP、专家财务评估之外的"全产品"安装。

单击"下一步"按钮，然后进行系统环境检测，看系统配置是否已经满足所需条件，如图 1-10 所示。

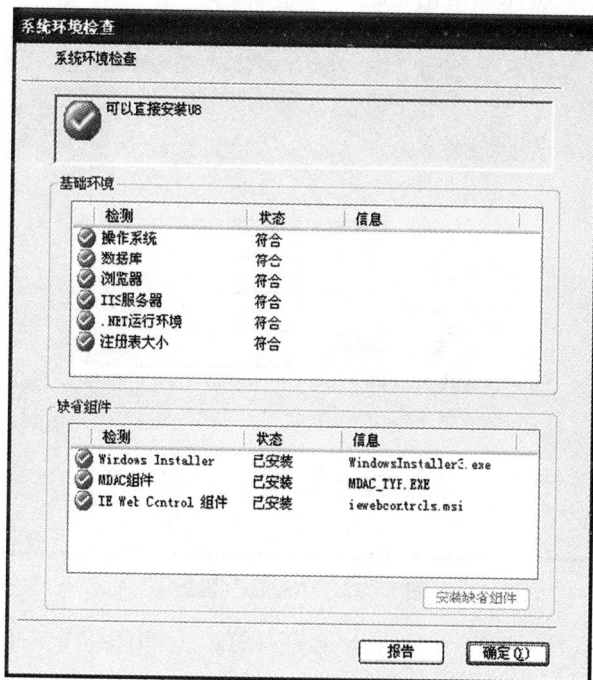

图 1-10　系统环境检查

图 1-10 所示为所需环境已经满足。若有未满足的条件，则安装不能向下进行，并在图中给出未满足的项目，此时可单击未满足的项目链接，系统会自动定位到组件所在位置，让用户手动安装。

接下来单击"安装"按钮,即可进行安装。(此安装过程较长,需耐心等待)

安装完成后,单击"完成"按钮,重新启动计算机。

系统重启后,出现"正在完成最后的配置"提示信息,如图 1 – 11 所示。在其中输入数据库名称(本地计算机或需连接的其他计算机名称)和 SA 口令,单击"测试连接"按钮,测试数据库连接。若一切正常,则会出现连接成功的提示信息。

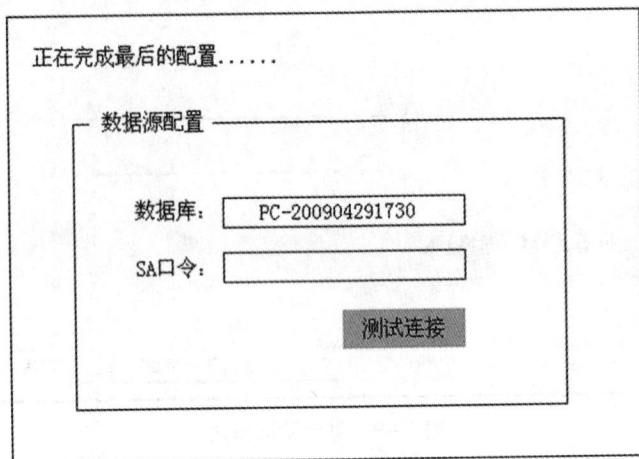

图 1 – 11　测试连接

接下来系统会提示是否初始化数据库,单击"是"按钮,提示"正在初始化数据库实例,请稍候……"。数据库初始化完成后,出现图 1 – 12 所示的"登录"界面。

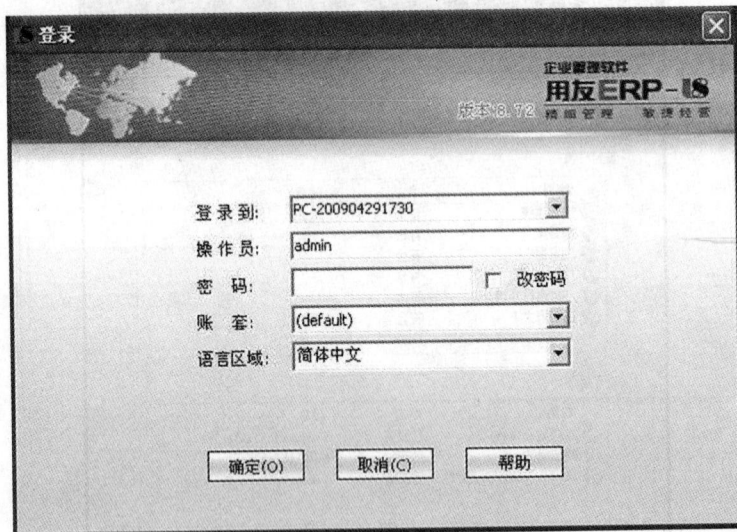

图 1 – 12　"登录"界面

在"登录"界面"登录到"行中选择本地计算机,"操作员"行输入"admin",密码为空,选择账套(U872 系统默认),单击"确定"按钮。

三、建立新账

企业采用用友 ERP – U8 应用系统之前,首先需要在系统中建立企业的基本信息、核算方法和编码规则等，即建账，然后在此基础上启用用友 ERP – U8 应用系统的各个子系统，进行日常业务处理。

具体操作步骤为：

（1）单击"开始"菜单，选择"程序 \ 用友 ERP – U872 \ 系统服务 \ 系统管理"项。

（2）系统弹出"登录"界面，在"登录"界面中以"admin"身份登录。登录后单击"账套"→"建立"，系统提示创建账套，输入"账套信息"，如图1 –13所示。

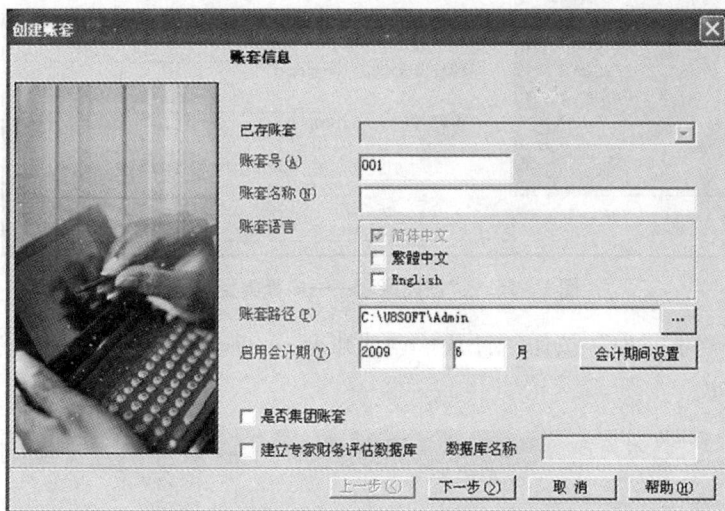

图1 –13 "创建账套——账套信息"界面

（3）单击"下一步"按钮，打开"创建账套——单位信息"界面，输入单位信息，如图1 – 14 所示。

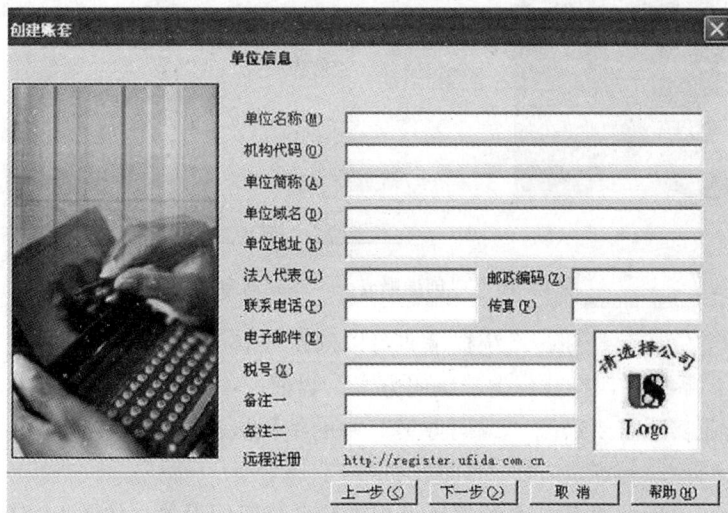

图1 –14 "创建账套——单位信息"界面

（4）单击"下一步"按钮，打开"创建账套——核算类型"界面，输入核算信息，如图1 – 15 所示。

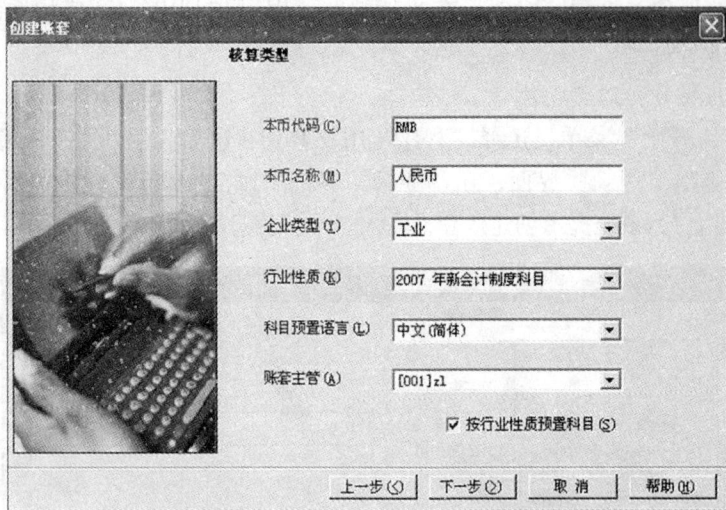

图 1 – 15 "创建账套——核算类型"界面

（5）单击"下一步"按钮，打开"创建账套——基础信息"界面，输入基础信息，如图 1 – 16 所示。

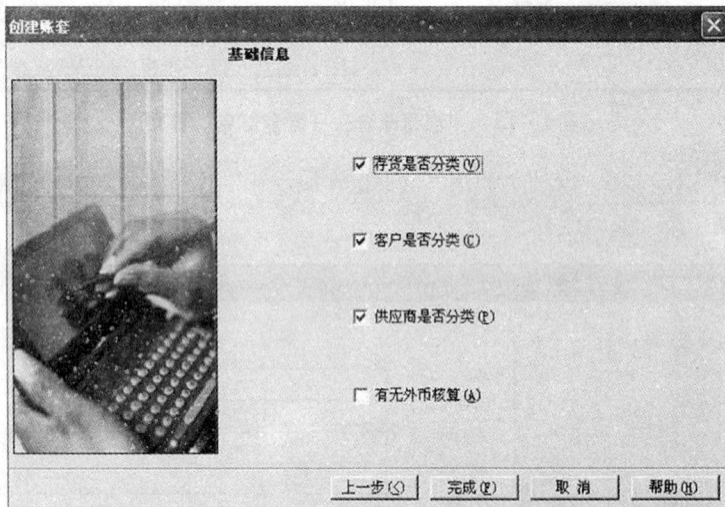

图 1 – 16 "创建账套——基础信息"界面

（6）单击"完成"按钮，系统提示"可以创建账套了么？"，单击"是"按钮，完成上述信息设置，系统自动打开分类"编码方案"界面，如图 1 – 17 所示。

（7）按企业实际需要修改"编码方案"中的编码级次，单击"确定"按钮后再单击"取消"按钮，打开"数据精度"界面，如图 1 – 18 所示。

（8）单击"确定"按钮。系统提示是否进行系统启用设置，如图 1 – 19 所示。

（9）单击"否"按钮。系统提示"请进入企业应用平台进行业务操作！"，单击"确定"按钮，返回系统管理界面。

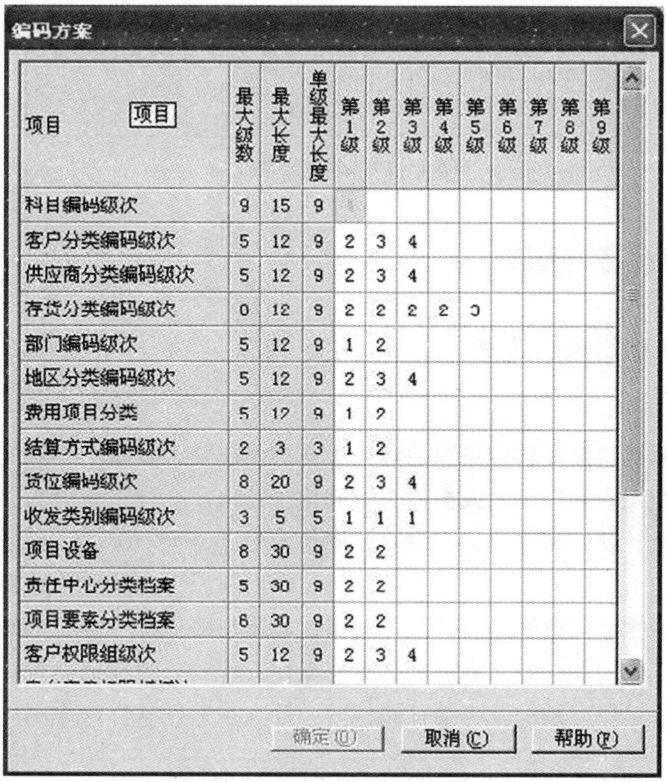

编码方案

项目	最大级数	最大长度	单级最大长度	第1级	第2级	第3级	第4级	第5级	第6级	第7级	第8级	第9级
科目编码级次	9	15	9									
客户分类编码级次	5	12	9	2	3	4						
供应商分类编码级次	5	12	9	2	3	4						
存货分类编码级次	0	12	9	2	2	2	2	3				
部门编码级次	5	12	9	1	2							
地区分类编码级次	5	12	9	2	3	4						
费用项目分类	5	12	9	1	2							
结算方式编码级次	2	3	3	1	2							
货位编码级次	8	20	9	2	3	4						
收发类别编码级次	3	5	5	1	1	1						
项目设备	8	30	9	2	2							
责任中心分类档案	5	30	9	2	2							
项目要素分类档案	6	30	9	2	2							
客户权限组级次	5	12	9	2	3	4						

确定(O)　取消(C)　帮助(F)

图 1－17　分类编码方案设置

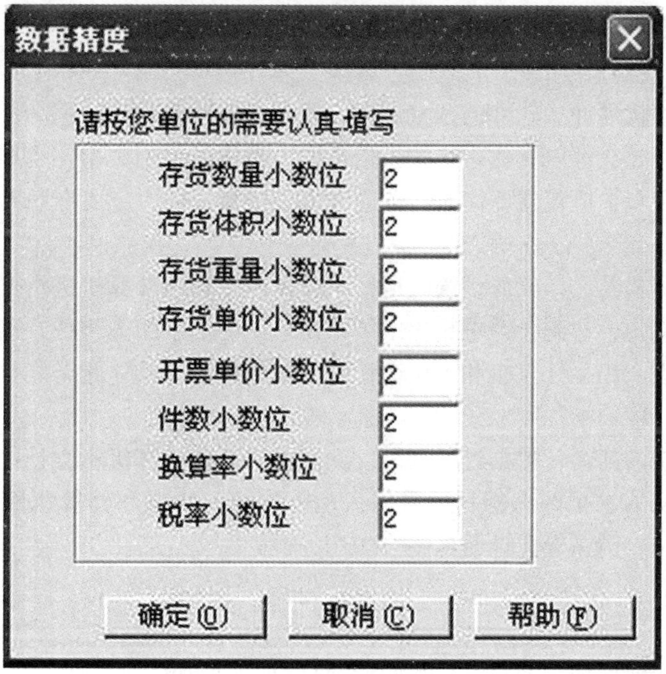

图 1－18　“数据精度”界面

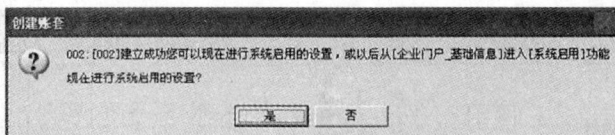

图 1-19 创建账套成功

四、设置操作员与权限

(一) 会计信息化岗位与职责

1. 电算主管

负责协调计算机及会计软件系统的运行工作。此岗要求具备会计和计算机知识以及相关的会计电算化组织管理经验的人担任。电算化主管可由会计主管兼任，采用中小型计算机和计算机网络会计软件的单位，应设立此岗位。

2. 软件操作

负责输入记账凭证和原始凭证等会计数据，输出记账凭证、会计账簿、报表及进行部分会计数据处理工作。此岗要求具备会计软件操作知识，达到会计电算化初级知识培训的水平的人担任。各单位应鼓励基本会计岗位的会计人员兼任软件操作岗位的工作。

3. 审核记账

负责对输入计算机的会计数据（原始凭证和记账凭证等）进行审核，操作会计软件登记机内账簿，对打印输出的账簿、报表进行确认。此岗要求具备会计和计算机知识，达到会计电算化初级知识培训的水平的人担任，也可由主管会计兼任。

4. 电算维护

负责保证计算机硬件、软件的正常运行，管理计算机内会计数据。此岗要求具备计算机和会计知识，经过会计电算化中级知识培训的人担任；采用大型、小型计算机和计算机网络会计软件的单位，应设立此岗位，此岗在大、中型企业中应由专职人员担任。

5. 电算审查

负责监督计算机及会计软件系统的运行，防止他人利用计算机进行舞弊。此岗要求具备会计和计算机知识，达到会计电算化中级知识培训的水平的人担任，也可由会计稽核人员兼任。采用大型、小型计算机和大型会计软件的单位，可设立此岗位。

6. 数据分析

负责对计算机内的会计数据进行分析。此岗要求具备计算机和会计知识，达到会计电算化中级知识培训的水平的人担任。采用大型、小型计算机和计算机网络会计软件的单位，可设立此岗位，由主管会计兼任。

(二) 角色管理

角色是指在企业管理中拥有某一类职能的组织，这个角色组织可以是实际的部门，也可以是由拥有同一类职能的人构成的虚拟组织。例如：实际工作中最常见的会计和出纳两个角色。在设置角色后，可以定义角色的权限。如果用户归属此角色，其相应具有该角色的权限。此功能的好处是方便控制操作员权限，可以依据职能统一进行权限的划分。

以系统管理员（Admin）的身份注册进入"系统管理"主界面，选择"权限"→"角色"，打开"角色管理"界面，即可进行包括角色的增加、删除、修改等角色管理维护工作。如图1-20所示。

图1-20 "角色管理"界面

（三）用户管理

用户是指有权限登录系统，对应用系统进行操作的人员，即通常意义上的"操作员"。每次注册登录应用系统，都要进行用户身份的合法性检查，只有设置了具体的用户之后，才能进行相关的操作。

用户管理主要完成用户的增加、删除及修改等维护工作。

具体操作步骤为：

（1）在"系统管理"主界面选择"权限"→"用户"命令，进入"用户管理"界面，如图1-21所示。

（2）单击"增加"按钮，打开"操作员详细情况"界面，输入编号、姓名、口令、所属部门，同时选中该操作员所属角色前的复选框，如图1-22所示。

（3）单击"增加"按钮，保存新增设置。

（4）继续设置其他的用户。

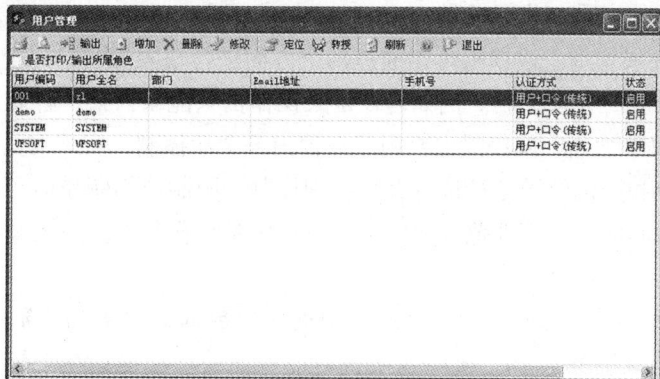

图1-21 "用户管理"界面

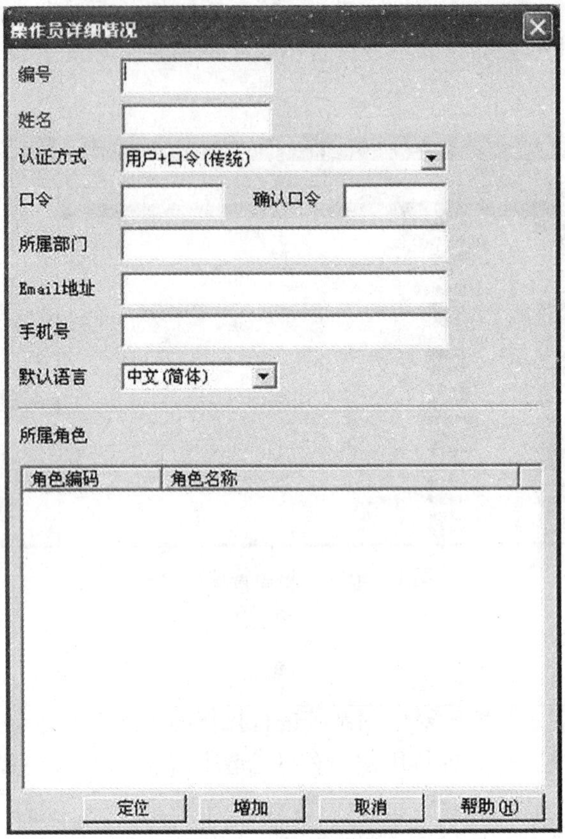

图 1 – 22　增加用户

（四）设置操作权限

随着用户对管理要求的不断提高，越来越多的信息都表明权限管理必须向更细、更深的方向发展。用友 ERP – U8 产品提供集中权限管理，所有子系统的权限全部归集到系统管理和基础设置中定义管理。U8 产品可以实现三个层次的权限管理：

（1）功能级权限管理。该权限管理提供划分更为细致的功能级权限管理功能，包括各功能模块相关业务的查看和分配权限。

（2）数据级权限管理。该权限可以通过两个方面进行权限控制，一个是字段级权限控制，另一个是记录级的权限控制。例如，设定某操作员只能录入某一种凭证类别的凭证。

（3）金额级权限管理。该权限主要用于完善内部金额控制，实现对具体金额数量划分级别，对不同岗位和职位的操作员进行金额级别控制，限制他们制单时可以使用的金额数量，不涉及内部控制的不在管理范围内。例如，设定某操作员只能录入金额在 20 000 元以下的凭证。

功能权限的分配在系统管理的"权限"中设置，数据级权限和金额级权限在"企业应用平台"→"系统服务"→"权限"中进行设置，并且必须是在系统管理的功能权限分配之后进行。

具体操作步骤为：

（1）以系统管理员（Admin）的身份注册进入"用友 ERP – U8 系统管理"界面，选择"权限"→"权限"命令，打开"操作员权限"界面。

（2）设置账套主管。从左侧的操作员列表中选择操作员，从"账套"下拉列表中选择账套"［×××］×××公司"，将"账套主管"复选框打钩。

（3）设置其他用户的权限。从"操作员权限"界面左侧的操作员列表中选择操作员"××"，从"账套"下拉列表中选择账套"［×××］×××公司"，单击"修改"按钮，打开"增加和调整权限"界面，单击需要选中的权限前的复选框，保存并退出，完成授权设置。如图 1-23 所示。

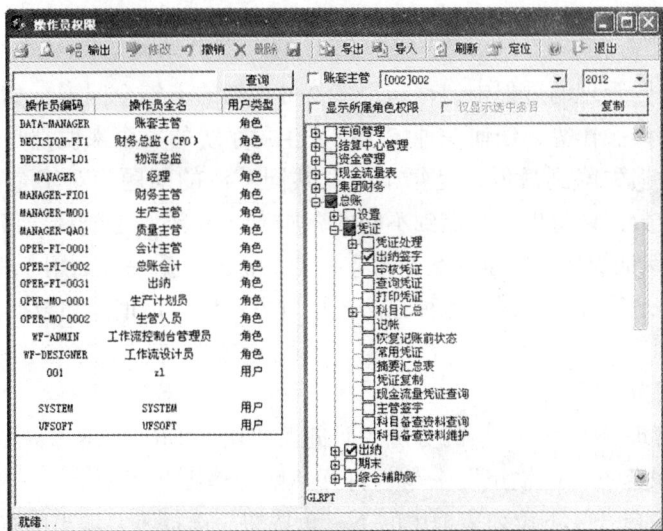

图 1-23　增加和调整操作员权限

五、备份与恢复账套

（一）IT 环境会计档案管理

1. IT 环境会计档案特点

（1）具有更广泛的内涵。除了打印输出的记账凭证、会计账簿、会计报表外，主要是指电算化会计系统中的所有系统软件、会计软件程序及其全套文档资料。

（2）有更多的存储形式并且对存放条件要求更高。它一方面以打印输出的纸质账簿、报表和凭证的形式存在，另一方面以磁性介质或光盘的形式存在（包括存储在计算机硬盘上系统正在使用的档案资料和存储在软盘、光盘等存储介质上作为备份使用的档案资料）。IT 会计档案受存储介质质量、存放环境和存储有效期等因素的影响较大，保存不当容易遭到破坏。

（3）易于修改，且不留痕迹。

（4）IT 环境会计档案的使用和会计软件的版本密切相关。

（5）IT 环境会计档案必须借助于一定的环境才能再现在使用者的面前，且使用时方便、快捷、直观，容易产生一些分析结果，可以为管理和决策提供较好的支持。

2. IT 环境会计档案管理

IT 环境会计档案管理是重要的会计基础工作，要严格按照财政部有关规定的要求对会计档案进行管理，并由专人负责。

对 IT 环境会计档案管理要做好防磁、防火、防潮和防尘工作，重要会计档案应准备双份，存放在两个不同的地点。

采用磁性介质保存会计档案，要定期进行检查和复制，防止由于磁性介质损坏而使会计档案丢失。

会计软件的全套文档资料以及会计软件程序，视同会计档案保管，保管期截至该软件停止使用或有重大更改之后的第五年。

（二）备份账套

在企业生产经营管理的过程中，存在很多不可预知的不安全因素，如地震、火灾、计算机病毒和人为的误操作等，任何一种情况的发生对系统的安全来说都是致命的。如何在意外发生时将企业损失降到最低，是每个企业共同关注的问题。对于企业系统管理员来讲，定时地将企业数据备份出来存储到不同的介质上（如常见的 U 盘、移动硬盘、光盘和网络磁盘等），对保证数据的安全性是非常重要的。备份数据一方面用于必要时恢复数据；另一方面，对于异地管理的公司，此种方法还可以方便地满足审计和数据汇总的需要。

1. 输出账套

具体操作步骤为：

（1）以系统管理员（Admin）的身份注册进入"用友 ERP – U8 系统管理"界面。

（2）选择"账套"→"输出"命令，打开"账套输出"界面。

（3）单击"账套号"下拉列表框中的下三角按钮，选择需要输出的账套，如图 1 – 24 所示。

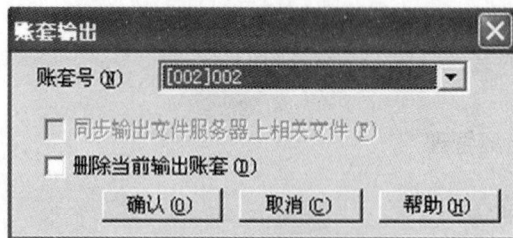

图 1 – 24　"账套输出"界面

（4）单击"确认"按钮，打开"请选择账套备份路径"界面。

（5）选择"请选择账套备份路径"界面中的备份路径，也可新建文件夹备份。

（6）单击"确定"按钮，系统提示账套"输出成功"。

2. 删除账套

如果要将某个账套从系统中删除，则应使用账套输出功能中的删除账套功能进行账套删除，即在备份输出账套时勾选图 1 – 24 中所示的"删除当前输出账套（D）"即可。

（三）恢复账套

恢复账套即引入账套，此功能是指将系统外某账套数据引入本系统中。该功能的增加将有利于集团公司的操作，子公司的账套数据可以定期被引入母公司系统中，以便进行有关账套数据的分析和合并工作。如果是集团公司的管理人员应用本系统，在建立账套之前

就应预先做好规划，为每个子公司分配不同的账套号，以有效避免引入子公司数据时因为
账套号相同而覆盖其他账套的数据。

具体操作步骤为：

（1）以系统管理员（Admin）的身份注册进入"用友 ERP – U8 系统管理"界面。选
择"账套"→"引入"命令，打开"请选择账套备份路径"界面。

（2）选择要引入的账套数据备份文件，如图 1 – 25 所示。

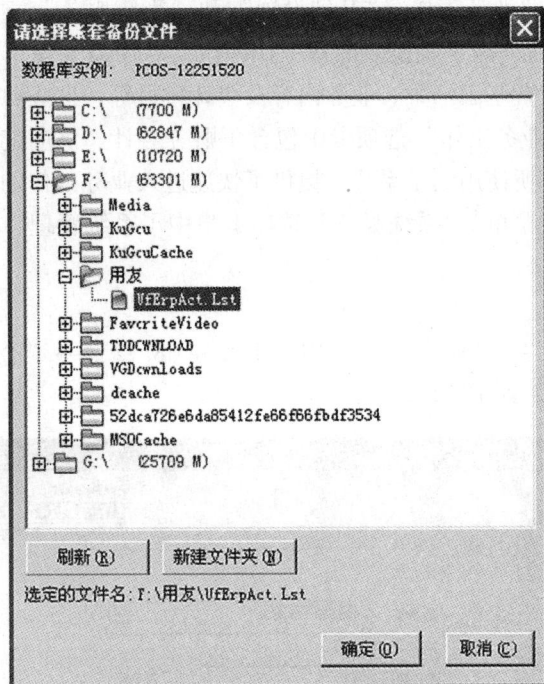

图 1 – 25　引入账套的指定路径提示

（3）单击"确定"按钮，系统提示"请选择账套引入的目录"。

（4）账套［×××］引入成功。

（5）单击"确认"按钮。

如果要引入的账套在系统中已存在，在引入时系统则会提示"此项操作将覆盖［××
×］账套的所有信息，继续吗？"单击"是"则会继续引入，否则将放弃当前所引入的账
套的操作。

六、设置基础档案

（一）启动企业应用平台

在用友 ERP – U8 应用系统中，企业应用平台扮演着很重要的角色。要进入用友 ERP –
U8 应用系统，首先，用户要注册进入"企业应用平台"，从而取得无须再次验证而进入任
何一个子系统的"通行证"，这充分体现了数据共享和系统集成的优势；其次，系统的基
础档案信息将集中在企业应用平台中进行维护；最后，通过企业应用平台还可以实现个性
化业务工作与日常办公的协同进行。

企业应用平台主要提供以下几个方面的功能：业务工作、基础设置、系统服务、消息中心、流程导航和用友远程服务等。

用友 ERP – U8 应用系统包括基础设置、财务会计、管理会计、供应链、生产制造、人力资源、集团应用及企业应用集成等十几个子系统，以及系统管理、系统配置等多个软件管理工具。为了方便用户进行集中管理、快速进入各相关子系统，这些子系统与功能模块都集中列示在"业务导航视图"中。

"工作列表"分为"业务工作""基础设置"和"系统服务"三个选项卡。在使用用友 ERP – U8 应用系统前，需要做很多准备工作，包括启用需要使用的子系统、根据本单位信息化管理的需要设置基础档案、业务内容及会计科目等，这些功能模块都集中在"基础设置"选项卡中；"业务工作"选项卡中包含了财务会计、供应链、生产制造、人力资源等进行日常业务工作所使用的子系统，提供了快速进入业务工作的途径，同时还可以定义自己的功能组及功能菜单。"系统服务"选项卡集中了系统管理、服务器配置及工具和权限等。

具体操作步骤为：

（1）执行"开始"→"程序"→"用友 ERP – U8.72"→"企业应用平台"命令，录入注册信息，如图 1 – 26 所示。

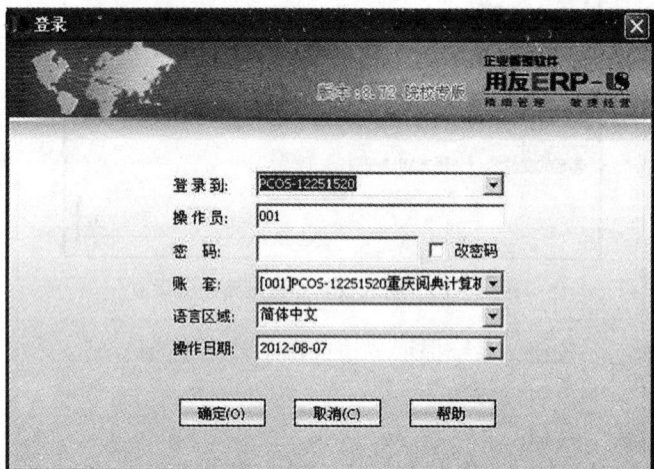

图 1 – 26　录入注册信息

（2）单击"确定"按钮，打开"UFIDA ERP – U8"界面。

（3）在界面左侧"业务导航视图"下方，单击"业务工作""基础设置"和"系统服务"选项卡进行查看。

日常使用时，不同的操作人员通过注册进行身份识别，进入企业应用平台后看到的界面是相同的，包括主界面和位于主界面左方的业务导航视图。但由于不同的操作人员具有不同的操作权限，因此，每个人能进入的功能模块是不同的。需要进入某一模块时，只需在业务工作列表中打开该模块所属的子系统，单击相应模块即可。

（二）系统启用

系统启用是指设定用友 ERP – U8 应用系统中各个子系统开始使用的日期。只有启用后的子系统才能进行登录。系统启用有以下两种方法。

1. 在系统管理中创建账套时启用系统

当用户创建一个新的账套后，系统弹出提示信息，可以选择立即进行系统启用设置。

2. 在企业应用平台中启用系统

如果在建立账套时未设置系统启用，也可以在企业应用平台中进行设置。

具体操作步骤为：

（1）在"企业应用平台"选择工作列表中"基础设置"选项卡，选择"基本信息"→"系统启用"命令，打开"系统启用"界面。

（2）启用"总账"系统。单击"总账"系统前的复选框，弹出"日历"界面，选择系统启用的年度，再从下拉列表中选择系统启用的月份，最后从日历表中单击选择系统启用的日期，如图1-27所示。

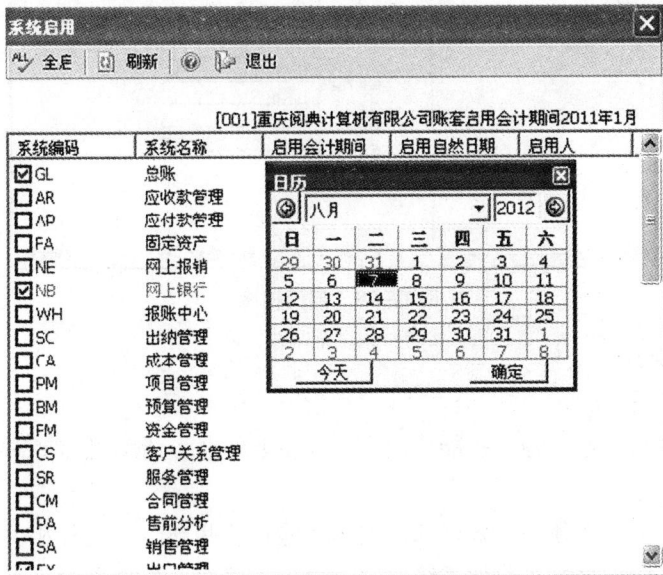

图1-27 "系统启用"界面

（3）单击"确定"按钮，弹出系统提示"确实要启用当前系统吗?"，单击"是"按钮，完成总账系统启用，系统将自动记录启用日期和启用人。

（4）重复操作步骤（2）和步骤（3），启用应收款管理、应付款管理和固定资产等其他系统。

（三）设置部门与人员档案

1. 设置部门档案

部门是指某使用单位下辖的分别进行财务核算或业务处理要求的单位，其不一定与企业实际的职能部门相对应。部门档案用于设置部门相关信息，包括部门编码、名称、负责人和部门属性等。

具体操作步骤为：

（1）在"企业应用平台"打开工作列表中的"基础设置"选项卡，单击"基础档案"→"机构人员"→"部门档案"。

（2）单击"增加"按钮，在界面右边的"部门编码""部门名称"文本框中分别输入相关信息，如图 1-28 所示。

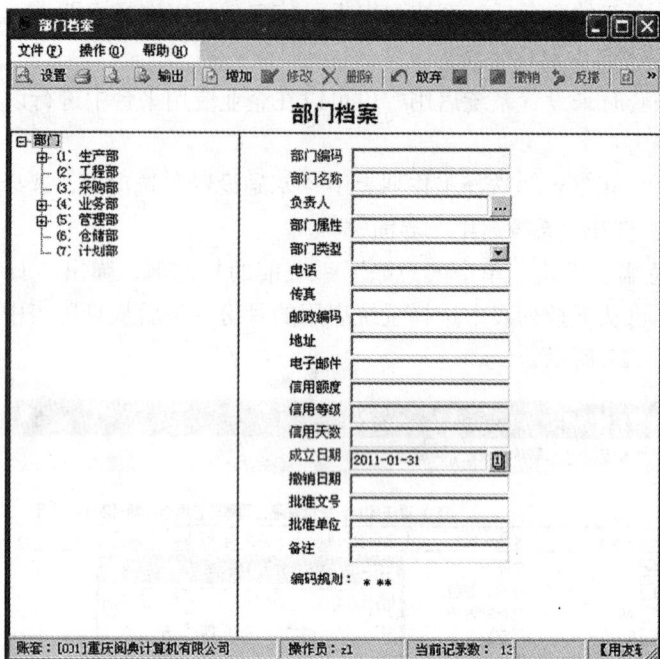

图 1-28　部门档案

（3）单击"保存"按钮。

2. 设置人员档案

这里的人员是指企业的各个职能部门中参与企业的业务活动且需要对其进行核算和业务管理的职员。

设置人员档案前，必须先设置好部门档案才能在这些部门下设置相关的人员档案。除了固定资产和成本管理之外，其他系统均需设置人员档案。如果企业不需要对职员进行核算和管理，则可以不设置人员档案。

具体操作步骤为：

（1）在"企业应用平台"打开工作列表中的"基础设置"选项卡，单击"基础档案"→"机构人员"→"人员档案"。

（2）单击"增加"按钮，在打开的"人员档案"界面中选择"基本信息"选项卡并分别输入相关信息。其中蓝色字段（人员编码、人员姓名、人员类别、行政部门及性别）等为必输项，其他为任选项。

（3）单击"保存"按钮。

（四）设置供应商与客户档案

1. 设置供应商与客户分类

企业可以从自身管理要求出发对供应商、客户进行相应的分类，以便于对业务数据进行统计和分析，也可以按照行业或者地区对供应商、客户进行划分。建立起供应商、客户分类后，必须将供应商、客户设置在最末级的分类之下。如果在建账时选择了供应商分类、客户分类，就必须先建立供应商和客户分类，再增加供应商和客户档案；若对供应商及客户没有进行分类管理的需求，则可以直接建立供应商档案和客户档案。

具体操作步骤为：

（1）在"企业应用平台"打开工作列表中的"基础设置"选项卡，单击"基础档案"→"客商信息"→"供应商分类"。

（2）单击"增加"按钮，在右侧的"类别编码""类别名称"栏目中分别输入相应的信息，如图1-29所示。

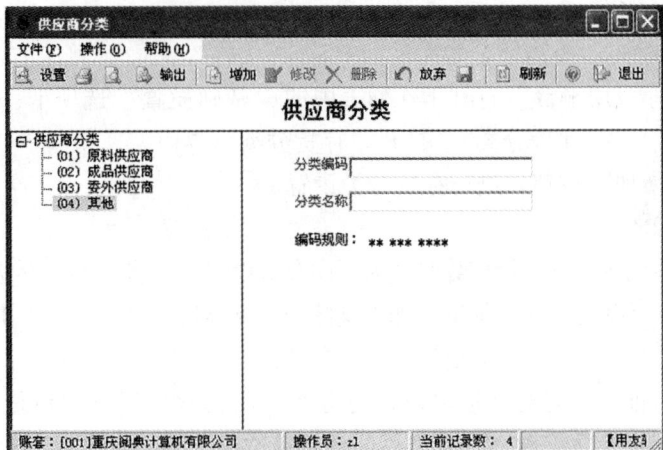

图1-29　设置供应商分类的界面

（3）单击"保存"按钮。

客户分类的增加、修改和删除与供应商分类的操作步骤类似，在这里不再赘述。

2. 设置供应商与客户档案

供应商（客户）档案主要应用于设置往来供应商（客户）的档案信息，以便对供应商（客户）资料进行管理和业务数据的录入、统计及分析。如果在建立账套时选择了供应商（客户）分类，则必须在设置完成供应商（客户）分类的情况下才能编辑供应商（客户）档案。

建立供应商（客户）档案的主要目的是便于企业进行采购和销售等业务中所发生的往来账款的核算和管理。

具体操作步骤为：

（1）在"企业应用平台"打开工作列表中的"基础设置"选项卡，单击展开"基础档案"→"客商信息"→"客户档案"，打开"客户档案"界面。

（2）单击"增加"按钮，打开"增加客户档案"界面。在"增加客户档案"界面的"客户编码""客户简称"等文本框中分别输入档案信息。

（3）单击"保存"按钮。

（五）设置计量单位与存货档案

用友ERP-U8.72中存货的业务处理有两种方法，一是在会计科目下设置明细科目，例如，在会计科目"原材料"下面再设置原材料的明细科目（该科目可进行数量金额式的核算），然后通过直接填制记账凭证的方式来处理存货的出入库业务；二是启用存货核算系统，建立明细的存货档案，然后通过出入库单据来处理出入库业务，这些出入库业务会自动生成记账凭证并传递至总账系统中。

如果要启用存货核算系统，则在基础档案设置时需要进行存货设置。

存货设置包括存货分类设置、计量单位设置和存货档案设置等。

1. 设置存货分类

对存货进行分类管理，可便于企业统计和分析业务数据。存货分类最多可分为 8 级，编码总长不能超过 30 位，用户可自由定义每级级长。每个分类可以设置的项有分类编码、名称及所属经济分类。

具体操作步骤为：

（1）在"企业应用平台"打开工作列表中的"基础设置"选项卡，单击展开"基础档案"→"存货"→"存货分类"，打开"存货分类"界面。

（2）单击"增加"按钮，进行存货分类设置。

2. 设置计量单位

计量单位是系统在进行存货核算时，为不同存货设置的计量标准。存货的计量单位可以是单计量单位，也可以是多计量单位（如 1 支笔为 1 支，12 支笔为 1 打，10 打为 1 盒）。因为出入库业务处理时，系统会自动换算，所以在设置存货档案之前要先设置计量单位。

设置计量单位前，应先对计量单位进行分组。用友软件提供的计量单位组分为无换算、浮动换算和固定换算三种，在有换算的计量单位组中有一个主计量单位和对应辅助计量单位，可以设置主、辅两种计量单位之间的换算率，还可以设置采购、销售、库存和成本系统所默认的计量单位。

具体操作步骤为：

（1）在"企业应用平台"打开工作列表中的"基础设置"选项卡，单击展开"基础档案"→"存货"→"计量单位"，打开"计量单位"界面。

（2）单击"分组"按钮，打开"计量单位组"界面。单击"增加"按钮，填写需要增加的计量单位组的信息。

（3）单击"保存"。

（4）单击"退出"按钮，退出计量单位分组设置界面。

（5）选定已经设置好的计量单位组，然后单击"单位"菜单命令，系统弹出"计量单位"界面，如图 1 - 30 所示。

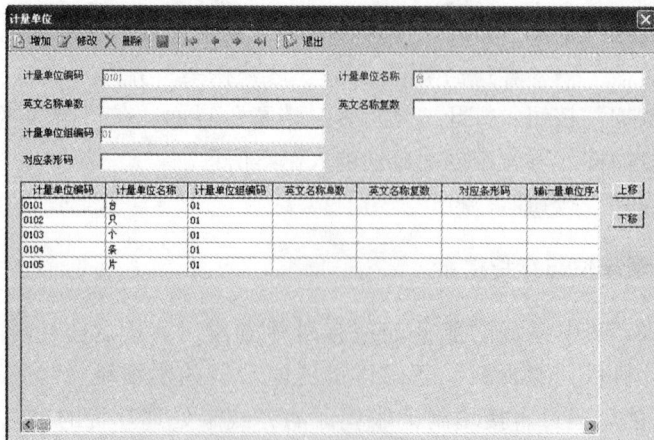

图 1 - 30　计量单位设置

（6）单击"增加"按钮，输入需要的计量单位信息。

（7）单击"保存"按钮。

3. 设置存货档案

存货档案用于保存企业生产经营中的存货信息，以便于企业管理这些数据并进行统计分析。存货档案包括存货基本信息、成本和控制等内容。

具体操作步骤为：

（1）在"企业应用平台"打开工作列表中的"基础设置"选项卡，单击展开"基础档案"→"存货"→"存货档案"，打开"存货档案"界面。

（2）选中所属的存货分类，然后单击"增加"按钮，系统弹出"增加存货档案"界面，如图 1-31 所示。存货档案设置界面有 7 个选项卡：基本、成本、控制、其他、计划、MPS/MRP、图片和附件。

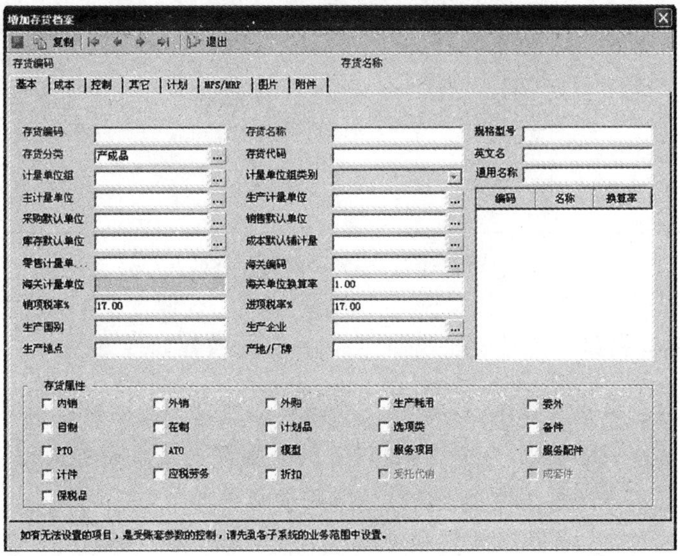

图 1-31 增加存货档案

（3）在"基本"选项卡中录入"存货编码""存货名称""存货分类"等信息。

（4）在"成本"选项卡中录入控制存货成本方面的选项，如计价方式、最高进价和计划价等内容。

（5）单击"保存"按钮。

（六）设置外币及汇率

如果企业的业务还需要用外币进行核算，那么在填制凭证时所使用的汇率应先在基础档案的外币设置中进行定义，以便制单时调用，减少录入汇率的次数和差错。当汇率变化时，也应预先在此进行定义，否则制单时不能正确录入汇率。

对于使用固定汇率（即使用月初或年初汇率）作为记账汇率的用户，在填制每月的凭证前，应预先在此录入该月的记账汇率，否则在填制该外币凭证时将会出现汇率为零的错误。

对于使用变动汇率（即使用当日汇率）作为记账汇率的用户，在填制该天的凭证前，应预先在此录入该天的记账汇率。

具体操作步骤为：

（1）在"企业应用平台"打开工作列表中的"基础设置"选项卡，单击展开"基础档案"→"财务"→"外币设置"，打开"外币设置"界面。

（2）单击"增加"按钮，在"币符"及"币名"文本框中分别输入外币符号和名称（如：USD、美元），单击"确认"按钮，将输入内容保存。

（3）在"外币设置"界面选中左侧框中的外币币种，单击选择"固定汇率"单选按钮，在会计月份对应"记账汇率"栏目中输入汇率，如图1-32所示。

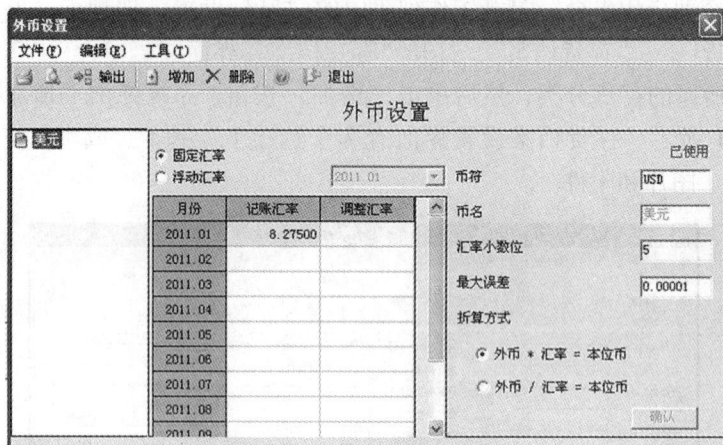

图1-32　"外币设置"界面

（七）设置会计科目

会计科目是对会计对象具体内容进行分类核算的目录。会计科目是填制记账凭证、登记账簿、编制会计报表的基础。会计科目设置的完整性直接影响着会计工作的顺利进行，会计科目设置的层次深度直接影响着会计核算的准确程度。

本功能可完成对会计科目的设置和管理，用户可以根据业务的需要，方便地增加、插入、修改、删除、查询或打印会计科目。

软件中所采用的一级会计科目，必须符合国家会计制度的规定，而明细科目，各使用单位则可根据实际情况，在满足核算和管理要求以及报表数据来源的基础上，自行设定。具体设置原则如下：

（1）会计科目的设置必须满足会计核算与管理的要求，在会计核算时，资产、负债、共同、权益、成本和损益等各类科目中所有可能用到的各级明细科目均需设置。

（2）会计科目的设置必须满足编制财务会计报告的要求，凡是报表所用数据，需要从总账系统中提取的，必须设立相关的科目。

（3）会计科目的设置必须保持科目与科目间的协调性和体系的完整性。不能只有下级科目，而没有上级科目，既要设置总账科目，又要设置明细科目，用来提供总括和详细的会计核算资料。

（4）会计科目要保持相对稳定，会计年度中不能删除会计科目。会计科目名称的设置，一级会计科目名称按国家会计制度的规定，明细科目的名称要通俗易懂，具有普遍的适用性。

（5）设置会计科目要考虑到与子系统的衔接。因为在总账系统中，只有末级会计科目才允许有发生额，才能接收各个子系统转入的数据，所以要将各个子系统中的核算大类设置为末级科目。

（6）为了满足企业对某些具体会计业务的核算和管理，除了完成一般的总账、明细账核算设置外，还可以设置辅助核算，以更灵活多变的辅助核算形式、统计方法为管理者提供准确、全面的会计信息。辅助账主要包括：数量核算、外币核算、个人往来核算、客户与供应商往来核算、部门核算和项目核算等。

1. 增加会计科目

由于在现行的会计制度中规定了会计核算和会计管理中应使用的一级会计科目，为了方便用户设置会计科目，软件在建立账套功能中提供了预置会计科目的功能。如果用户所使用的会计科目基本上与所选行业会计制度规定的一级会计科目一致，则可以在建立账套时选择预置会计科目。这样，在会计科目初始设置时，只需对不同的会计科目进行修改、对缺少的会计科目进行增加即可。

如果所使用的会计科目与会计制度规定的会计科目相差较多，则可以在建立账套时选择不预置会计科目，这样可以根据自身的需要自行设置全部会计科目。

具体操作步骤为：

（1）在"企业应用平台"打开工作列表中的"基础设置"选项卡，单击展开"基础档案"→"财务"→"会计科目"，打开"会计科目"界面。

（2）在"会计科目"界面选择"编辑"→"增加"命令，或单击工具栏上的"增加"按钮（或按〈F5〉键），打开"新增会计科目"界面，录入需要增加的科目信息，如图1－33所示。

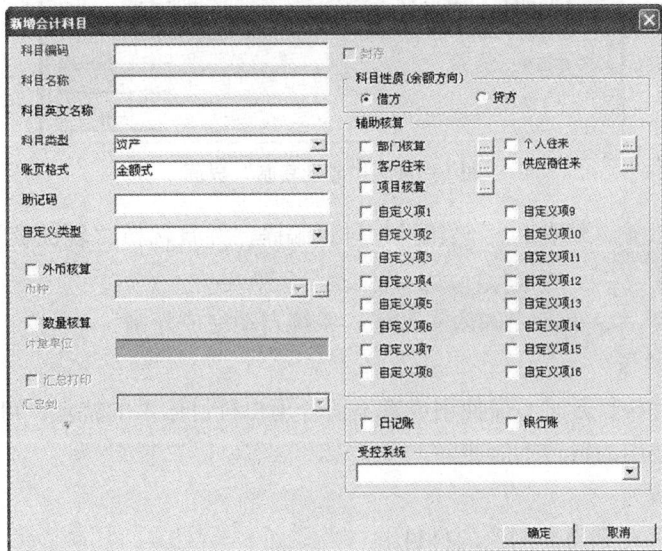

图1－33 "新增会计科目"界面

（3）单击"确定"按钮，保存。

2. 修改会计科目

如果需要对原有会计科目的某些项目进行修改，如科目名称、账页格式、辅助核算、汇总打印、封存标识等，可以通过"修改"功能来完成。

具体操作步骤为：

（1）在"企业应用平台"打开工作列表中的"基础设置"选项卡，单击展开"基础档案"→"财务"→"会计科目"，打开"会计科目"界面。

（2）在"会计科目"界面将光标移到需要修改的科目所在行。

（3）单击"修改"按钮（或双击该会计科目），打开"会计科目—修改"界面，再单击"修改"按钮。

（4）选择需要修改的内容。

（5）单击"确定"按钮。

（6）单击▉或▉按钮可以修改上一个或下一个会计科目。

（7）单击"返回"按钮，退出"会计科目—修改"界面。

3. 批量复制会计科目

如果某一科目的下级与另一个或几个科目的下级内容相同，还可以将某一科目的下级科目成批复制到另一科目中作为下级科目。

具体操作步骤为：

（1）在"会计科目"界面选择"编辑"→"成批复制"命令，打开"成批复制"界面，如图1-34所示。

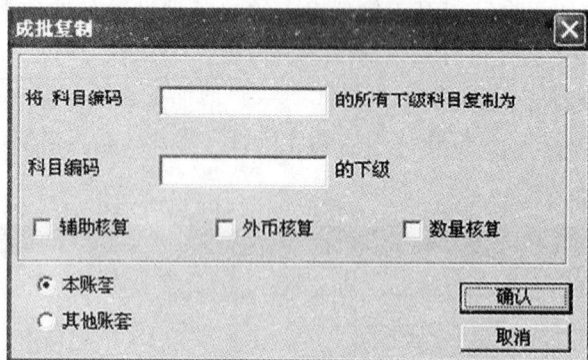

图1-34　"成批复制"界面

（2）根据需要输入源科目编码和目标科目编码，并且选择"辅助核算""外币核算"或"数量核算"。

（3）选择完毕后，单击"确认"按钮，系统自动完成复制。

4. 删除会计科目

如果某些会计科目暂时不需使用或者不适合用户科目体系的特点，可以在未使用之前将其删除。已经使用的科目不能删除。

具体操作步骤为：

（1）将光标移动到需要删除的科目上。

（2）单击"删除"按钮。

（3）系统弹出"记录删除后不能恢复！真的删除此记录吗？"提示界面。

（4）单击"确定"按钮。

5. 指定会计科目

指定会计科目是确定出纳的专管科目。被指定为现金、银行总账科目的可以查询库存现金、银行日记账进行银行对账，以及在制单中进行支票控制和资金赤字控制，从而实现现金、银行存款管理的保密性。一般情况下，库存现金科目要设置为日记账；银行存款科目要设置为银行账和日记账。

具体操作步骤为：

（1）在"会计科目"界面选择"编辑"→"指定科目"命令，打开"指定科目"界面。

（2）单击选择"现金科目"单选按钮，在"待选科目"列表框中选择"1001 库存现金"科目，单击按钮 ▓▓ 或双击该科目，将"1001 库存现金"科目添加到"已选科目"列表框中。

（3）同样的方法指定银行总账科目。

（4）单击"确定"按钮，保存。

（八）设置凭证类别

根据企业管理和核算要求，将会计凭证进行分类编制。系统提供了设置凭证类别的功能，以便于管理、记账和汇总，但是，无论如何分类都不会影响记账结果。

第一次使用总账系统，首先应正确选择分类方式中的凭证类别。

如果是第一次进行凭证类别设置，可以按以下几种常用分类方式进行定义：记账凭证；收款、付款、转账凭证；现金、银行、转账凭证；现金收款、现金付款、银行收款、银行付款、转账凭证；自定义凭证类别。

选择"分类方式"后，可以设置该种凭证的限制条件，以便提高凭证处理的准确性。凭证类别的限制条件是指限制该凭证类别的使用范围。

具体操作步骤为：

（1）在"企业应用平台"打开工作列表中的"基础设置"选项卡，单击展开"基础档案"→"财务"→"凭证类别预置"，打开"凭证类别预置"界面，如图 1-35 所示。

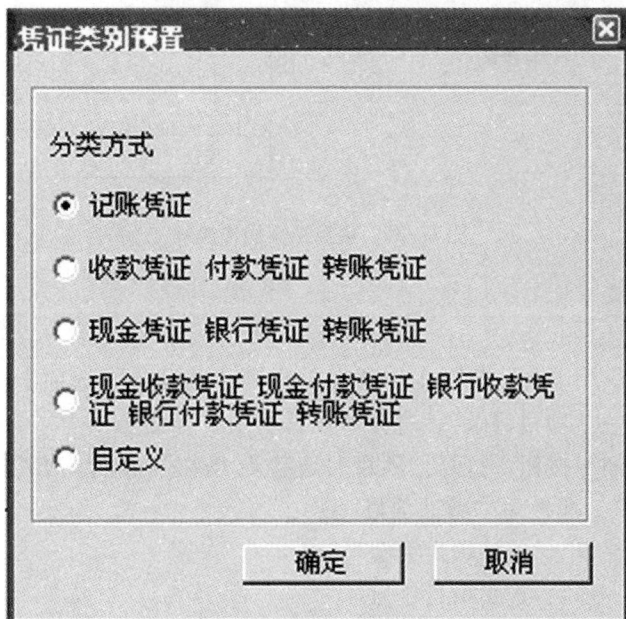

图 1-35　"凭证类别预置"界面

（2）在"凭证类别预置"界面选择需要的分类方式。若选择"收款凭证 付款凭证 转账凭证"，则有必要输入"限制类型"和"限制科目"。

（3）设置完毕后，单击"确定"按钮。

（九）设置核算项目

企业在实际业务处理中会对多种类型的项目进行核算和管理，例如在建工程、对外投资、技术改造、成本管理和产品成本等。为了满足企业的实际需要，可定义多类项目核算，将具有相同特性的一类项目定义成一个项目大类，一个项目大类可以核算多个项目。为了便于管理，企业还可以对这些项目进行分类管理。

使用项目核算与管理的首要步骤是设置项目档案，项目档案设置包括：增加或修改项目大类，定义项目核算科目、项目分类、项目栏目结构，进行项目目录的维护，项目档案操作流程如图1-36所示。

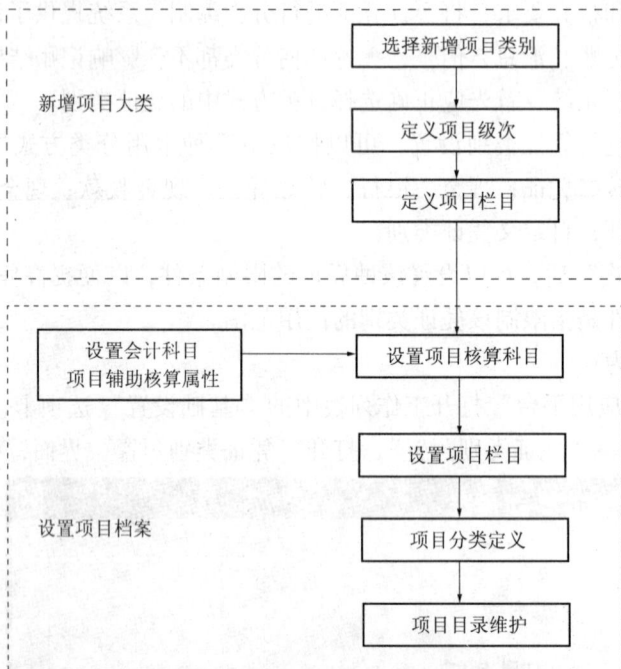

图1-36 项目档案操作流程

1. 新增项目大类

具体操作步骤为：

（1）在"企业应用平台"打开工作列表中的"基础设置"选项卡，单击展开"基础档案"→"财务"→"项目目录"，打开"项目目录"界面。

（2）单击"增加"按钮，打开"项目大类定义_增加"界面，如图1-37所示。录入新增项目大类的名称，属性为"普通项目"。

（3）单击"下一步"，选择项目级次。

（4）单击"下一步"，定义项目栏目。

（5）单击"完成"按钮。

2. 设置项目档案

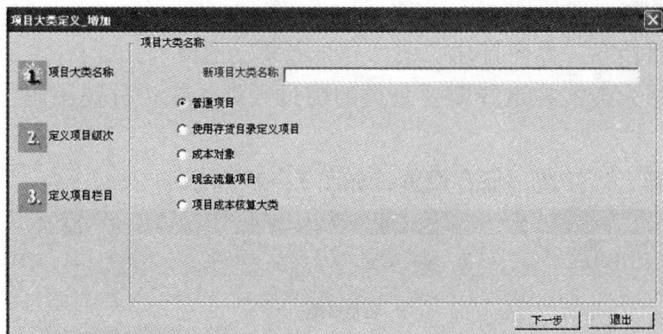

图1-37 "项目大类定义_增加"界面

设置项目档案分为四步。

第一步，设置项目核算科目。

设置核算科目就是具体指定核算此大类项目所使用的会计科目。

设置核算科目之前，必须在总账系统的会计科目设置中，将需要进行项目核算科目的辅助核算属性设置为项目核算。

具体操作步骤为：

（1）在"项目档案"界面选择需要定义的项目大类。

（2）单击"核算科目"选项卡。

（3）将"待选科目"添加到"已选科目"栏内，如图1-38所示。

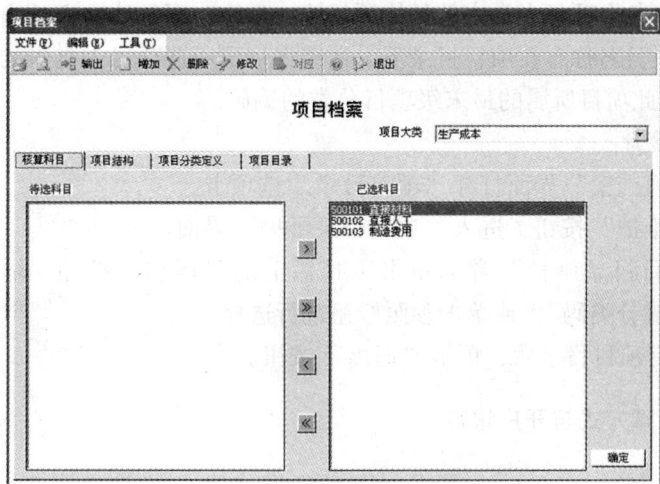

图1-38 设置核算科目

（4）单击"确定"保存。

第二步，设置项目结构。

一个项目除了项目名称外，有时还应加一些其他备注说明，比如课题核算除了课题名以外，还有课题性质、课题承担单位、课题负责人等备注说明，这些备注说明均可以设置为项目栏目。通常情况下，此处取默认值。

第三步，项目分类定义。

为了便于统计，可对同一项目大类下的项目做进一步划分，这就需要进行项目分类的定义，如工程项目大类下的分类项目及明细项目。

具体操作步骤为：

（1）在"项目档案"界面打开"项目分类定义"选项卡。

（2）在"项目大类"栏选择需要分类的项目大类，在"分类编码"和"分类名称"中输入相关信息。

（3）单击"确定"按钮，保存设置，如图1-39所示。

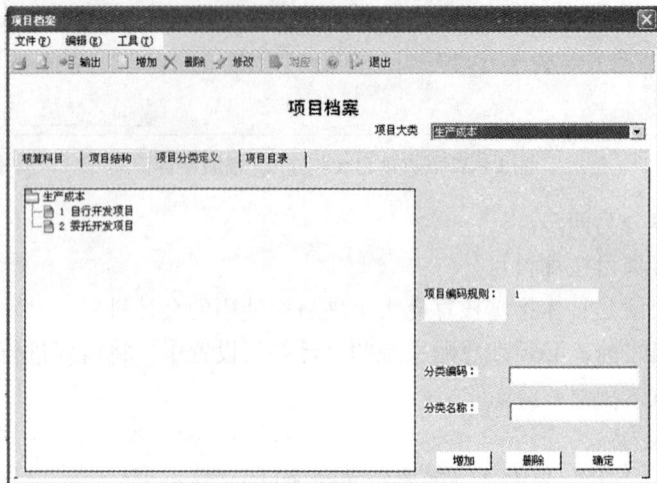

图1-39 项目分类定义

第四步，项目目录维护。

项目目录是将各个项目大类中的具体项目输入系统，而具体输入的内容又取决于项目栏目中所定义的栏目名称。在项目目录下，系统将列出所选项目大类下的所有项目，其中"所属分类码"为此项目所属的最末级项目分类的编码。

具体操作步骤为：

（1）在"项目档案"界面打开"项目目录"选项卡。

（2）单击"维护"按钮，进入"项目目录维护"界面。

（3）在"项目目录维护"界面单击工具栏上的"增加"按钮，输入"项目编号""项目名称""所属分类码"，或单击参照按钮进行选择。

（4）输入所有项目目录后，单击"退出"按钮。

（十）设置结算方式与开户银行

1. 结算方式

为了便于管理和提高银行对账的效率，系统中提供了设置银行结算方式的功能，用来建立和管理用户在经营活动中所涉及的结算方式。它与财务结算方式一致，如现金结算、支票结算等。

结算方式设置主要包括：结算方式编码、结算方式名称和票据管理标志等。

具体操作步骤为：

（1）在"企业应用平台"打开工作列表中的"基础设置"选项卡，单击展开"基础档案"→"收付结算"→"结算方式"，打开"结算方式"界面。

（2）单击"增加"按钮，输入"结算方式编码""结算方式名称"等内容，如图1-40所示。

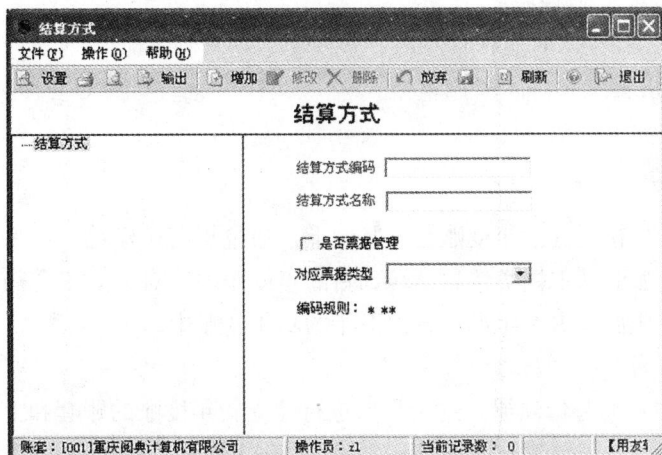

图1-40 结算方式

（3）单击"保存"按钮，保存设置。

2. 开户银行

用友 ERP - U8.72 支持多个开户行及账号的情况。此功能用于维护及查询使用单位的开户银行信息。开户银行一旦被引用，便不能进行修改和删除的操作。

具体操作步骤为：

（1）在"基础设置"选项卡单击"收付结算"→"本单位开户银行"，打开"本单位开户银行"选项卡。

（2）单击"增加"按钮，打开"增加本单位开户银行"界面。

（3）录入相关信息，蓝色部分必须录入。

（4）单击"保存"。

【拓展学习】

一、修改账套

由系统管理员（Admin）建立账套并设置了账套主管后，在未使用相关信息的前提下，可以对某些信息进行调整，以便使信息更真实准确地反映企业的相关内容。只有账套主管可以修改其具有操作权限的账套中的信息，系统管理员无权修改。

具体操作步骤为：

（1）在"用友 ERP - U8 系统管理"界面选择"系统"→"注册"命令，打开"登录"界面。

（2）以账套主管的身份登录需要修改的账套。

（3）单击"确定"按钮。

（4）选择"账套"→"修改"命令，打开"修改账套"界面。

（5）单击"下一步"按钮，可进行后面内容的修改。最后单击"完成"按钮，系统提示"确认修改账套了么？"

（6）单击"是"按钮，打开分类"编码方案"界面，单击"取消"按钮，打开"数据精度"界面，再单击"确认"按钮，系统提示"修改账套成功"。

（7）单击"确认"按钮。

二、管理年度账

（一）建立年度账

年度账的建立是在已有上年度账套的基础上，通过年度账建立，在每个会计期间结束时自动将上个年度账的基本档案信息结转到新的年度账中。对于上年余额等信息，需要在年度账结转操作完成后，由上年自动转入下年的新年度账中。

具体操作步骤为：

（1）以账套主管的身份注册，选定需要进行建立新年度账的账套和上年的时间，进入系统管理界面。例如：需要建立 999 演示账套的 2013 新年度账，此时就要注册 999 账套的 2012 年度账。

（2）选择"年度账"→"建立"命令，打开"建立年度账"界面。

（3）"建立年度账"界面中有两个栏目"账套"和"会计年度"，均为系统默认，此时不能进行修改操作。"账套"栏自动显示的是用户注册进入时所选的账套；"会计年度"栏自动显示的是当前会计年度的下一个年度。

（二）清空年度数据

当用户发现某年度账中错误太多，或不希望将上年度的余额或其他信息全部转到下一年度时，便可使用清空年度数据的功能。"清空"并不是指将年度账的数据全部清空，而是还要保留一些信息，主要有：基础信息、系统预置的科目报表，等等。保留这些信息主要是为了方便用户使用清空后的年度账重新做账。

具体操作步骤为：

（1）以账套主管的身份注册，并且选定账套，进入系统管理界面。

（2）在"系统管理"界面单击"年度账"→"清空年度数据"命令，打开"清空年度数据"界面。

（3）从"会计年度"下拉列表中选择要清空的年度账的年度，单击"确定"按钮。系统将弹出一界面，要求用户进行再度确认，确认后系统进行清空年度数据操作。

（4）年度数据清空后，系统弹出确认界面，点击"确认"，完成清空年度数据操作。

（三）引入和输出年度账

年度账操作中的引入和输出与账套操作中的引入和输出含义基本一致，作用都是对数据进行备份与恢复，所不同的是年度账操作中的引入和输出不是针对整个账套，而是针对账套中某一年度的年度账进行的。

利用年度账的输出，可以为有多个异地单位的会计主体及时集中管理提供解决方案。例如，某单位总部在北京，其上海分公司每月需要将最新的数据传输到北京总部。第一次只需在上海将账套输出，然后传输到北京总部进行引入，以后再需要传输数据时只需要将年度账进行输出然后引入。这种方式使得以后传输只传输年度账即可，其优点是数据量小，便于传输，同时也提高了效率和降低了费用。

(四) 结转上年数据

企业的日常工作是一个连续性的工作，为了统计分析，可人为地将企业持续的经营时间划分为一定的时间段，一般以年为最大单位来统计。所以每到年末，需要启用新年度账，将上年度中相关账户的余额及其他信息结转到新年度账中。结转上年数据之前，首先要建立新年度账。建立新年度账时，账套主管注册登录系统管理平台时应选择的会计年度是转出数据的年度，如要建 2013 年的新年度账，就应选 2012 年。

结转上年数据的具体操作步骤为：

(1) 以账套主管的身份注册进入"系统管理"平台，此时注册的年度应该是需要转入上年数据的新年度，如需要将 2012 年的数据结转至 2013 年，则应以 2013 年注册登录。

(2) 选择"年度账"→"结转上年数据"命令，选择相应模块功能进行上一年度数据的结转。各相关模块确认后，系统将自动进行检查并给出相关提示。

由于系统内模块众多，彼此之间存在数据传递关系，因此，结转上一年度数据的操作不能随意地进行，需要遵从一定的顺序。用户应根据本企业所启用的所有功能模块的实际情况按顺序进行结转。

三、计算机替代手工记账

采用电子计算机替代手工记账，是指应用会计软件输入会计数据，由电子计算机对会计数据进行处理，并打印输出会计账簿和报表。替代手工记账是会计电算化的目标之一。

(一) 计算机替代手工记账的单位应具备的条件

(1) 配备了适用的会计软件和相应的计算机硬件设备。

(2) 配备了相应的会计电算化工作人员。

(3) 建立了严格的内部管理制度。

(二) 计算机替代手工记账的过程

具备条件的单位应尽快采用计算机替代手工记账。替代手工记账之前，地方单位应根据当地省、自治区、直辖市、计划单列市财政厅 (局) 的规定，中央直属单位应根据国务院业务主管部门的规定，计算机与手工并行三个月以上 (一般不超过六个月)，且计算机与手工核算的数据相一致，并接受有关部门的监督。

计算机与手工并行工作期间，可采用计算机打印输出的记账凭证替代手工填制的记账凭证，根据有关规定进行审核并装订成册，作为会计档案保存，并据此登记手工账簿。如果计算机与手工核算结果不一致，要由专人查明原因并向本单位领导呈递书面报告。

记账凭证的类别可以采用通用记账凭证或收、付、转专用凭证的形式，也可以在收、付、转三种凭证的基础上，按照经济业务和会计软件功能模块的划分进一步细化，以方便记账凭证的输入和保存。

(三) 计算机会计数据的打印输出和保存应注意的问题

(1) 采用电子计算机打印输出书面会计凭证、账簿、报表的，应当符合国家统一会计制度的要求，采用中文或中外文对照，字迹清晰，作为会计档案保存，保存期限按《会计档案管理办法》的规定执行。

（2）在当期所有记账凭证数据和明细分类账数据都存储在计算机内的情况下，总分类账可以从这些数据中产生，因此可以用"总分类账户本期发生额及余额对照表"替代当期总分类账。

（3）现金日记账和银行存款日记账的打印，由于受到打印机条件的限制，可采用计算机打印输出的活页账页装订成册，要求每天登记并打印，每天业务较少、不能满页打印的，可按月打印输出。一般账簿可以根据实际情况和工作需要按月、按季或按年打印。发生业务少的账簿，可满页打印。

（4）在保证凭证、账簿清晰的条件下，计算机打印输出的凭证、账簿中表格线可适当减少。

替代手工记账后，各单位应做到当天发生业务，当天登记入账，期末及时结账并打印输出会计报表；要灵活运用计算机对数据进行综合分析，定期或不定期地向单位领导报告主要财务指标和分析结果。

典型工作任务

◎设置总账参数。

◎录入总账期初数据。

◎处理凭证。

◎查询与打印账表。

◎处理出纳业务。

◎处理期末业务。

职业能力目标

◎能正确设置总账参数并录入总账期初数据。

◎会填制、修改、删除、审核凭证，并记账。

◎会查询并打印凭证和各种账簿。

◎会录入银行对账期初数据并进行银行对账。

◎能设置并生成自动转账凭证。

◎会对账并结账。

学习情境二　总账处理

【情境引例】

重庆阅典计算机有限公司是一家集电脑及其周边产品生产、销售为一体的工业企业，会计核算采用新会计制度科目，于 2011 年 1 月 1 日开始实施会计信息化，同日启用总账系统。

一、业务控制参数

选项中的参数修改。

凭证制单时，采用序时控制进行支票管理，客户往来款项和供应商在总账系统核算（总账系统可以使用应收应付受控科目），可自动填补凭证断号，凭证编号方式采用系统编号方式，出纳凭证必须经由出纳签字。

"账簿""凭证打印""预算控制""会计日历"和"其他"页签均按系统默认值。

二、2011 年 1 月期初余额

重庆阅典计算机有限公司 2011 年 1 月期初余额见表 2 - 1。

表 2 - 1　阅典公司 2011 年 1 月期初余额

科目编码	科目名称	外币与单位	辅助账类型	方向	期初余额
1001	库存现金		指定科目（日记账）	借	6 775.70
1002	银行存款		指定科目（日记账）	借	159 488.89
100201	工行存款		日记、银行账	借	159 488.89
100202	中行存款	美元	日记、银行账	借	

续表

科目编码	科目名称	外币与单位	辅助账类型	方向	期初余额
1012	其他货币资金			借	
1101	交易性金融资产			借	
1121	应收票据			借	
1122	应收账款		客户往来	借	157 600.00
1123	预付账款		供应商往来	借	642.00
112301	报刊费			借	642.00
1131	应收股利			借	
1132	应收利息			借	
1221	其他应收款		个人往来	借	3 800.00
1231	坏账准备			贷	788.00
1401	材料采购			借	
1403	原材料			借	186 894.97
1404	材料成本差异			借	
1405	库存商品			借	199 976.00
140501	硬盘	个	数量金额	借	38 376.00
					300
140502	电脑（P3）	台	数量金额	借	81 600.00
					30
140503	电脑（P4）	台	数量金额	借	80 000.00
					25
1406	发出商品			借	
1411	周转材料			借	
141101	包装物			借	
141102	低值易耗品			借	
1471	存货跌价准备			贷	
1501	持有至到期投资			借	
1502	持有至到期投资减值准备			贷	
1511	长期股权投资			借	
151101	股票投资			借	
151102	其他股权投资			借	
1512	长期股权投资减值准备			贷	
1601	固定资产			借	1 260 680.00
1602	累计折旧			贷	197 584.84
1603	固定资产减值准备			贷	

科目编码	科目名称	外币与单位	辅助账类型	方向	期初余额
1604	在建工程				
1605	工程物资			借	
1606	固定资产清理			借	
1701	无形资产			借	58 500.00
1702	累计摊销				
1703	无形资产减值准备			贷	
1711	商誉				
1801	长期待摊费用			借	
1901	待处理财产损溢			借	
2001	短期借款			贷	200 000.00
2201	应付票据			贷	
2202	应付账款		供应商往来	贷	276 850.00
2203	预收账款		客户往来	贷	
2211	应付职工薪酬				
221101	应付工资			贷	
221102	应付福利费			贷	10 222.77
2221	应交税费			贷	−13 000.00
222101	应交增值税			贷	
22210101	进项税额			贷	
22210102	已交税金			贷	
22210103	转出未交增值税			贷	
22210105	销项税额			贷	
22210107	进项税额转出			贷	
22210109	转出多交增值税			贷	
222102	未交增值税			贷	−13 000.00
222103	应交营业税			贷	
222104	应交消费税			贷	
222106	应交所得税			贷	
222108	城市维护建设税			贷	
222112	应交个人所得税			贷	
2232	应付股利				
2241	其他应付款			贷	
2501	长期借款			贷	
2502	应付债券			贷	

科目编码	科目名称	外币与单位	辅助账类型	方向	期初余额
2701	长期应付款			贷	
2711	专项应付款			贷	
2801	预计负债			贷	
4001	实收资本（或股本）			贷	1 500 000.00
4002	资本公积			贷	
4101	盈余公积			贷	
4103	本年利润			贷	
4104	利润分配			贷	-120 922.31
410401	未分配利润			贷	-120 922.31
5001	生产成本			借	17 165.74
500101	直接材料		项目核算	借	155.00
500102	直接人工		项目核算	借	15 000.00
500103	制造费用		项目核算	借	2 010.74
5101	制造费用			借	
510101	工资		部门核算	借	
510102	福利费		部门核算	借	
510103	加班费		部门核算	借	
510104	折旧费		部门核算	借	
510199	其他		部门核算	借	
5201	劳务成本			借	
6001	主营业务收入			贷	
600101	硬盘	个	数量金额	贷	
600102	电脑（P3）	台	数量金额	贷	
600103	电脑（P4）	台	数量金额	贷	
6051	其他业务收入			贷	
6111	投资收益			贷	
6301	营业外收入			贷	
6401	主营业务成本			借	
640101	硬盘		数量金额	借	
640102	电脑（P3）		数量金额	借	
640103	电脑（P4）		数量金额	借	
6402	其他业务成本			借	
6403	营业税金及附加			借	
6601	销售费用			借	
6602	管理费用			借	

续表

科目编码	科目名称	外币与单位	辅助账类型	方向	期初余额
660201	工资		部门核算	借	
660202	福利费		部门核算	借	
660203	电话费		部门核算	借	
660204	折旧费		部门核算	借	
660205	办公费		部门核算	借	
660299	其他		部门核算	借	
6603	财务费用			借	
660301	手续费			借	
660302	利息收入			借	
660303	利息支出			借	
6701	资产减值损失			借	
6711	营业外支出			借	
6801	所得税费用			借	
6901	以前年度损益调整			借	

三、辅助账期初余额

（一）应收账款余额（见表 2 - 2）

表 2 - 2　应收账款明细余额

日期	凭证号	客户单位名称	摘要	方向	金额
2010 - 02 - 13		华宏公司	销售商品	借	99 600.00
2010 - 01 - 06		昌新贸易公司	销售商品	借	58 000.00

（二）其他应收款余额（见表 2 - 3）

表 2 - 3　其他应收款——个人明细余额

日期	凭证号	部门	职员	摘要	方向	金额
2010 - 05 - 27		采购部	倪雪	出差借款	借	3 800.00

（三）应付账款余额（见表 2 - 4）

表 2 - 4　应付账款明细余额

日期	凭证号	供应商单位名称	摘要	方向	金额
2010 - 11 - 07		兴华公司	购买商品	贷	176 850.00
2010 - 07 - 29		泛美商行	购买商品	贷	100 000.00

四、总账日常操作

(一) 日常业务

(1) 1月4日，提取现金10 000元。

  借：库存现金   10 000
   贷：银行存款——工行存款   10 000

(2) 1月5日，采购部倪雪报销差旅费3 600元，交还现金200元。

  借：管理费用——其他费用（采购部）   3 600
   库存现金   200
   贷：其他应收款——倪雪   3 800

(3) 1月7日，业务一部支付业务招待费1 200元，转账支票号为205。

  借：管理费用——其他费用   1 200
   贷：银行存款——工行存款   1 200

(4) 1月13日，收到华宏公司转账支票2张，面值分别为：40 000元和59 600元，用以归还货款。

  借：银行存款——工行存款   99 600
   贷：应收账款——华宏公司   99 600

(5) 1月14日，归还欠泛美商行部分货款100 000元，转账支票号为201。

  借：应付账款——泛美商行   100 000
   贷：银行存款——工行存款   100 000

(6) 1月16日，向利氏公司售出电脑（P3）25台，单价4 220元，货税款尚未收到（适用税率17%）。

  借：应收账款——利氏公司   105 500
   贷：主营业务收入——电脑（P3）   90 170.94
    应交税费——应交增值税（销项税） 15 329.06

(7) 1月19日，采购部倪雪从艾德公司购入硬盘100个，单价133元，货税款暂欠，商品已验收库（适用税率13%）。

  借：库存商品——硬盘   11 769.91
   应交税费——应交增值税（进项税） 1 530.09
   贷：应付账款——艾德公司   13 300

(8) 1月20日，收到鲲鹏集团投资资金10 000美元。

  借：银行存款——中行存款   82 750
   贷：股本   82 750

(9) 1月28日，购惠普传真机一台，价值2 850元，管理部使用，使用年限5年，平均年限法，净残值率10%。

  借：固定资产   2 850
   贷：银行存款——工行存款   2 850

(10) 该公司管理部门固定每月底报销电话费用，故统一报销凭证中都为管理费用，但明细分属不同部门，以辅助项快速录入方式填制该凭证。财务部：500元，总经办：900元，

计划部：700 元，业务一部：900 元，贷方为库存现金。摘要为费用报销

  （11）月末计提折旧。

    借：制造费用——折旧费——生产一部　　　　　　　　3 394.69

      制造费用——折旧费——生产二部　　　　　　　　2 496.60

      管理费用——折旧费——财务部　　　　　　　　　　452.40

      管理费用——折旧费——总经办　　　　　　　　　2 346.60

      管理费用——折旧费——业务一部　　　　　　　　　452.40

     贷：累计折旧　　　　　　　　　　　　　　　　　　9 142.69

  （12）当月 29 日，将奥迪车出售，收回 7.8 万元，支票结算。

    A. 借：累计折旧　　　　　　　　　　　　　　　　71 245.83

      固定资产清理　　　　　　　　　　　　　　178 754.17

     贷：固定资产　　　　　　　　　　　　　　　250 000

    B. 借：银行存款 —— 工行存款　　　　　　　　　78 000

      待处理财产损溢——待处理固定资产损溢　　100 654.17

     贷：固定资产清理　　　　　　　　　　　　178 654.17

  （13）月末计提工资。

    借：生产成本——直接人工——电脑（P3）　　　　4 060

      生产成本——直接人工——电脑（P4）　　　　3 550

      管理费用——工资——财务部　　　　　　　　10 410

      管理费用——工资——总经办　　　　　　　　 4 923

      管理费用——工资——业务一部　　　　　　　10 620

     贷：应付职工薪酬——应付工资　　　　　　　33 563

  （14）需对固定资产科目进行管理，但科目本身信息有限，现准备使用科目备查簿以增强查询管理：

  ①新增一科目备查簿，增加"设备名称""规格"两文本项目，"单价"数字项目，"到货日期"日期项目。指定固定资产为备查科目。

  1 月 15 日，企业收到设备 THY 机床 1 台，规格 50T，单价 25 000 元，填制凭证，登记备查簿。

    借：固定资产　　　　　　　　　　　　　　　　25 000

     贷：银行存款——工行存款　　　　　　　　　25 000

  ②查询相应备查资料。

  （15）先将（3）号凭证生成常用凭证后，再删除（3）号凭证，不整理凭证断号，将凭证编号方式改为手工编号后，再用调用常用凭证功能生成（3）号凭证。

（二）凭证汇总

（三）出纳签字

出纳签字同时补填（1）号凭证的结算方式为现金支票，票号为 XJ2000。

（四）审核凭证

凭证审核和取消审核（注：凭证审核人与制单人不能相同）。

（五）记账

将上述所有凭证进行记账操作。

五、总账查询操作

查询下列账簿：

（1）现金日记账。

（2）银行日记账（人民币、外币）。

（3）总账。

（4）余额表。

（5）明细账。

（6）序时账。

（7）多栏账。

（8）辅助账（客户往来、供应商往来、个人往来、部门、项目）。

六、银行对账余额

重庆阅典计算机有限公司工行存款人民币户单位日记账调整前余额为 159 488.89 元，银行对账单调整前余额为 119 488.89 元，未达账项一笔，是 2010 年 12 月 31 日企业已收银行未收的 40 000 元。

七、2011 年 1 月银行对账单

重庆阅典计算机有限公司 2011 年 1 月银行对账单见表 2-5。

表 2-5　2011 年 1 月银行对账单

日期	结算方式	摘要	借方	贷方	方向	余额
2011-01-01		期初			借	119 488.89
2011-01-04	现金支票	提现		10 000.00	借	109 488.89
2011-01-07	转账支票	招待费		1 500.00	借	107 988.89
2011-01-13	转账支票	收前欠款	99 600.00		借	207 588.89
2011-01-14	转账支票	付前货款		100 000.00	借	107 588.89
2011-01-15	其他	付设备款		25 000.00	贷	82 588.89
2011-01-28	其他	购买资产		2 850.00	借	79 738.89
2011-01-29	汇票结算		20 000.00		借	99 738.89

八、总账期末操作

（一）自动转账

（1）自定义：2011 年 1 月 31 日，计提短期借款利息，按短期借款期末余额的 0.2%
进行计提当月借款利息；计提职工福利费，按"生产成本——直接人工""管理费用——
工资"当月发生额的 14% 进行计提当月职工福利费（自定义转账定义，转账生成凭证，
再把该凭证审核、记账）。

  A. 计提利息：

   借：财务费用   400

    贷：应付利息   400

  B. 计提福利费：

   借：生产成本——直接人工——电脑（P3）   568.40

     生产成本——直接人工——电脑（P4）   497.00

     管理费用——工资——总经办   689.22

     管理费用——工资——财务部   1 457.40

     管理费用——工资——业务一部   1 486.80

    贷：应付职工薪酬——应付福利费   4 698.82

（2）用自动结转销售成本方法生成如下凭证：（结转销售成本，转账生成凭证，再把
该凭证审核、记账）。

结转成本，本月共销售电脑（P3）25 台，成本为 2 720 元/台。

   借：主营业务成本——电脑（P3）   68 000

    贷：库存商品——电脑（P3）   68 000

（3）期间损益：2011 年 1 月 31 日，期间损益结转（期间损益定义，转账生成凭证，
再把该凭证审核、记账）。

（二）对账

（三）月末结账

（四）取消结账

结账后，发现第（3）号凭证货款金额错误，应改为：

   借：管理费用——其他费用   1 500

    贷：银行存款——工行存款   1 500

【知识准备】

一、总账的组成及其主要功能

总账系统是会计信息系统的一个主要子系统，以货币为主要计量单位，综合、全面、

系统地反映了企业的经济活动，由该系统提供的信息产生的财务报表能反映企业的财务状况和经营成果。总账系统的整个处理过程就是从凭证到记账、从记账到账表输出的过程。从历史来看，会计信息系统因时期、行业不同而有简有繁，但总账系统一直是必不可少的核心系统，会计信息系统就是在总账系统的基础上充实和发展起来的。

总账系统由系统设置、凭证管理、账簿管理、出纳管理、辅助核算管理和期末处理等模块组成，其主要功能如下：

（一）系统设置

系统设置即由用户根据本企业的具体需要建立账务应用环境，将总账系统变成适合本单位实际需要的专用系统。其主要工作包括设置各项业务参数、设置基础档案、设置明细账权限和输入期初余额等。

（二）凭证管理

总账系统通过严密的制单控制保证填制凭证的正确性。系统设置提供资金赤字控制、支票控制、预算控制、外币折算误差控制以及查看科目最新余额等功能，以加强对发生业务的及时管理和控制。凭证管理的主要工作包括凭证的输入、修改和删除，对机内凭证进行审核、查询、汇总和打印，以及根据已经审核的记账凭证登记账簿等。

（三）账簿管理

账簿管理可提供按多种条件查询总账、日记账和明细账等，具有总账、明细账和凭证联查功能，月末打印正式账簿。

（四）出纳管理

为出纳人员提供一个集成办公环境，加强对现金及银行存款的管理。提供支票登记簿功能，用来登记支票的领用情况，并可完成银行日记账、现金日记账，随时生成最新的资金日报表。定期将企业银行日记账与银行出具的对账单进行核对，并编制银行存款余额调节表。

（五）辅助核算管理

总账系统除了提供总账、明细账、日记账等主要账簿数据的查询以外，还提供个人往来核算、部门核算、往来管理、现金管理和项目管理等辅助核算管理。

（六）期末处理

自动完成月末分摊、计提、对应转账、销售成本、汇兑损益、期间损益结转等期末业务，进行试算平衡、对账、结账及生成月末工作报告。

二、总账的数据关系

总账系统与其他系统的主要关系如图 2-1 所示。了解总账系统与其他系统之间的关系，可以明确岗位责任，划清业务界限。

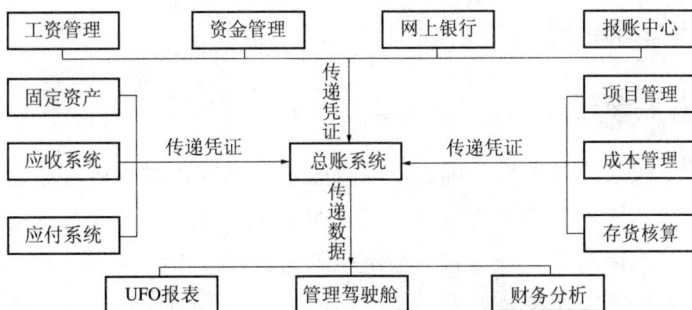

图 2-1　总账系统与其他子系统之间的数据传递关系

【业务操作流程】

总账系统的操作主要包括初始设置、日常处理和期末处理三个环节，其具体的业务操作流程如图 2-2 所示。

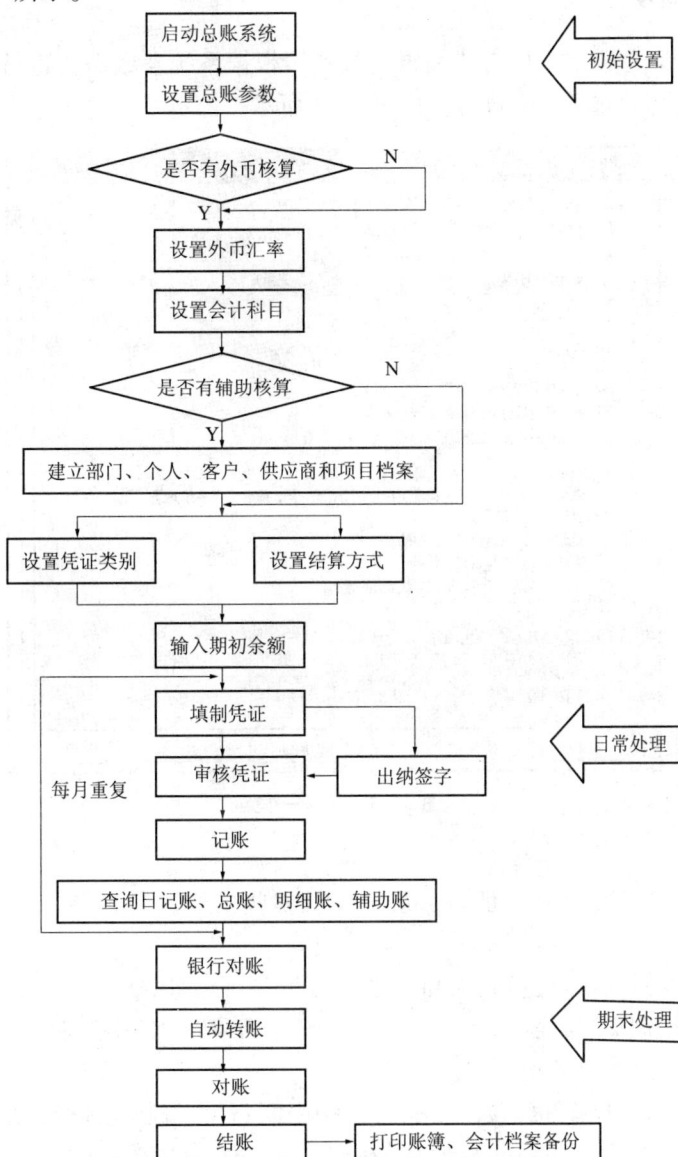

图 2-2　总账系统的业务操作流程

【职业判断与业务操作】

一、设置总账参数

在首次启动总账系统时，需要确定反映总账系统核算要求的各种参数，使通用总账系统适用于本单位的具体核算要求。总账系统的业务参数将决定总账系统的输入控制处理方式、数据流向和输出格式等，设定后一般不能随意更改。

进行选项设置具体操作步骤如下：

以账套主管身份登录企业应用平台，选择"业务工作"→"财务会计"→"总账"→"设置"→"选项"命令，打开"选项"界面。"选项"界面一般包括凭证、账簿、凭证打印、预算控制、权限、会计日历、其他、自定义项核算几个选项卡。

（一）凭证选项

选择"凭证"选项卡，单击"编辑"按钮，根据系统参数需要进行修改，设置完成后单击"确定"保存选项参数设置，如图 2 - 3 所示。

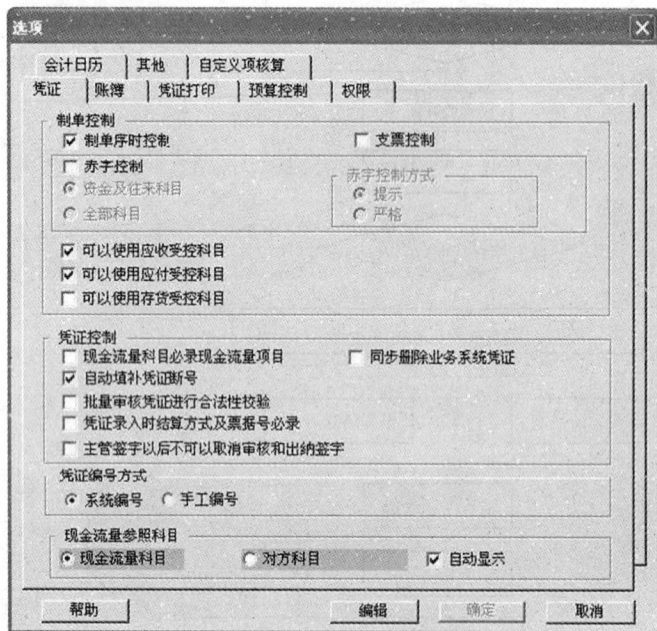

图 2 - 3　选项—凭证

1. 制单控制

制单控制限定了在填制凭证时，系统应对哪些操作进行控制，主要包括以下几个参数。

（1）制单序时控制：选择此项和"系统编号"，制单时凭证编号必须按日期顺序排列，10 月 25 日编制 25 号凭证，10 月 26 日只能开始编制 26 号凭证，即制单序时。如有特殊需要可将其改为不按序时制单。

（2）支票控制：若选择此项，在制单中使用银行科目编制凭证时，则系统针对票据管理的结算方式进行登记，如果录入支票号在支票登记簿中已存，则系统提供登记支票报销的功能；否则，系统提供登记支票登记簿的功能。

（3）赤字控制：若选择了此项，在制单时，当"资金及往来科目"或"全部科目"的最新余额出现负数时，系统将予以提示。

（4）可以使用应收、应付、存货受控科目：某系统的受控科目其他系统是不能用来制单的，如客户往来科目一般为应收系统的受控科目，总账系统不能使用此科目制单。所以，如果希望在总账系统中也能使用这些科目填制凭证，则应选择此项。

2. 凭证控制

现金流量科目必录现金流量项目：如果在会计科目设置中指定了现金流量科目，而且选中该复选框，则在填制凭证时，如果凭证中使用了现金流量科目，就一定要把发生的现金金额指定到现金流量表的某个项目，否则凭证无法保存。

3. 凭证编号方式

系统在填制凭证功能中一般按照凭证类别按月自动编制凭证编号，即"系统编号"，但有的企业需要系统允许在制单时手工输入凭证编号，即"手工编号"。

（二）账簿选项

账簿选项包括"打印位数宽度（包括小数点及小数位）""凭证、账簿套打""明细账（日记账、多栏账）打印方式"等，如图2-4所示。

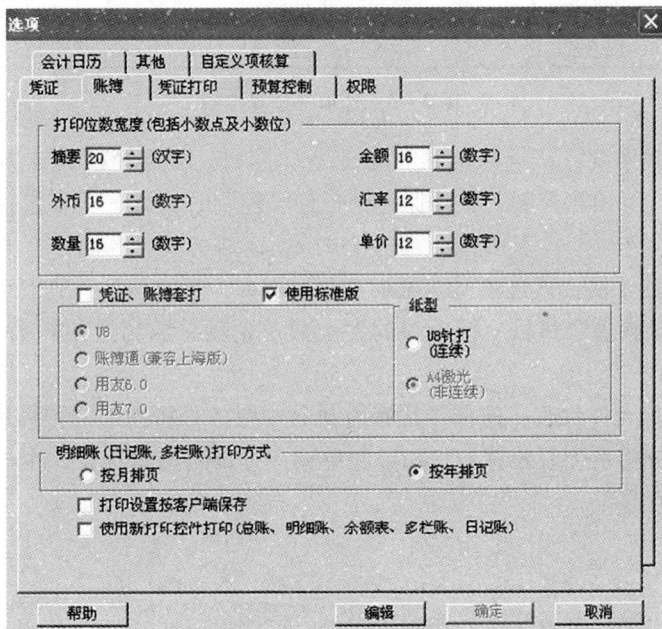

图2-4 选项—账簿

（三）凭证打印

打印凭证的制单、出纳、审核、记账等人员姓名：该选项用来设置在打印凭证是否自动打印制单人、出纳、审核人、记账人的姓名。

凭证、正式账页每页打印行数：双击单元格可对其中的明细账、日记账、多栏账和凭证的每页打印页数进行设置。

（四）预算控制

预算控制选项界面如图 2-5 所示。

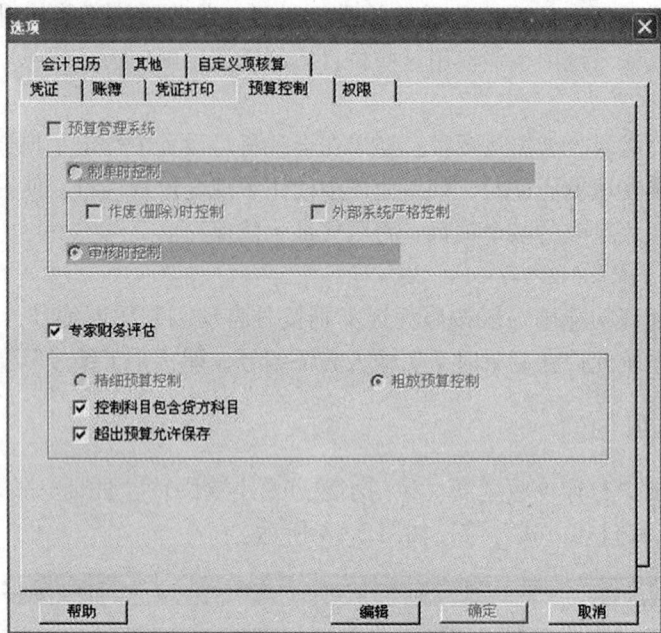

图 2-5　选项—预算控制

（1）预算管理系统：该选项由预算管理系统控制。可选择在凭证保存时进行预算控制，或在审核时进行预算控制。凭证保存进行预算控制时，可进一步选择是否在凭证作废时控制。

（2）专家财务评估：该选项从专家财务评估取数，选择该项，则制单时，当某一科目下的实际发生数导致多个科目、辅助项的发生数及余额总数超过预算数与报警数的差额，系统自动报警。

（3）超出预算允许保存：选择"预算控制"中财务分析系统的预算控制选项后此项才起作用，从财务分析系统取预算数，如果制单输入分录时超过预算，也可以保存超预算分录，否则不予保存。

（五）权限

在系统管理中设置了操作员的功能权限后，可以进一步地划分权限。"权限"选项卡如图 2-6 所示。

制单权限控制到科目：用来设置制单权限的操作员可以使用那些特定科目制单。

凭证审核控制到操作员：有些时候需要对审核权限做进一步细化，若只允许操作员审核其本部门操作员填制的凭证，而不能审核其他部门操作员填制的凭证，则应选择此复选框。

出纳凭证必须经由出纳人员签字：若选中该复选框，则含有现金、银行科目的凭证必须由出纳人员通过"出纳签字"功能对其核对签字后才能记账。

允许修改、作废他人填制的凭证：若选择了此项，在制单时可修改或作废别人填制的

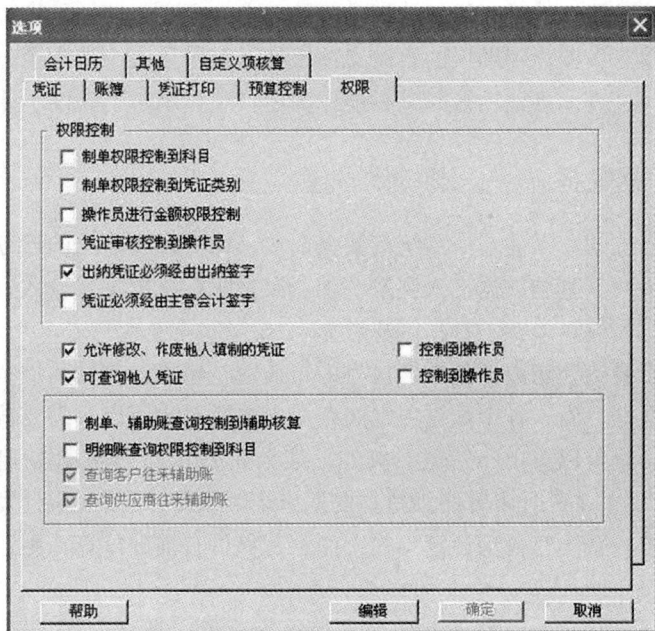

图 2 – 6 选项—权限

凭证，否则不能修改。

明细账查询权限控制到科目：这是权限控制的开关，在系统管理中设置明细账查询权限，必须在总账系统选项中打开才能起到控制作用。

（六）会计日历选项

单击"会计日历"页签，可查看各会计期间的起始日期与结束日期，以及账套名称、单位名称、账套路径、行业性质、科目级长、本位币等账套信息，并且这些信息只在这里显示，若要修改，可到系统管理中修改，"会计日历"页签中只能更改数量小数位、单价小数位和本位币精度。

（七）其他选项

（1）外币核算：如果企业有外币业务，则应选择相应的汇率方式——固定汇率、浮动汇率。"固定汇率"即在制单时，一个月只按一个固定的汇率折算本位币金额；"浮动汇率"即在制单时，按当日汇率折算本位币金额。

（2）本位币：可以显示核算的本位币的币符和币名。例如，如果企业核算本位币是人民币，那么币符为"RMB"，币名为"人民币"。

（3）部门（个人、项目）排序方式：在查询部门（个人、项目）账或参照部门（个人、项目）目录时，可选择是按部门（个人、项目）编码排序还是按部门（个人、项目）名称排序。

（4）分销联查凭证 IP 地址：在这里输入分销系统的网址，可以联查分销系统的单据。

（八）自定义项核算

如果系统提供的个人、部门、项目、供应商和客户等辅助核算项不够，可在此将某些自定义项设置为辅助核算，并对设置为辅助项的自定义项录入期初、期末结转及多辅助账进行查询。其余没有设置为辅助项的自定义项，如果在科目表中选中了，那么只在凭证中作为备注项录入，且查询多辅助账时其只能作为栏目项显示，不提供小计。

二、录入期初数据

为了保证新系统的数据能与原系统的数据衔接，保持账簿数据的连续完整，在应用总账系统前，需要将一些基础数据输入到系统中。在总账系统中主要输入各科目余额，包括明细科目余额、总账科目余额，自动汇总计算。

计算机系统需要的期初数据包括各科目的年初数、建账当前月的借贷方累计发生额及期末余额等各项数据。由于各个数据项之间存在内在联系，所以只需要输入借贷方累计发生额和期末余额，就可以算出年初数。例如，某企业 2012 年 5 月开始启用总账系统，那么应将该企业 2012 年 4 月月末各明细科目的期末余额及 1—4 月的累计发生额整理出来并输入到总账系统中，系统将自动计算年初余额；若科目有辅助核算，则还应整理各辅助项目的期初余额。

如果企业选择年初建账，由于各科目本年无发生额，所以只需要准备各科目期初余额，从而大大简化了数据准备工作，这也正是很多企业选择年初建账的原因。年初建账的另外一个优势就是年度数据完整，便于今后的数据对比及分析。

（一）录入明细账与总账期初余额

具体操作步骤为：

（1）选择"业务工作"→"财务会计"→"总账"→"设置"→"期初余额"命令，打开"期初余额录入"界面。

（2）输入末级科目的余额，非末级科目的余额系统自动计算生成。如图 2 – 7 所示。

图 2 – 7　输入明细账与总账期初余额

（二）录入辅助账期初数据

具体操作步骤为：

（1）辅助账期初数据不能直接录入，需要双击该辅助科目，进入"辅助期初余额"界面，单击"增行"按钮，根据期初辅助账信息录入数据，如图 2 – 8 所示。

（2）在"辅助账期初余额"界面中，单击"往来明细"按钮，打开"期初往来明细"界面，按要求输入详细业务信息，如图 2 - 9 所示。

（3）完成退出后，总账相应期初余额自动生成。

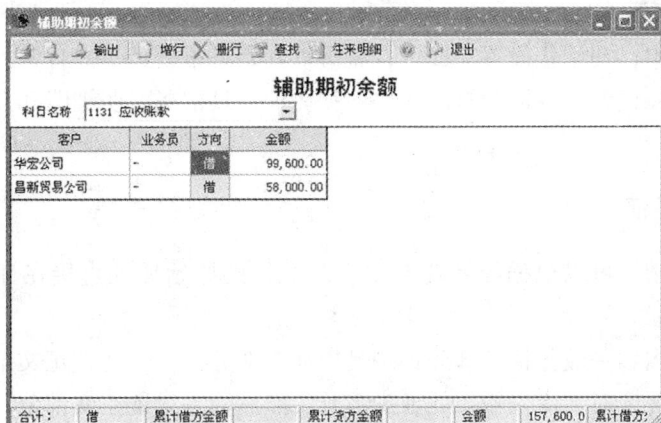

图 2 - 8　输入辅助期初余额

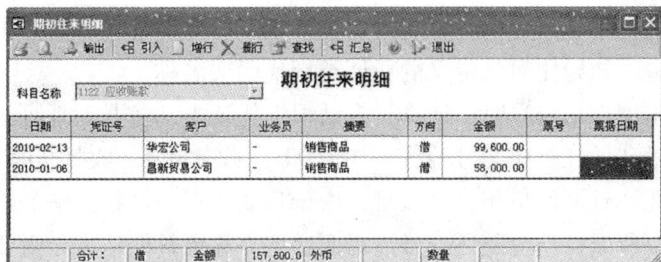

图 2 - 9　"期初往来明细"界面

（三）试算平衡与期初对账

1. 试算平衡

期初余额输入完成后，单击工具栏上的"试算"按钮，系统自动进行科目余额的试算平衡，以保证初始数据的正确性。如果不平衡，需重新调整，如图 2 - 10 所示。

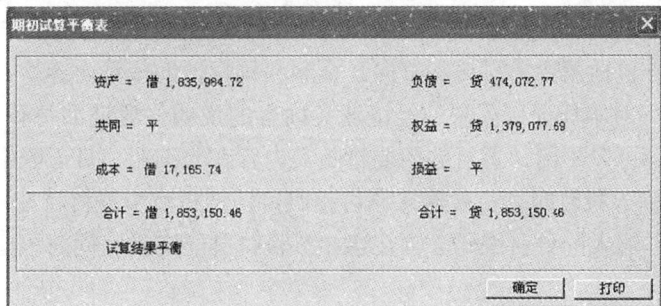

图 2 - 10　"期初试算平衡表"界面

2. 期初对账

期初余额输入完成后，单击工具栏上的"对账"按钮，打开"期初对账"界面，单击"开始"按钮，系统将自动对总账与明细账、总账与辅助账、辅助账与明细账进行核对。

三、处理凭证

在总账系统中，初始化设置完成后，就可以开始日常处理了。日常处理主要包括填制凭证，审核凭证，记账，查询和打印输出各种凭证、日记账、明细账和总分类账以及各种辅助账。

（一）填制凭证

在实际工作中，可以根据经济业务发生时取得的原始凭证直接在计算机上填制记账凭证。

记账凭证的内容一般包括三部分：一是凭证头部分；二是凭证正文部分；三是凭证尾部分。填制记账凭证时，应先输入凭证头部分，然后输入凭证正文部分。企业应该根据具体经济业务内容，采用不同方式填制完成。

1. 输入凭证头部分

记账凭证的凭证头部分包括凭证类别、凭证编号、凭证日期和附件张数。

凭证类别：输入初始化时已定义的凭证类别代码或名称。

凭证编号：采用自动编号时，计算机自动根据凭证类别按月对凭证进行顺序编号。编号由凭证类别编号和凭证顺序编号组成，如记001、收款001、收款002等。

凭证日期：凭证日期包括年、月、日，由于日期的正确性将影响经济业务在明细账和日记账中的顺序，所以日期应随凭证号递增而递增。凭证日期应大于等于启用日期，不能超过业务日期。

附件张数：本张凭证所附原始单据张数。

凭证自定义项：在"附单据数"的上方，主要根据企业实际需要自定义一些辅助事项。

系统默认凭证保存时不按凭证号顺序排列而按日期顺序排列，如不按序时制单将出现"凭证假丢失"现象。如有特殊需要可将其改为不按序时制单，则在制单时凭证号必须按日期顺序排列。凭证一经保存，其凭证类别、凭证编号不能修改。

2. 输入凭证正文部分

凭证正文部分包括摘要、科目、方向、金额和科目辅助核算内容。

（1）摘要：即对本凭证所反映的经济业务内容的说明，凭证的每行必须有摘要内容，不同行的摘要内容可以不同，每行的摘要将随其内容在明细账、日记账中出现。

（2）科目：输入科目时，一般输入科目编码，计算机将根据科目编码自动切换成对应的会计科目名称。输入的科目编码必须在建立科目时已经定义，同时也必须是最末级的科目编码。

（3）方向：每一科目的发生额均有它的方向，即借方或贷方。

（4）金额：金额不能为"零"，红字以"－"号表示。

（5）输入科目辅助明细项目和科目备查内容：如果在科目设置时定义了相应的"辅助账"，则在输入每笔分录时，需同时输入辅助核算的内容。如果一个科目同时兼有几个核算要求，则要求同时输入有关内容。如图 2－11 所示。

录入完毕保存凭证后，单击"制单"→"增加凭证"，就可开始填制下一张凭证。

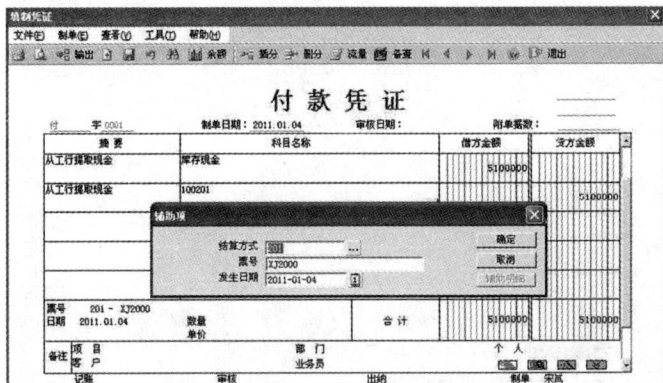

图 2 – 11 填制凭证

（二）查询与打印凭证

1. 查询凭证

在制单过程中，可以通过查询功能，对凭证进行查看，以便随时了解经济业务发生的情况，保证填制凭证的正确性。

单击系统主菜单"凭证"下的"查询凭证"，进入"查询凭证"功能，如图 2 – 12 所示。

图 2 – 12 "凭证查询"界面

2. 打印凭证

选择"凭证打印"菜单或"打印"按钮可打印当前显示的凭证、已记账或未记账凭证，如图 2 – 13 所示。

（三）修改未记账凭证

凭证输入时，尽管系统提供了多种控制错误的措施，但凭证错误仍有可能发生，记账凭证的错误必然影响系统的核算结果。为更正错误，系统提供了对错误凭证进行修改的功能。财务会计制度和审计对错误凭证的修改有严格的要求，根据这些要求，在总账系统中，对不同状态下的错误凭证有不同的修改方式。对于未记账凭证的修改有以下两种方式：

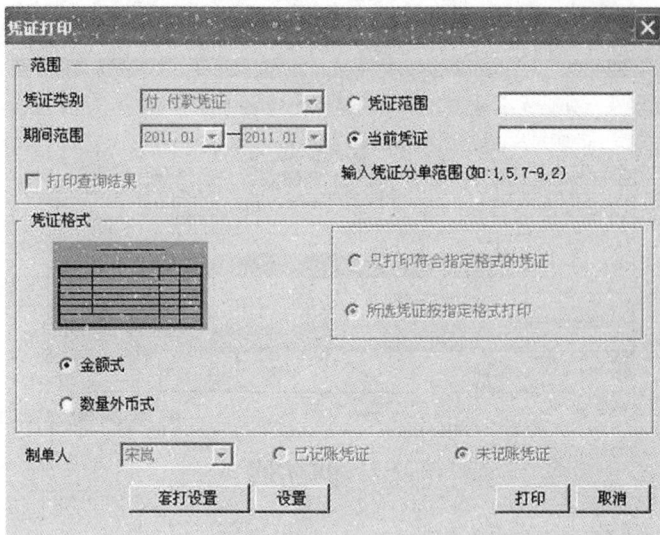

图 2 – 13 "凭证打印"界面

（1）对已经输入但未审核的机内记账凭证，可随时找到错误凭证，在编辑状态下直接进行修改（凭证编号不能修改）。

（2）已通过审核但还未记账的凭证不能直接修改，可以先通过凭证审核功能取消审核后，再通过凭证的编辑功能进行修改。

若已采用制单序时控制，则在修改制单日期时，不能修改为上一张凭证的制单日期之前。若选择不允许修改或作废他人填制的凭证权限控制，则不能修改或作废他人填制的凭证。如果涉及银行科目的分录已输入支票信息，并对该支票做过报销处理，修改操作将不影响"支票登记簿"中的内容。外部系统传过来的凭证不能在总账系统中进行修改，只能在生成该凭证的系统中进行修改。

（四）删除凭证

1. 作废凭证

要删除凭证，首先要对凭证进行作废处理。使用"作废/恢复"功能，将这些凭证进行作废，作废凭证仍保留凭证内容及编号，只显示"作废"字样。如图 2 – 14 所示。

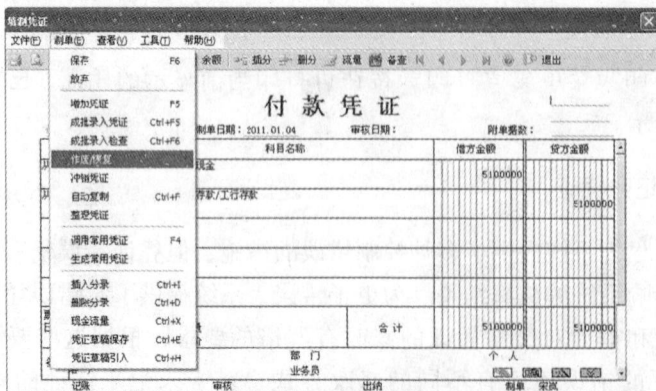

图 2 – 14 作废/恢复凭证

如果当前凭证已作废，可以在"填制凭证"界面中选择"制单"→"作废/恢复"命令，取消作废标志，即可将当前凭证恢复为有效凭证。

2. 删除凭证

如果无须保留作废凭证，则可以通过系统提供的"整理凭证"功能将"作废"字样的凭证彻底删除，并对未记账凭证进行重新编号，以保证凭证编号的连续性，如图 2-15 所示。

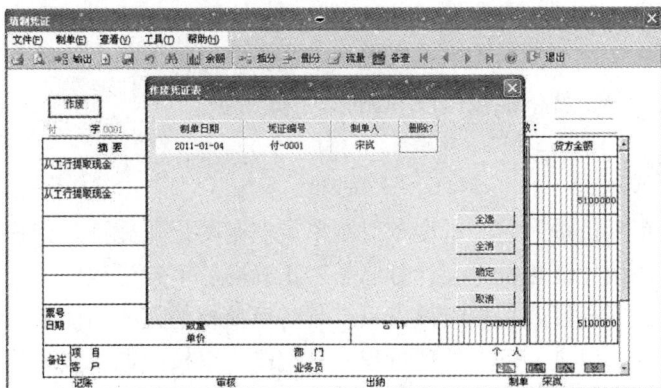

图 2-15 删除凭证

（五）出纳签字

会计凭证填制完成之后，如果该凭证是出纳凭证，且在系统"选项"中选择"出纳凭证必须经由出纳签字"，则应由出纳核对签字。

由于出纳凭证涉及企业现金的收入与支出，故应加强对出纳凭证的管理。出纳人员可通过"出纳签字"功能对制单员填制的带有现金或银行科目的凭证进行检查核对，主要核对出纳凭证出纳科目的金额是否正确。审查过程中发现有错误或有异议的凭证，应交由填制人员修改后再核对。只有出纳确认无误后，才能进行记账处理。

具体操作步骤为：

（1）在"企业应用平台"单击"重注册"按钮，打开"登录"界面，以出纳的身份重新进入系统，选择"业务工作"→"总账"→"凭证"→"出纳签字"命令，打开"出纳签字"查询条件界面，选中"全部"单选按钮，输入过滤时间，如图 2-16 所示。

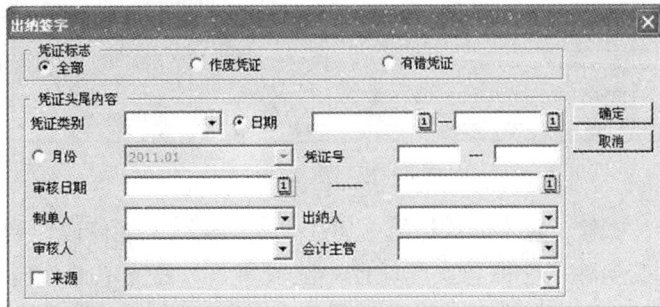

图 2-16 出纳签字

（2）单击"确定"按钮，打开"出纳签字"凭证列表界面，其中会显示所有符合条件的出纳凭证，双击某一要签字的凭证或者单击"确定"按钮，打开"出纳签字"界面，单击"签字"按钮，凭证底部的"出纳"处将自动签上出纳人员姓名，完成对该张凭证的出纳签字；或者可以对满足条件的所有凭证进行签字，单击"出纳"→"成批出纳签字"，单击"确定"按钮，完成所有凭证的出纳签字。

出纳签字的前提条件是：在总账系统"选项"界面的"权限"选项卡中选中"出纳凭证必须经由出纳签字"复选框，且在总账初始化会计科目中指定了现金总账科目和银行总账科目。

出纳签字与审核凭证无先后顺序；已经签字的凭证可由出纳本人单击"取消"按钮取消签字；凭证一经签字，就不能被修改和删除。

（六）审核凭证

审核凭证是指审核员按照财会制度，对制单员填制的记账凭证进行检查核对，主要审核记账凭证是否与原始凭证相符、会计分录是否正确等。审查过程中发现有错误或有异议的凭证，应交由填制人员修改后再审核，只有具备审核权的人才能使用本功能。

审核无误的凭证可以进入下一处理过程——记账；审核中如果发现错误，可以利用系统提供的"标错"功能为凭证标注有错标志，以便于制单人快速查询和更正，待修正后再重新审核。根据会计制度规定，审核人与制单人不能为同一人。系统提供两种审核方式——单张审核和成批审核。对审核后的凭证，系统提供取消审核的功能。

具体操作步骤为：

在企业应用平台中单击"重注册"按钮，打开"登录"界面，以某一审核员的身份重新进入系统，选择"业务工作"→"财务会计"→"总账"→"凭证"→"审核凭证"命令，打开审核凭证界面，审核无误后单击"审核"按钮完成审核。审核后的凭证如图 2-17 所示。

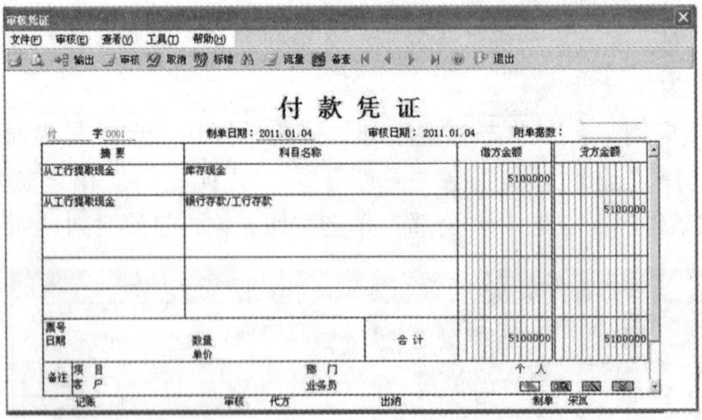

图 2-17　审核凭证

作废凭证不能被审核，也不能被标错；凭证一经审核就不能修改、删除，只有取消审核签字后才可修改或删除；已标志作废凭证不能被审核，需先取消作废标志后才能被审核；已标错的凭证不能被审核，需先取消标错后才能被审核；可以选择"审核"→"成批审核凭证"命令对凭证进行成批审核。

（七）凭证记账

1. 记账

记账凭证经审核签字后，即可用来登记总账和明细账、日记账、部门账、往来账、项目账以及备查账等。记账工作采用向导方式，使记账过程更加明确。记账过程由系统自动完成，无须人工干预。

具体操作步骤为：

（1）单击"记账"按钮，系统进行记账之前的检查。

（2）打开"期初试算平衡表"界面，单击"确定"按钮，系统开始登记有关的总账、明细账和辅助账。

（3）登记完成后，系统弹出"记账完毕！"界面，如图2-18所示，单击"确定"按钮，系统显示记账报告。

（4）单击"预览"按钮，系统显示记账后的"科目汇总表"。

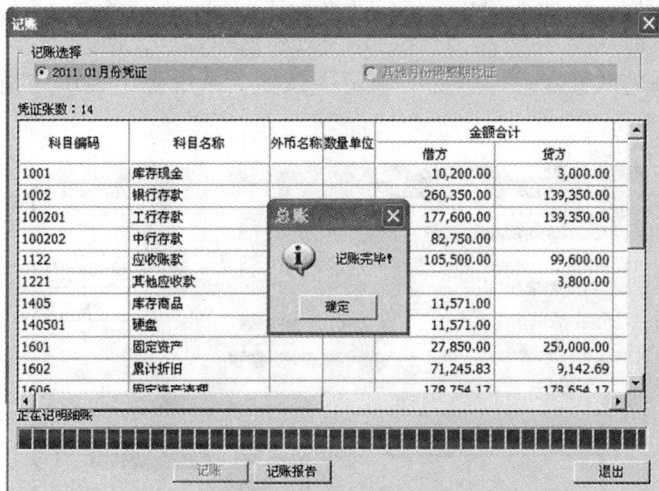

图2-18　"记账"界面

如果是第一次记账，需要检查输入的期初余额是否平衡，期初余额不平衡，不允许记账；上月未记账或结账，本月不能记账；未审核凭证不能记账；记账之前，系统将自动进行硬盘备份，保存记账前的数据，一旦记账过程出现异常或中断，就可以利用备份数据将系统恢复到记账前状态。

2. 取消记账

系统提供取消记账功能，根据需要可将已记账数据恢复到未记账状态，然后取消审核和出纳签字，修改之后，重新审核、记账。

只有账套主管才有权限进行将已记账数据恢复到记账前状态的操作。

具体操作步骤为：

（1）选择"业务工作"→"财务会计"→"总账"→"期末"→"对账"命令，打开"对账"界面。

（2）按〈Ctrl〉+〈H〉键，系统弹出提示"恢复记账前状态功能已被激活"界面，如图2-19所示。单击"确定"按钮，系统自动在"业务工作"→"财务会计"→"总账"→"凭证"下添加"恢复记账前状态功能"选项。

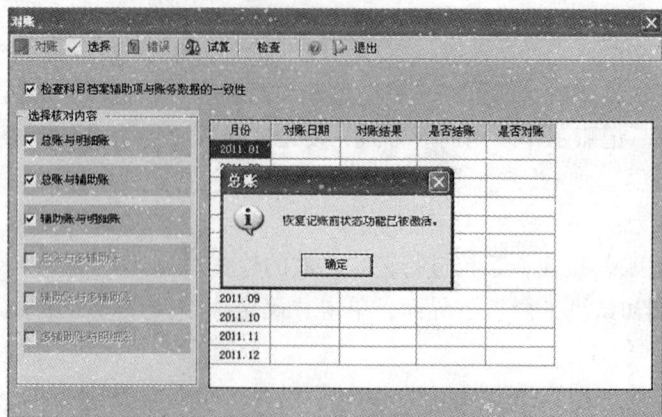

图 2 - 19　激活恢复记账前状态功能

（3）单击"退出"对账界面，选择"业务工作"→"财务会计"→"总账"→"凭证"→"恢复记账前状态"命令，打开"恢复记账前状态"界面。

（4）选择需要的恢复方式，单击"确定"按钮，系统弹出提示"请输入主管口令"界面。如图 2 - 20 所示。

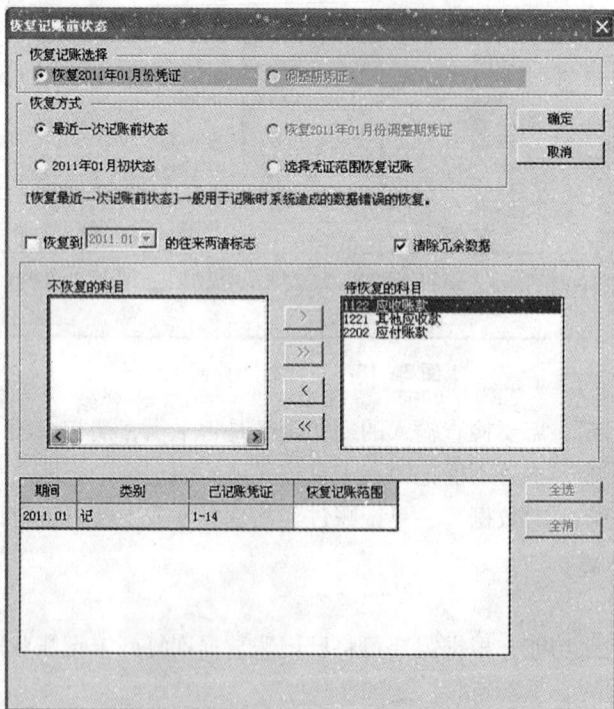

图 2 - 20　恢复记账前状态

（5）输入主管口令，单击"确定"按钮，稍候片刻，系统弹出提示"恢复记账完毕！"界面，单击"确定"按钮。

非主管人员不能进行恢复记账前状态的操作；已结账月份不能恢复记账前状态；若在"对账"界面中再次按下〈Ctrl〉+〈H〉键，则隐藏"恢复记账前状态功能"。

（八）修改已记账凭证

修改已记账的凭证需要进行冲销凭证操作，即将错误凭证采用增加一张"红字"凭证全额冲销，若需要，再增加一张"蓝字"凭证补充的方法。在填制凭证界面中，选择"制单"→"冲销凭证"命令，打开"冲销凭证"界面；选择月份、凭证类别，输入凭证号等；单击"确定"按钮，系统自动生成一张红字冲销凭证。

通过红字冲销法增加的凭证，应视同正常凭证进行保存和管理，必须是已记账的凭证修改才能采用冲销修改。

四、管理账表

企业发生的经济业务经过制单、审核和记账等程序后，可据此形成输出正式的会计账簿。账表管理包括账簿的查询和打印，账簿又可分为基本会计核算账簿和辅助核算账簿。基本会计核算账簿包括总账、余额表、明细账、多栏账、日记账和日报表等；辅助核算账簿包括个人往来辅助账、部门辅助账和项目辅助账等。会计信息化的账表管理一般都提供了账账、账证一体化查询功能，可以从总账查到明细账、从明细账查到凭证，有的还可反向从凭证查到明细账、从明细账查到总账。下面就总账、明细账、辅助账的查询与打印加以介绍。

（一）查询与打印总账

1. 查询总账

总账查询不但可以查询各总账科目的年初余额、各月发生额合计和月末余额，而且还可查询所有级次明细科目的年初余额、各月发生额合计和月末余额。

具体操作步骤为：

（1）选择"业务工作"→"财务会计"→"总账"→"账表"→"科目账"→"总账"命令，打开"总账查询条件"界面，如图2－21所示。

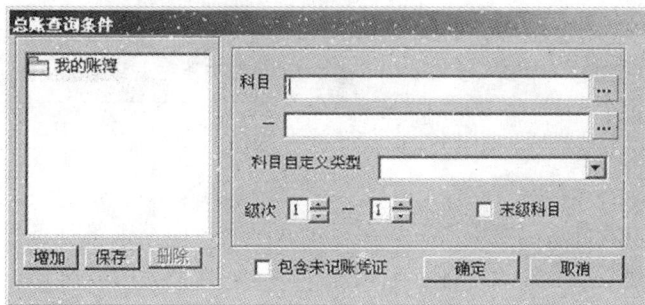

图2－21　设置总账查询条件

（2）选择科目及设置科目级数，根据需要选择"末级科目"和"包含未记账凭证"复选框，单击"确定"按钮，可显示查询结果，如图2－22所示。

（3）可在"科目"下拉列表框中选择需要查询的科目，可在界面右上角下拉列表框中选择账页的格式，单击"明细"按钮，可打开该科目本月份的明细账，查询完后，单击"退出"按钮，返回总账系统。

若科目范围为空，则系统默认查询所有的科目；若选中"包含未记账凭证"复选框，

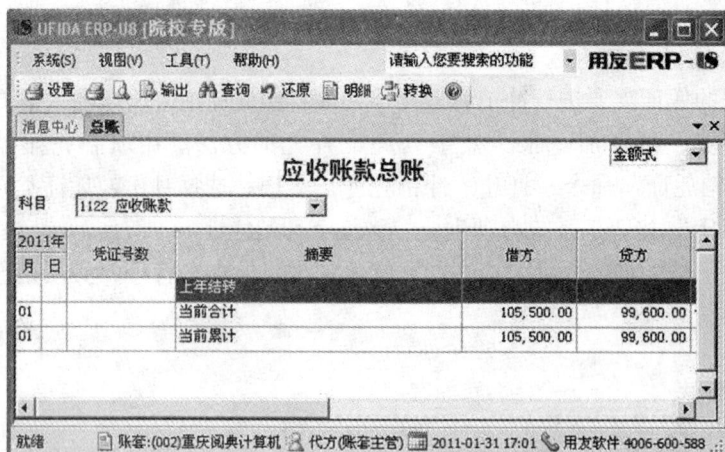

图 2 - 22　查询结果

则未记账凭证的数据也包含在账簿资料中；单击"保存"按钮，可以把当前查询条件保存在"我的账簿"中。

2. 打印总账

选择"账簿打印"→"总账"命令，打开总账账簿打印条件界面，如图 2 - 23 所示。

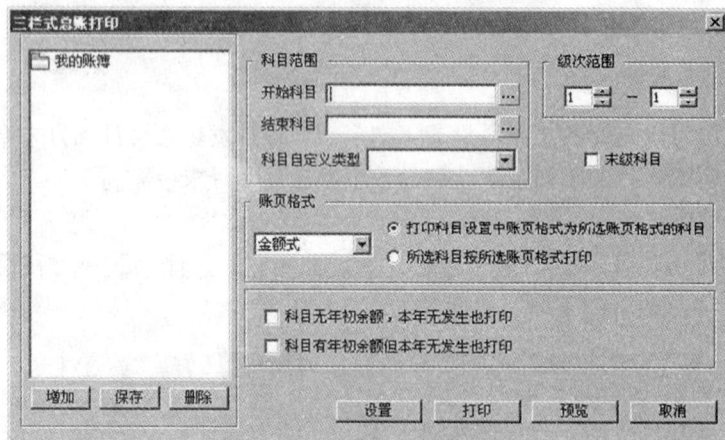

图 2 - 23　三栏式总账打印

具体操作步骤为：

（1）选择要打印的科目起止范围、级次范围和是否打印至末级科目。

（2）选择打印的账页格式等条件。

（3）如果需要打印账簿目录，在打印后系统给出"是否打印账簿目录?"的提示，需要打印目录单击"是"，否则单击"否"，完成该项打印任务即可。

（二）查询与打印明细账

1. 查询明细账

明细账查询功能可查询各明细账户的年初余额、各月发生额和月末余额等，在查询过程中可以包含未记账凭证。明细账包括三种账簿查询格式：普通明细账、按科目排序明细账和月份综合明细账。

普通明细账是按科目查询、按发生日期排序的明细账。

按科目排序明细账是按非末级科目查询、按其有发生的末级科目排序的明细账。

月份综合明细账是按非末级科目查询，包含非末级科目总账数据及末级科目明细数据的综合明细账。

具体操作步骤为：

（1）选择"业务工作"→"财务会计"→"总账"→"账表"→"科目账"→"明细账"命令，打开"明细账查询条件"界面，如图2–24所示。

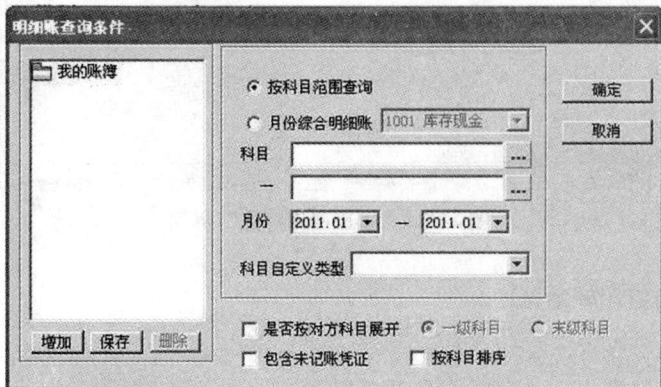

图2–24 "明细账查询条件"界面

（2）选择"按科目范围查询"，选择需要查询的科目，如"管理费用"，单击"确定"按钮，可打开"管理费用明细账"界面，如图2–25所示。

图2–25 "管理费用明细账"界面

（3）如需查询所选科目的总账，则可单击"总账"，打开"管理费用总账"界面，如图2–26所示。

（4）如需查询某条记录的凭证，可在"管理费用明细账"先选定该条记录，然后单击"凭证"，可打开"联查凭证"界面，显示出该条记录所显示的凭证。

2. 打印明细账

明细账的打印参见总账打印。

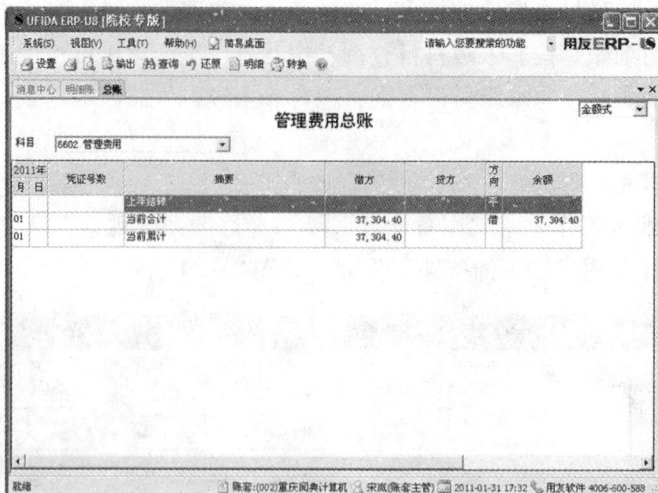

图 2-26 "管理费用总账"界面

(三)查询与打印辅助账

1. 查询辅助账

辅助核算账簿包括个人往来辅助账、部门辅助账和项目辅助账等。除此以外,如果客户往来及供应商往来设置为在总账核算,那么在总账中还可以查询到客户往来和供应商往来科目的情况。

1)个人往来辅助账

个人往来辅助账提供对个人往来余额表、个人往来明细账、个人往来清理、个人往来催款和个人往来账龄分析等主要账表的查询。

具体操作步骤为:

(1)选择"业务工作"→"财务会计"→"总账"→"账表"→"个人往来账"→"个人往来清理"命令,打开"个人往来两清条件"界面,如图 2-27 所示。

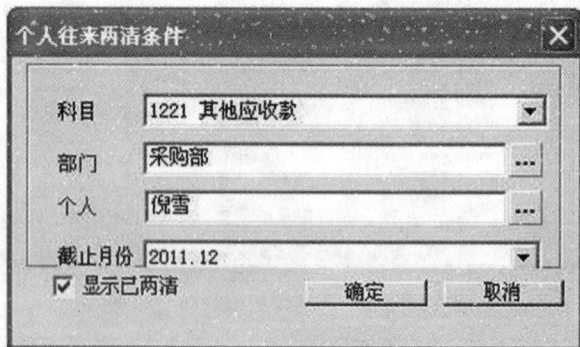

图 2-27 "个人往来两清条件"界面

(2)选择部门和个人,选中"显示已两清"复选框,然后单击"确定"按钮,打开"个人往来两清"界面。

(3)单击"勾对"按钮,系统进行勾对,完成后打开"自动勾对结果"界面。

(4)单击"取消"按钮,系统将自动勾对上的记录的"两清"栏打上两清标志

"○"。

两清表示往来业务已结清；勾对是将已结清的业务打上两清标志。

2）部门辅助账

部门辅助账提供对部门总账、部门明细账和部门收支分析等主要账表的查询。

部门总账主要用于查询部门业务发生的汇总情况，并从部门管理层审核监督各项收入和费用的发生情况。系统提供按科目、部门及科目和部门查询总账三种查询方式。下面以部门总账介绍部门辅助账的操作步骤。

具体操作步骤为：

（1）单击"部门总账"中的"部门科目总账"，显示"部门科目总账条件"界面，如图 2－28 所示，选择要查询的科目、部门和日期范围，即可得到指定科目按不同部门归集费用或支出的部门科目总账列表。

（2）选择总账列表中的要查询明细的单笔业务，单击"明细"按钮，可联查该科目的明细账。

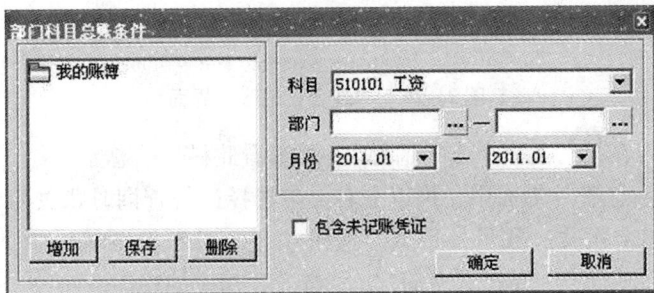

图 2－28　"部门科目总账条件"界面

部门明细账和部门收支分析等的查询与部门总账查询方法相同。

3）项目辅助账

项目核算用于收入、成本、在建工程等业务的核算，其以项目为中心，向使用者提供各项目的成本、费用、收入、往来等汇总与明细信息以及项目统计分析报告等。

2. 打印辅助账

辅助账的打印参见总账打印。

五、处理出纳业务

出纳管理是总账系统为出纳人员提供的一套管理工具，主要包括现金日记账和银行存款日记账的管理、支票登记簿的管理以及银行对账功能，并可对银行长期未达项提供审计报告。

（一）查询与打印日记账

日记账管理提供对现金日记账、银行日记账与资金日报表的查询和打印功能。

1. 查询日记账

具体操作步骤为：

（1）以出纳的身份登录用友 ERP－U8 企业应用平台。

（2）在"企业应用平台"选择"业务工作"→"财务会计"→"总账"→"出

纳"→"现金日记账"命令，打开"现金日记账查询条件"界面。

（3）输入查询现金日记账相应的信息，单击"确定"按钮，可打开"现金日记账"界面，如图 2 - 29 所示。

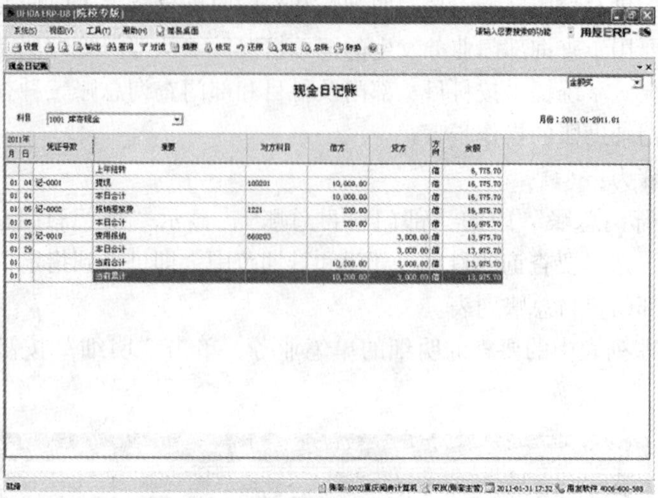

图 2 - 29 "现金日记账"界面

（4）将光标定在某行上，单击"总账"，可查看此科目的总账。

（5）在"现金总账"界面中，可以在右上角选择进行查询时账页的格式，如金额式、外币金额式、数量金额式、数量外币式。退出"现金总账"界面，返回"现金日记账"界面，将光标定在某行上，单击"凭证"，可查看到相应的凭证。

（6）如需迅速查找所需要的凭证，可在"现金日记账"界面中单击"过滤"，可打开"日记账过滤条件"界面，如图 2 - 30 所示。输入凭证相应的信息，可得到凭证查询结果。

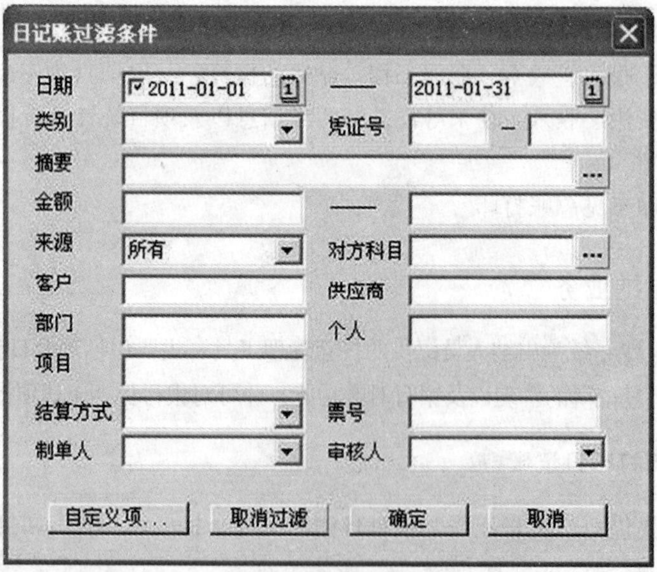

图 2 - 30 "日记账过滤条件"界面

如果本月尚未结账，现金日记账最下面两行显示"当前合计"和"当前累计"字样。如果本月已经结账，则显示"本月合计"和"本年累计"字样。

银行日记账与现金日记账的查询方法相同。

2. 打印日记账

具体操作步骤为：

（1）选择"账簿打印"中的"现金日记账"命令，则显示"现金日记账打印"界面，如图 2 - 31 所示。

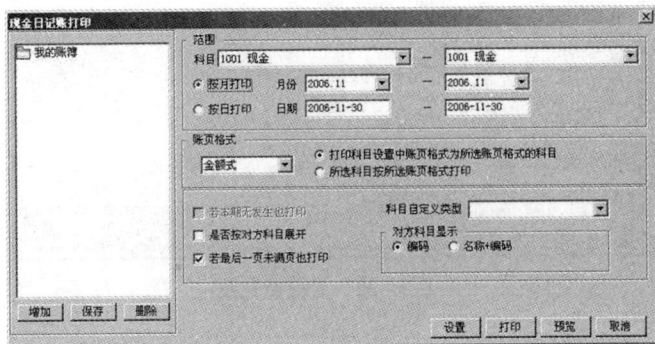

图 2 - 31　"现金日记账打印"界面

（2）若"现金日记账打印"界面中"账页格式"为"打印科目设置中账页格式为所选账页格式的科目"，则只打印科目设置中账页格式与所选账页格式相同的科目；若选择"所选科目按所选账页格式打印"，则所选的科目全部按所选账页格式打印。

银行日记账的打印与现金日记账打印方法相同。

（二）支票登记簿

在手工记账时，企业通常设有支票领用登记簿，它用来登记支票领用情况。企业会计信息化系统里也为出纳员提供了"支票登记簿"功能，以供其详细登记支票领用人、领用日期、支票用途、是否报销等情况。如果是外币科目支票登记，则显示外币金额。

具体操作步骤为：

（1）选择"业务工作"→"财务会计"→"总账"→"出纳"→"支票登记簿"命令，打开"银行科目选择"界面。

（2）选择某一银行存款会计科目，单击"确定"按钮，打开"支票登记簿"界面。

（3）单击"增加"按钮，输入支票的相关信息，最后单击"保存"按钮。如图 2 - 32 所示。

使用支票登记簿需要注意以下几点：

（1）只有在"会计科目"中设置银行账的科目才能使用支票登记簿。

（2）只有在结算方式设置中选中了"支票控制"复选框，才能选择登记银行科目。

（3）当有人领用支票时，银行出纳员须进入"支票登记簿"单击"增加"按钮登记支票领用日期、领用部门、领用人、支票号和备注等。

（4）当支票支出后，经办人持原始单据（发票）到财务部门报销，会计人员据此填制记账凭证。在系统中录入该凭证时，系统要求录入该支票的结算方式和支票号。在系统填制完成该凭证后，系统自动在支票登记簿中将该号支票写上报销日期，该号支票即为已报销支票。对已报销的支票，系统会用不同的颜色区分。

（5）支票登记簿中的报销日期栏一般是由系统自动填写的，但对于有些已报销而由于

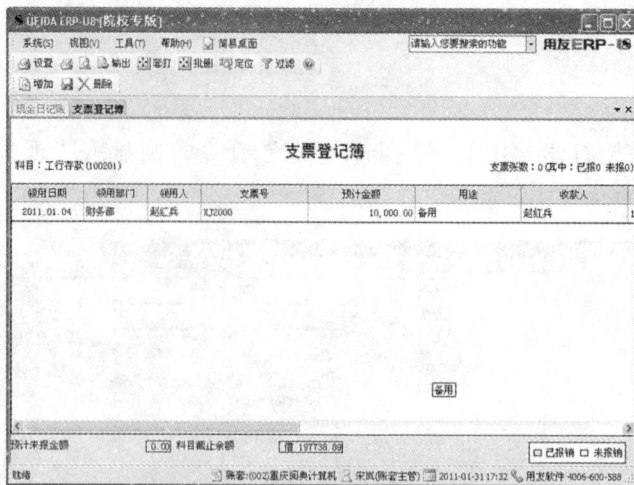

图 2-32　支票登记簿

人为原因造成系统未能自动填写报销日期的支票，可进行手工填写。

（6）已报销的支票不能进行修改，应先取消报销标志，再进行修改。

（三）银行对账

银行对账是出纳管理中的一项重要工作，这项工作通常是在期末进行的，银行对账的目的是准确掌握银行存款的余额。银行对账工作主要包括输入银行对账期初数据、输入银行对账单、银行对账、余额调节表查询、查询对账勾对情况、核销银行对账和长期未达账审计。

1. 输入银行对账期初数据

为能顺利进行银行对账工作，在对账前，必须先将日记账和银行对账单的期初未达项录入到系统中。

具体操作步骤为：

（1）选择"业务工作"→"财务会计"→"总账"→"出纳"→"银行对账"→"银行对账期初录入"命令，打开"银行科目选择"界面，如图 2-33 所示。

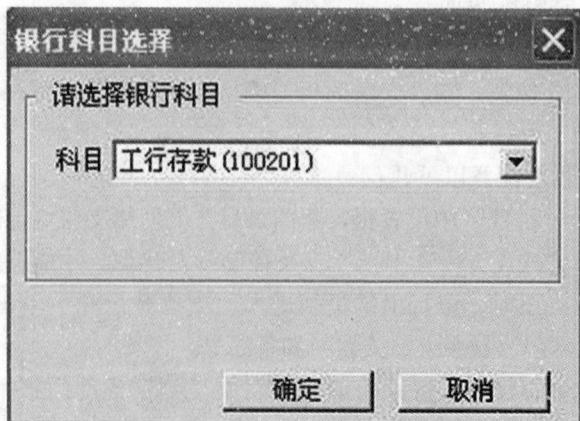

图 2-33　"银行科目选择"界面

（2）选择银行科目后，单击"确定"按钮，可打开"银行对账期初"界面，录入单位日记账及银行对账单的调整前余额，如图 2-34 所示。

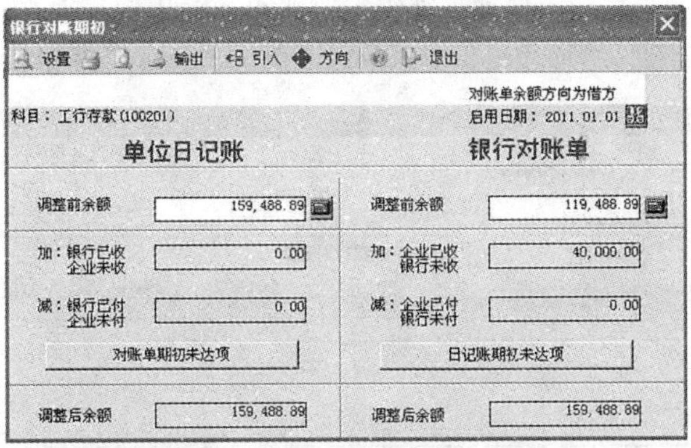

图 2-34 "银行对账期初"界面

（3）单击"对账单期初未达项"或"日记账期初未达项"，可打开"银行方期初"或"企业方期初"界面。

（4）单击"增加"按钮，输入"日期""结算方式""票号"和"借方/贷方金额"，单击"保存"按钮，即可增加启用日期之前即期初的对账单和日记账的未达账项，如图 2-35所示。

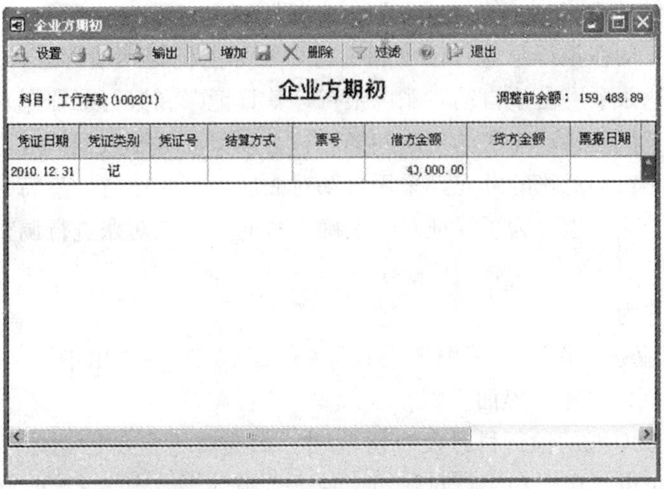

图 2-35 "企业方期初"界面

（5）单击"退出"按钮，返回"银行对账期初"界面，系统将根据调整前余额及期初未达项自动计算出银行对账单与单位日记账的调整后余额。

2. 输入银行对账单

要实现计算机自动对账，在每月月末对账前，必须将银行开出的银行对账单输入计算机。在总账系统中，"银行对账单"模块主要用于录入、查询和引入银行对账单。在此功能中显示的银行对账单为启用日期之后即报告期的对账单。

具体操作步骤为：

（1）选择"业务工作"→"财务会计"→"总账"→"出纳"→"银行对账单"，可打开"银行科目选择"界面。

（2）选择"银行科目"和"月份范围"，注意所输入的终止月份必须大于或等于起始月份，单击"确定"按钮，打开"银行对账单"界面。

（3）单击"增加"按钮，增加一笔银行对账单，输入银行对账单日期，选择结算方式，输入支票号及金额，增加完银行对账单后，单击"保存"按钮，如图2-36所示。

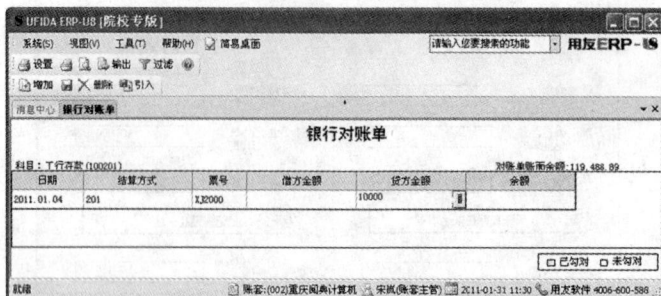

图2-36 银行对账单

（4）如果保存银行对账单后，发现多输了一笔，可单击"删除"按钮，删除这一笔银行对账单。完成银行对账单输入后，单击"退出"按钮，返回总账系统。

3. 银行对账

银行对账采用自动对账与手工对账相结合的方式。

自动对账即计算机根据对账依据将银行日记账与银行对账单进行自动核对、勾销。对账依据通常是"结算方式+结算号+方向+金额"或"方向+金额"。对于已核对上的银行业务，系统将自动在银行存款日记账和银行对账单上标记两清标志，并视为已达账项，否则，视其为未达账项。由于自动对账以银行存款日记账和银行对账单对账依据完全相同为条件，所以为了保证自动对账的正确和彻底，必须保证对账数据的规范合理。

手工对账是对自动对账的补充。采用自动对账后，可能还有一些特殊的已达账项没有对出来而被视为未达账项，为了保证对账正确，可通过手工对账进行调整勾销。

1）自动对账

具体操作步骤为：

（1）选择"业务工作"→"财务会计"→"总账"→"出纳"→"银行对账"命令，打开"银行科目选择"界面。

（2）选择需要对账的银行科目及月份范围，如选择"显示已达账"复选框，则可显示已两清勾对的单位日记账和银行对账单。单击"确定"按钮，打开"银行对账"界面，如图2-37所示。

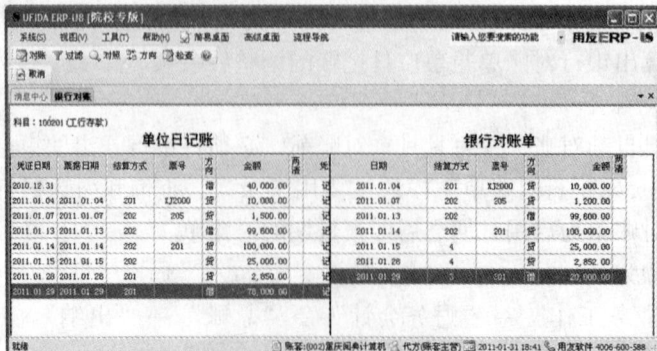

图2-37 银行对账

（3）单击"对账"按钮，可打开"自动对账"界面，如图 2-38 所示。

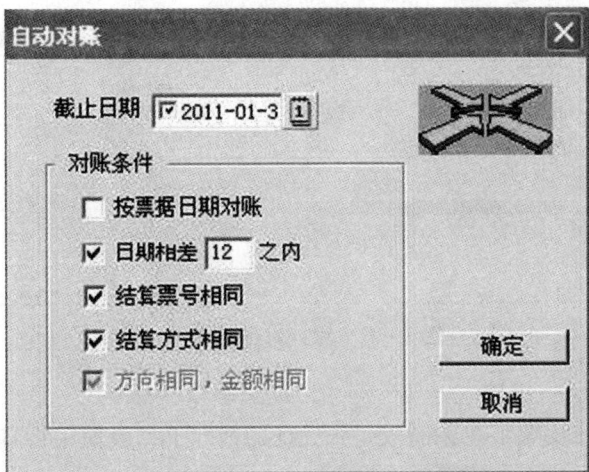

图 2-38 "自动对账"界面

（4）输入对账截止日期，选择对账条件，单击"确定"按钮，系统开始自动对账，自动对完账后，已两清的单位日记账和银行对账单会被标记"○"符号，如图 2-39 所示。

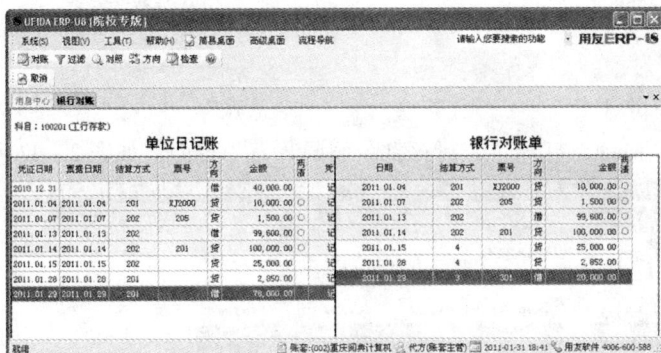

图 2-39 银行对账结果

（5）单击"检查"按钮，可打开"对账平衡检查"界面，检查对账是否有误，如图 2-40 所示。

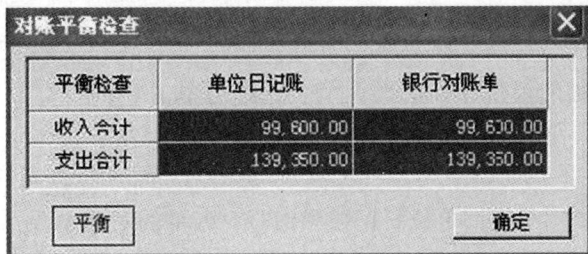

图 2-40 "对账平衡检查"界面

（6）单击"对照"按钮，可以根据选中的单位账或银行对账单，在对应的银行对账单或单位账中查找金额相同的记录，如图 2-41 所示。单击"退出"按钮，返回总账系统。

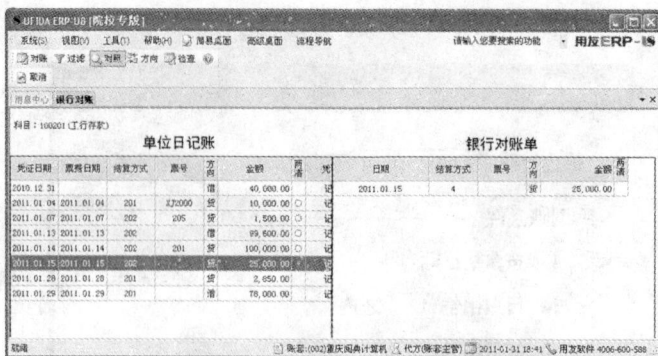

图 2 –41　银行对账—对照

2）手工对账

账务处理时将多张支票汇总编制成一张凭证的情况下，会使银行日记账业务记录与对账单业务记录不能——勾对，需要手工对账。

具体操作步骤为：

在自动对账后的银行对账界面，直接进行手工对账即双击左右两侧的对应记录，系统显示手工对账两清的标志"Y"，表示手工对账完成。

4. 余额调节表查询

在对账完成后，便可查询银行存款余额调节表，以检查对账是否正确。

具体操作步骤为：

（1）选择"业务工作"→"财务会计"→"总账"→"出纳"→"银行对账"→"余额调节表查询"命令，打开"银行存款余额调节表"界面，如图 2 –42 所示。

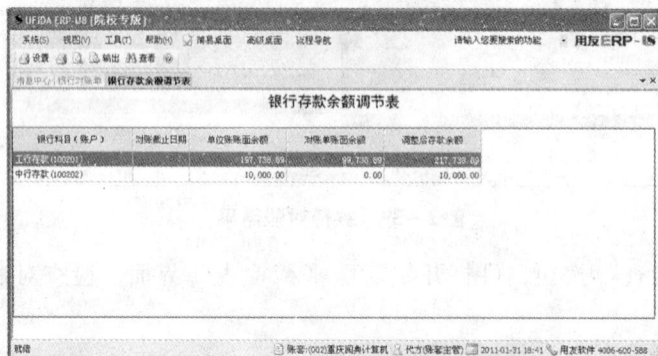

图 2 –42　银行存款余额调节表

（2）如需查看详细的银行存款余额调节表，则可单击"银行存款余额调节表"界面中的某科目，然后单击"查看"。

5. 对账结果查询

对账结果查询主要用于查询单位日记账和银行对账单的对账结果，是对余额调节表的补充。通过它可以了解对账后对账单上勾对的明细情况（包括已达账项和未达账项），从而进一步查询对账结果。

具体操作步骤为：

（1）选择"业务工作"→"财务会计"→"总账"→"出纳"→"银行对账"→"查询对账勾对情况"命令，打开"银行科目选择"界面。

（2）选择银行科目和查询条件，单击"确定"按钮，打开"查询银行勾对情况"界面，如图2-43所示。可通过单击银行对账单、单位日记账页签来查看对账情况。

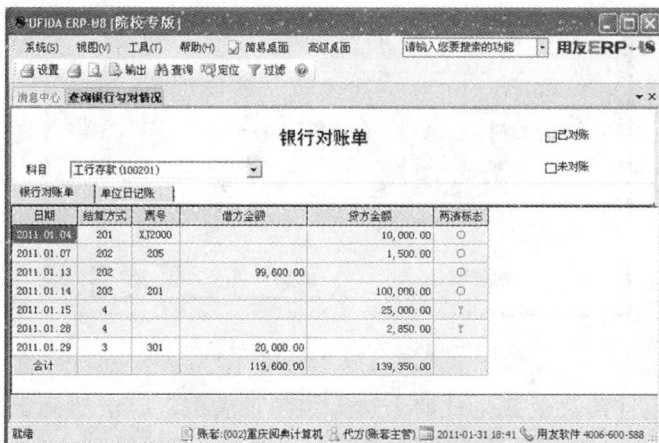

图2-43 查询银行勾对情况

6. 核销银行账

核销银行账用于将核对正确并确认无误的已达账项删除，对于一般用户来说，在银行对账正确后，如果想将已达账项删除并只保留未达账项时，可使用本功能。

具体操作步骤为：

（1）选择"业务工作"→"财务会计"→"总账"→"出纳"→"银行对账"→"核销银行账"命令，打开"核销银行账"界面。如图2-44所示。

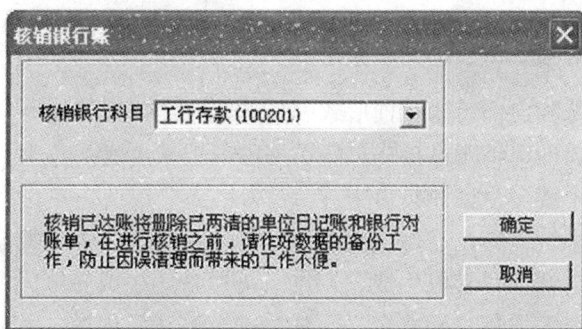

图2-44 "核销银行账"界面

（2）核对无误后要将已达账删除，单击"确定"按钮，可弹出"提示信息——您是否确定要进行银行对账核销"界面。

（3）单击"是"，弹出"提示信息——银行账核销完毕"界面，单击"确定"按钮，完成银行账核销。

如果银行对账不平衡，则不能核销银行账，否则会造成日后的对账错误；本功能不影响银行日记账的查询和打印功能；按〈Alt〉+〈U〉组合键可以进行反核销。

7. 长期未达账审计

长期未达账审计模块用于查询至截止日期为止超过一定天数的银行未达账项，以便企业分析长期未达原因，避免资金损失。

具体操作步骤为：

（1）选择"业务工作"→"财务会计"→"总账"→"出纳"→"长期未达账审计条件"界面，如图2-45所示。

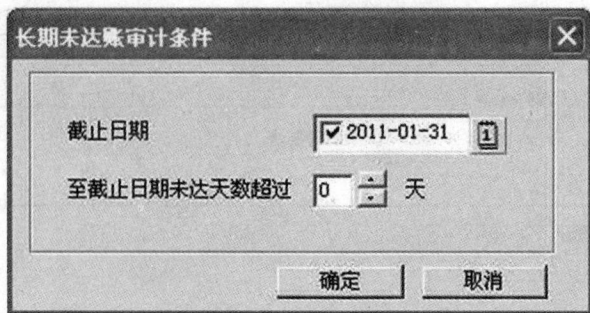

图2-45 长期未达账审计条件

（2）输入截止日期及至截止日期未达天数超过天数，单击"确定"按钮，可打开"长期未达审计"界面。单击"银行对账单"和"单位日记账"页签，切换查询内容。

六、处理期末业务

每个会计期末，会计人员都需要完成一些特定的工作，主要包括期末转账处理、试算平衡、对账和结账等。期末会计业务与日常业务相比较，数量不多，但业务种类繁杂且时间紧迫。尤其在手工会计工作中，每到会计期末，会计人员的工作都非常繁忙。而在计算机处理下，情况会有很大改善，由于各会计期间的许多期末业务具有较强的规律性，由计算机来处理这些有规律的业务，不但能节省会计人员的工作量，也可以加强财务核算的规范性。

（一）定义转账凭证

转账分为外部转账和内部转账两种形式。外部转账是指将其他专项核算子系统生成的凭证转入总账系统中；内部转账是指在总账系统内部把某个或某几个会计科目中的余额或本期发生额结转到一个或多个会计科目中。

第一次使用总账系统，应先进行"转账定义"，即设置自动转账分录。定义完转账分录后，在以后各月只需调用"转账生成"功能，即可快速生成转账凭证。但当某转账凭证的转账公式有变化时，需先在"转账定义"中修改转账凭证内容，然后再转账。

设置自动转账分录就是将凭证的摘要、会计科目、借贷方向以及金额计算方法存入计算机的过程，包括增加、删除、修改分录或对自动转账分录进行查询打印。如何设计金额的计算公式是自动转账的关键。

自动转账分录可分为两类：第一类为独立自动转账分录，其金额的大小与本月发生的任何经济业务无关；第二类为相关自动转账分录，其金额的大小与本月发生的业务有关。

"转账定义"功能提供了七种转账功能的定义：自定义转账、对应转账设置、销售成本结转设置、售价（计划价）销售成本结转、汇兑损益结转设置、期间损益结转设置和自定义比例转账。

1. 自定义转账

自定义转账是适用范围最大的一种转账方式，可以完成的转账业务主要有以下几种："费用分配"的结转，如工资分配等；"费用分摊"的结转，如制造费用等；"税金计算"

的结转，如增值税等；"提取各项费用"的结转，如提取福利费等和各项辅助核算的结转。

具体操作步骤为：

（1）在企业应用平台中选择"业务工作"→"财务会计"→"总账"→"期末"→"转账定义"→"自定义转账"命令，打开"自定义转账设置"界面，如图2-46所示。

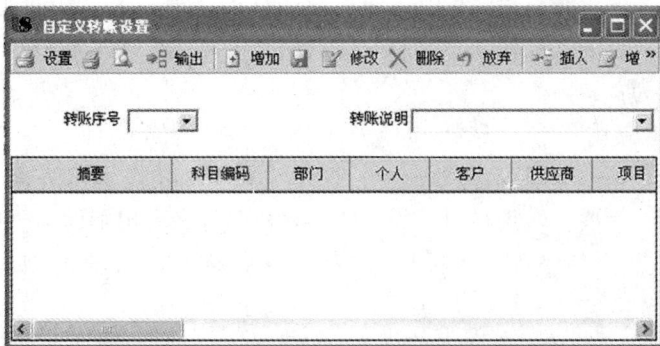

图2-46 "自定义转账设置"界面

（2）单击"增加"按钮，打开"转账目录"界面，输入"转账序号""转账说明"和"凭证类别"，如图2-47所示。

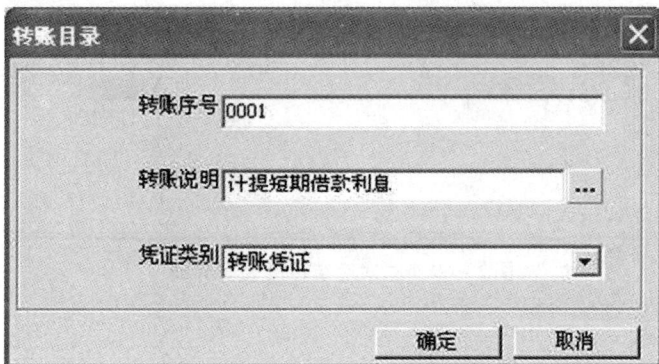

图2-47 "转账目录"界面

转账序号不是凭证号，只是该张转账凭证的代号。转账凭证的凭证号在每月转账时自动产生。一张转账凭证对应一个转账编号，转账编号可任意定义，但只能输入数字，不能重号。

（3）单击"确定"按钮，单击"增行"按钮。

（4）设置分录的借方信息：在设置金额公式时，在"自定义转账设置"界面中双击"金额公式"栏，出现"参照"按钮，单击"参照"按钮，可打开"公式向导"界面，按公式向导的提示完成取数公式设置。如图2-48所示。

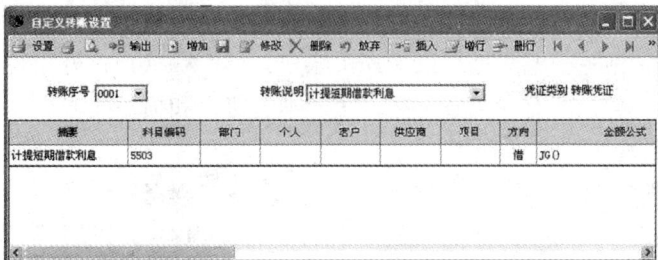

图2-48 定义转账分录借方信息

（5）单击"增行"按钮，设置分录的贷方信息，完成自定义转账设置。

输入转账计算公式有两种方法：一是直接输入计算公式；二是引导方式输入公式。

2. 对应结转

对应结转就是对两个或两个以上上级科目的下级科目及辅助项进行一一对应结转。对应结转的科目可以为非末级科目，但其下级科目的结构必须一致（相同明细科目），若有辅助核算，则两个科目的辅助账项也必须一一对应。

具体操作步骤为：

（1）在"企业应用平台"选择"业务工作"→"财务会计"→"总账"→"期末"→"转账定义"→"对应结转"命令，打开"对应结转设置"界面，输入转账凭证的编号、凭证类别、摘要、转出科目编码、转出科目名称和转出辅助项。单击"增行"按钮，增加一空行，输入转入科目编码、转入科目名称、转入辅助项和结转系数，如图 2 –49 所示。

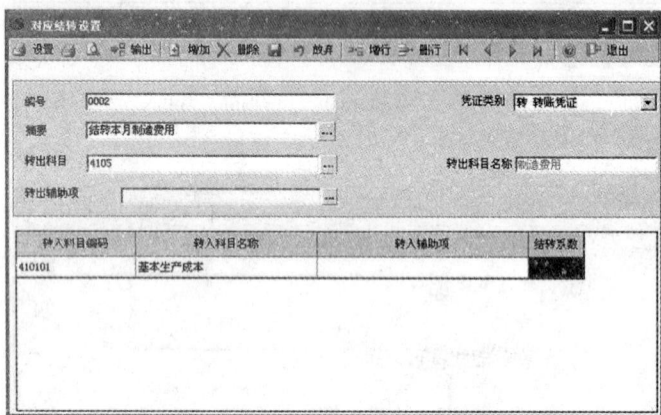

图 2 –49　"对应结转设置"界面

（2）输入完成后，可单击"保存"按钮，保存设置。

3. 销售成本结转设置

销售成本结转是指将月末商品（或产成品）销售数量乘以库存商品（产成品）的平均单价，计算各类商品销售成本并进行结转。

具体操作步骤为：

在"企业应用平台"选择"业务工作"→"财务会计"→"总账"→"期末"→"转账定义"→"销售成本结转"命令，打开"销售成本结转"界面，输入"凭证类别""库存商品科目""商品销售收入科目"和"商品销售成本科目"，如图 2 –50 所示。

4. 汇兑损益

汇兑损益模块主要用于期末自动计算外币账户的汇总损益，并在转账生成中自动生成汇总损益转账凭证，汇兑损益只处以下外币账户：外汇存款户；外币现金；外币结算的各项债权、债务，不包括所有者权益类账户、成本类账户和损益类账户。

具体操作步骤为：

（1）在"企业应用平台"选择"业务工作"→"财务会计"→"总账"→"期末"→"转账定义"→"汇兑损益"命令，打开"汇兑损益结转设置"界面，如图 2 –51 所示。

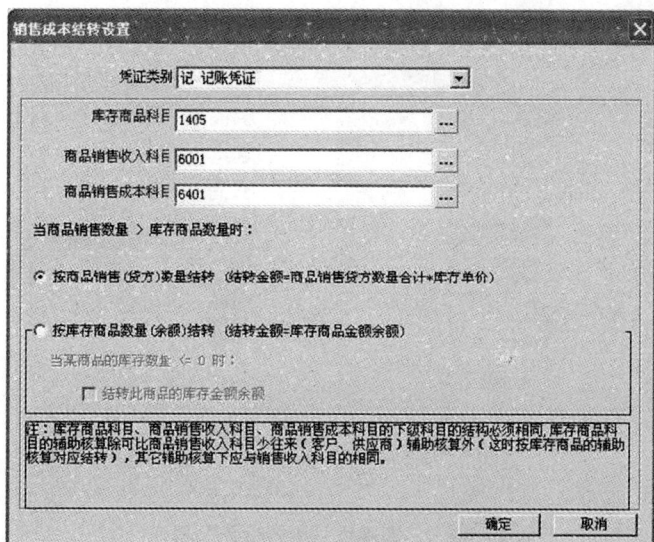

图 2 - 50 "销售成本结转设置"界面

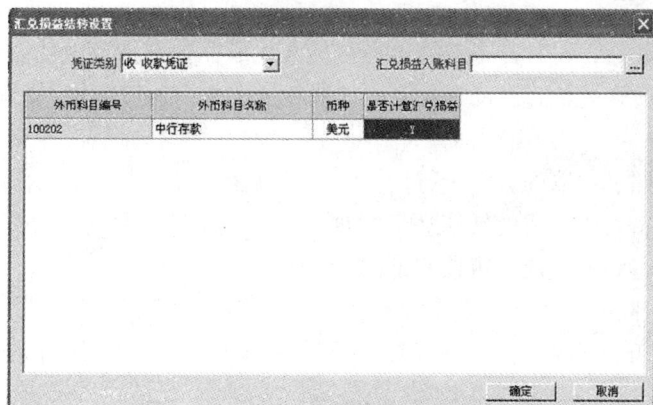

图 2 - 51 "汇兑损益结转设置"界面

（2）在"汇兑损益入账科目"处输入科目编码，选中要计算汇兑损益的外币科目，用鼠标双击要计算汇兑损益的科目，设置完毕后，单击"确定"按钮。

5. 期间损益

期间损益模块主要用于在一个会计期间终了，将损益类科目的余额结转到本年利润科目中，从而及时反映企业利润的盈亏情况，其主要是对于管理费用、销售费用、财务费用、销售收入、营业外收支等科目的结转。

具体操作步骤为：

（1）在"企业应用平台"选择"业务工作"→"财务会计"→"总账"→"期末"→"转账定义"→"期间损益"命令，打开"期间损益结转设置"界面，如图 2 - 52所示。

（2）选择"凭证类别"，在"本年利润"科目中输入本年利润的入账科目。

（3）设置完成后，单击"确定"按钮，完成期间损益结转设置。

图 2 - 52 "期间损益结转设置"界面

（二）生成转账凭证

定义完转账凭证后，每月月末只需选择"转账生成"命令即可由计算机快速生成转账凭证，在此生成的转账凭证将自动追加到未记账凭证中去，通过审核、记账后才能真正完成结转工作。

由于转账是按照已记账的数据进行计算的，所以在进行月末转账工作之前，需先将所有未记账凭证记账，否则生成的转账凭证数据可能有误。特别是对于一组相关转账分录，必须按顺序依次进行转账生成、审核和记账。

在"企业应用平台"选择"业务工作"→"财务会计"→"总账"→"期末"→"转账生成"，可打开"转账生成"界面，如图 2 - 53 所示，即可分别进行各种转账凭证的生成操作。

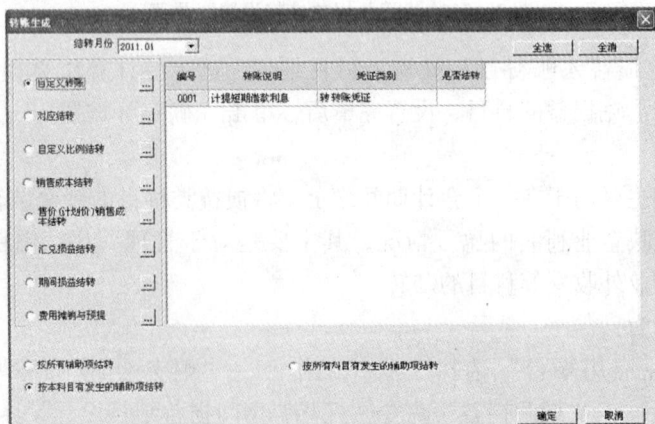

图 2 - 53 "转账生成"界面

1. 自定义转账生成
具体操作步骤为：
（1）选择要进行结转的月份，选择"自定义转账"单选框，双击"是否结转"栏。

（2）选择完毕后，单击"确定"按钮，可打开自定义转账所生成的凭证。

（3）确定新生成的凭证正确，可单击"保存"按钮，凭证左上角出现"已生成"字样，如图2-54所示，将当前凭证增加到未记账凭证中。

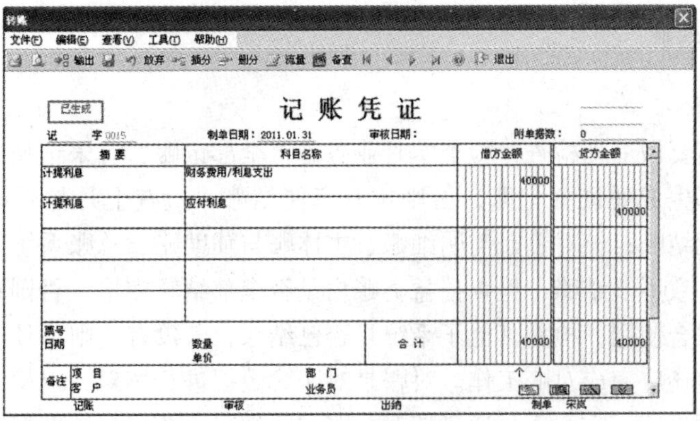

图2-54 生成的自定义转账凭证

2. 对应结转生成

生成对应结转凭证的操作与自定义转账生成的操作基本相同。结转时应视实际情况按照合理的先后次序逐一生成。

3. 销售成本结转生成

具体操作步骤为：

（1）在"转账生成"界面中，选择"销售成本结转"单选框。

（2）正确选择"开始月份"和"结束月份"，单击"确定"按钮，打开"销售成本结转一览表"界面，如图2-55所示，单击"确定"按钮，自动生成销售成本结转凭证。

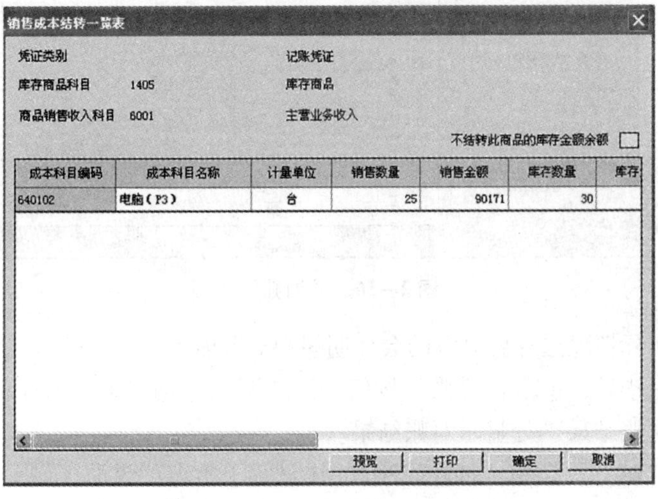

图2-55 "销售成本结转一览表"界面

4. 汇兑损益结转生成

生成的汇兑损益凭证一般为收款或付款凭证，生成后的凭证要进行出纳签字处理。

5. 期间损益结转生成

期间损益结转既可以按科目分别结转，也可以按损益分别结转，还可以按全部结转，结转方式应视实际情况而定。

生成期间损益结转凭证之前，应先将所有未记账凭证审核记账，否则生成的凭证数据可能有误。

（三）期末结账

1. 结账准备

在结账之前要做下列检查：检查本月业务是否全部记账，有未记账凭证不能结账；月末结转必须全部生成凭证并记账，否则本月不能结账；检查上月是否已结账，上月未结账，则本月不能结账；核对总账与明细账、主体账与辅助账、总账系统与其他子系统数据是否一致，不一致不能结账；检查损益类账户是否全部结转完毕，否则本月不能结账；若与其他子系统联合使用，检查其他子系统是否已结账，若没有，则本月不能结账。

期末结账前还应完成对账工作。对账是对账簿数据进行核对，以检查数据、记账是否正确及账簿是否平衡。它主要是通过核对总账与明细账、总账与辅助账数据来完成账账核对的。为了保证账证及账账相符，用户应经常使用本功能进行对账，至少一个月一次，一般在月末结账前进行。

具体操作步骤为：

（1）在"企业应用平台"选择"业务工作"→"财务会计"→"总账"→"期末"→"对账"命令，打开"对账"界面，如图 2-56 所示。

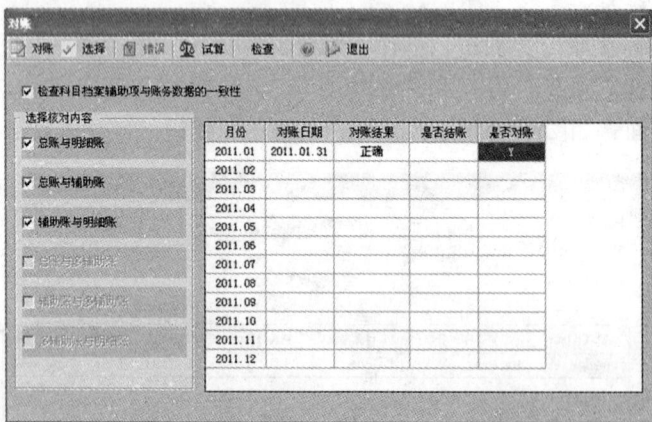

图 2-56 "对账"界面

（2）根据实际情况选择要对账的会计期间和对账内容。

（3）选择完毕后，单击"对账"按钮，系统开始自动对账，对账完毕后，会在"对账日期"和"对账结果"处显示对账结果。

（4）单击"试算"按钮，打开"2011.01 试算平衡表"界面，如图 2-57 所示，可以对各科目余额进行试算。

（5）单击"确定"返回，再单击"退出"，完成对账工作。

2. 结账

每月月末都需要进行结账处理，在电算化状态下结账就是一种成批数据处理的过程，每月只结账一次，主要是对当月日常处理的限制和对下月账簿的初始化。

具体操作步骤为：

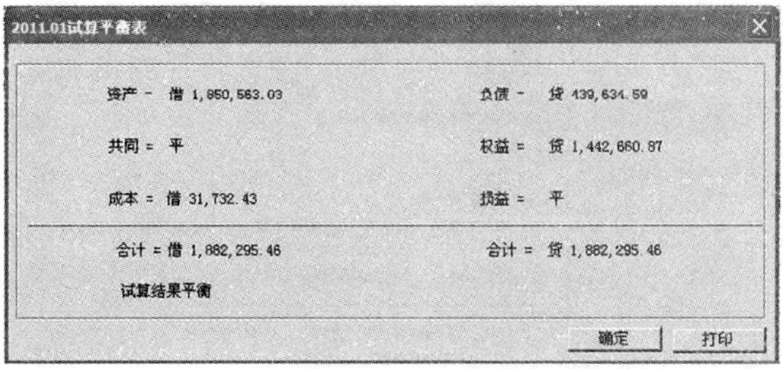

图 2-57 试算平衡表

（1）在"企业应用平台"选择"业务工作"→"财务会计"→"总账"→"期末"→"结账"命令，打开"结账——开始结账"界面，如图 2-58 所示。

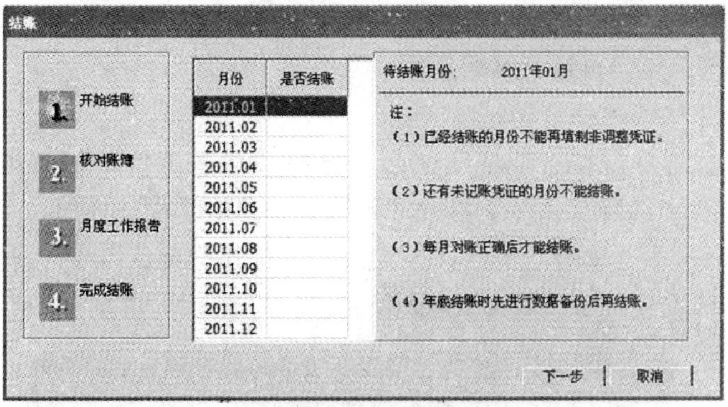

图 2-58 "结账——开始结账"界面

（2）选择并确认结账月份，单击"下一步"按钮，可打开"结账——核对账簿"界面，如图 2-59 所示。

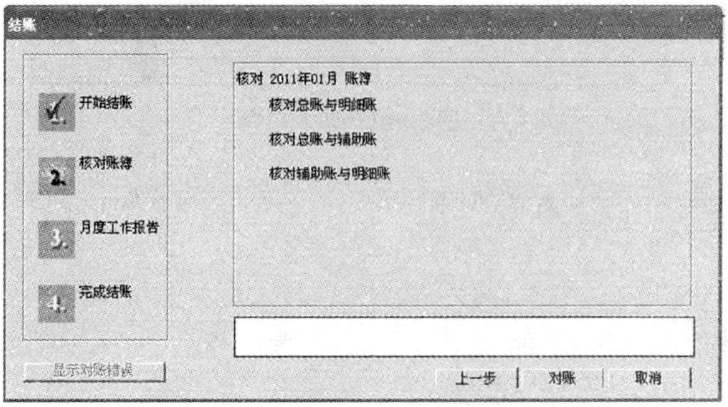

图 2-59 "结账——核对账簿"界面

（3）单击"对账"按钮，系统对要结账的月份进行账账核对，可打开"结账——对账完毕"界面。

（4）单击"下一步"按钮，可打开"结账——月度工作报告"界面，如图 2-60 所示。

（5）查看工作报告后，单击"下一步"按钮，可打开"结账——完成结账"界面，点击"结账"按钮，完成该月份的结账工作。

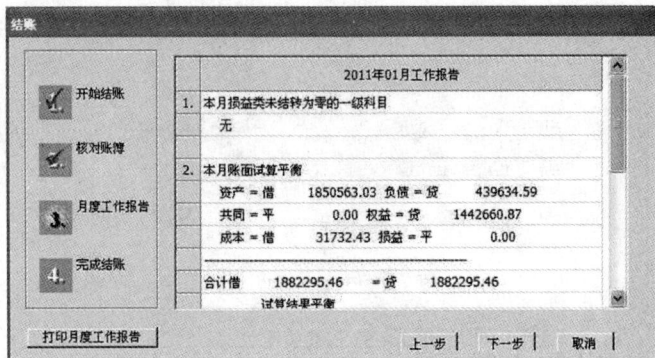

图 2-60 "结账——月度工作报告"界面

3. 取消结账

如果结账后发现本月还有未处理业务或其他情况，可以进行"反结账"，取消本月结账标志，然后进行修正，再进行结账工作。

具体操作步骤为：

（1）以账套主管身份在企业应用平台中选择"业务工作"→"财务会计"→"总账"→"期末"→"结账"命令，打开"结账——开始结账"界面。

（2）按〈Ctrl〉+〈Shift〉+〈F6〉组合键，打开"确认口令"界面。

（3）输入账套主管口令，如图 2-61 所示。

图 2-61 输入口令

（4）单击"确定"按钮，系统进行反结账处理。完成后，当前结账月份结账标志"Y"被取消。

【拓展学习】

一、常用摘要

摘要是关于企业经济业务的简要说明，也是输入凭证时唯一需要输入汉字的项目。从某种程度上说，摘要的内容是制单规范性的重要内容之一，而凭证的输入速度在很大程度上取决于摘要的输入速度。鉴于此，会计信息化系统会提供设置常用摘要的功能，用于将企业经常发生的业务摘要存储起来，制单时调用，以加快输入速度、提高规范性。

具体操作步骤为：

（1）以账套主管的身份登录企业应用平台，选择"基础设置"→"基础档案"→

"其他"→"常用摘要"命令,打开"常用摘要"界面。

(2) 单击"增加"按钮,输入摘要编码及摘要内容等,如图 2 - 62 所示。

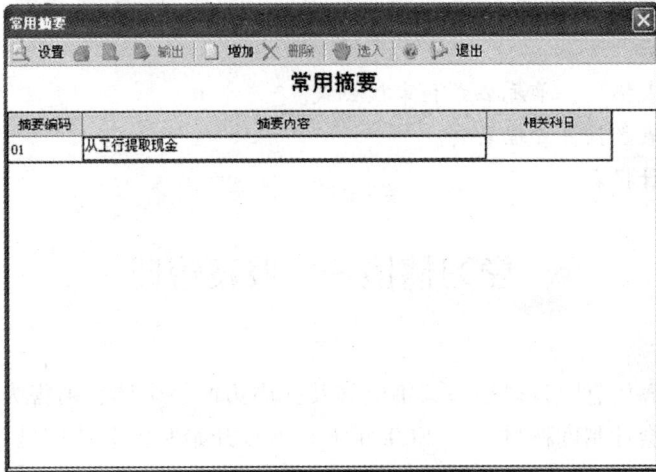

图 2 - 62 常用摘要

二、常用凭证

对于经常发生的业务,也可以设置凭证模版,预先把凭证类别、摘要和科目等要素存储起来,这称为常用凭证。待业务发生时,直接调用常用凭证,补充输入其他内容(如金额等),可以提高业务处理的规范性和业务处理效率。

典型工作任务

◎编制会计报表。

◎输出会计报表。

职业能力目标

◎会设置报表格式、单元公式和审核公式。

◎会生成报表数据并管理表页。

◎会输出会计报表。

学习情境三　报表管理

【情境引例】

重庆阅典计算机有限公司是一家集电脑及其周边产品生产、销售为一体的工业企业，会计核算采用新会计制度科目，于 2011 年 1 月 1 日开始实施会计信息化，同日启用 UFO 报表系统。

重庆阅典计算机有限公司 1 月月末需要编制以下报表：

一、用调用报表模板的方式编制资产负债表

按"一般企业（2007 年新会计制度科目）"生成重庆阅典公司 1 月份的"资产负债表"。

二、用自定义的方式编制、生成利润表

利润表表样见表 3 - 1。

表 3 - 1　利润表表样

利　润　表		
编制单位：　　　　　　　　　年　　月		单位：
项　　目	本期金额	上期金额
一、营业收入		
减：营业成本		
营业税金及附加		
销售费用		
管理费用		
财务费用		
资产减值损失		
加：公允价值变动收益（损失以"－"号填列）		
投资收益（损失以"－"号填列）		
二、营业利润（亏损以"－"号填列）		
加：营业外收入		

续表

利　润　表		
编制单位：　　　　　　　　　　　年　月		单位：
项　目	本期金额	上期金额
减：营业外支出		
其中：非流动资产处置损失		
三、利润总额（亏损以"－"号填列）		
减：所得税费用		
四、净利润（亏损以"－"号填列）		

【知识准备】

一、报表结构

不同会计报表的格式和内容各不相同，不同会计软件的报表模块也各有其特点，但就会计报表的框架结构来说，一般由表头、表体和表尾几个部分组成。

（一）表头

表头通常用来描述报表的名称、报表编号、编制单位、编制日期和货币计量单位等内容。

（二）表体

表体是报表的主要部分，由表样单元（项目及项目名称）和数据单元（报表数据）组成。在报表编制过程中，表样单元输入的内容一般为文字，数据单元输入的内容为数字（数值），而且数字是通过预先定义好的取数公式自动计算生成的。

（三）表尾

表尾主要是指报表表格下方的说明及附注、签章等，既包括文字说明，也包括部分数据。如报表附注等补充资料、制表人、会计主管和单位负责人等。

二、报表基本术语

（一）格式状态和数据状态

1. 格式状态

在格式状态下设计报表的格式，如表尺寸、行高列宽、单元属性、单元风格、组合单元、关键字和可变区等。在格式状态下定义的报表的三类公式为：单元公式（计算公式）、审核公式和舍位平衡公式。

在格式状态下所做的操作对本报表所有的表页都发生作用；在格式状态下不能进行数据的录入、计算等操作；在格式状态下，用户所看到的是报表的格式，报表的数据全部被隐藏了。

2. 数据状态

在数据状态下管理报表的数据，如输入数据、增加或删除表页、审核、舍位平衡、生成图形、汇总、合并报表等。

在数据状态下不能修改报表的格式；在数据状态下，用户看到的是报表的全部内容，包括格式和数据。

（二）行列与单元

单元是组成报表的最小单位，单元名称由所在行、列标识。行号用数字 1 ~ 9999 表示，列标用字母 A ~ IU 表示，例如：D22 表示第 4 列第 22 行的单元。

单元有以下三种类型：

1. 数值单元

数值单元是报表的数据，在数据状态下输入。

数值单元的内容可以是 $1.7 \times (10E - 308)$ ~ $1.7 \times (10E + 308)$ 的任何数（15 位有效数字），数字可以直接输入或由单元中存放的单元公式运算生成。建立一个新表时，所有单元的类型缺省为数值。

2. 字符单元

字符单元是报表的数据，在数据状态下输入。

字符单元的内容可以是汉字、字母、数字及各种键盘可输入的符号组成的一串字符，一个单元中最多可输入 63 个字符。字符单元的内容也可由单元公式生成。

3. 表样单元

表样单元是报表的格式，是定义一个没有数据的空表所需的所有文字、符号或数字。一旦单元被定义为表样，那么在其中输入的内容对所有表页都有效。

表样在格式状态下可进行输入和修改，在数据状态下不允许修改。

（三）组合单元与区域

1. 组合单元

组合单元是由相邻的两个或更多个单元组成，这些单元必须是同一种单元类型（表样、数值、字符），UFO 报表在处理报表时将组合单元视为一个单元。

将同一行相邻的几个单元、同一列相邻的几个单元及一个多行多列的平面区域均可设为一个组合单元。

组合单元的名称可以用区域的名称或区域中单元的名称来表示。

例如，把 B2 到 B3 定义为一个组合单元，这个组合单元可以用"B2""B3"或"B2:B3"表示。

2. 区域

区域由一张表页上的一组单元组成，自起点单元至终点单元是一个完整的长方形矩阵。

在 UFO 报表中，区域是二维的，最大的区域是一个二维表的所有单元（整个表页），最小的区域是一个单元。

（四）固定区和可变区

固定区是指组成一个区域的行数和列数的数量是固定的，一旦设定好以后，在固定区域内其单元总数是不变的。

可变区是指屏幕显示一个区域的行数或列数是不固定的，可变区的最大行数或最大列数是在格式设计中设定的。

在一个报表中只能设置一个可变区，或是行可变区或是列可变区。行可变区是指可变区中的行数是可变的；列可变区是指可变区中的列数是可变的。

设置可变区后，屏幕只显示可变区的第一行或第一列，其他可变行列隐藏在表体内。在以后的数据操作中，可变行列数随着用户的需要而增减。

有可变区的报表称为可变表，没有可变区的表称为固定表。

（五）表页与关键字

1. 表页

一个 UFO 报表最多可容纳 99 999 张表页，每一张表页是由若干单元组成的。

一个报表中的所有表页具有相同的格式，但其中的数据不同。

表页在报表中的序号在表页的下方以标签的形式出现，称为页标。页标用"第 1 页"~"第 99999 页"表示。

2. 关键字

一个 UFO 报表的各个表页代表着不同的经济含义，例如主管单位把其 30 个下属单位的利润表组成一个报表文件，每个单位的利润表占一张表页。为了在这 30 张表页中迅速找到特定单位，有必要每张表页设置一个标记，例如把单位名称设为标记，这个标记就是关键字。

关键字是游离于单元之外的特殊数据单元，可以唯一标识一个表页，用于在大量表页中区别于其他表页，并以此快速选择表页。

UFO 报表共提供了以下六种关键字，关键字的显示位置在格式状态下设置，其值则在数据状态下录入，每个报表可以定义多个关键字。

（1）单位名称：字符型（最大 28 个字符），该报表表页编制单位的名称。

（2）单位编号：字符型（最大 10 个字符），该报表表页编制单位的编号。

（3）年：数字型（1980—2099），该报表表页反映的年度。

（4）季：数字型（1—4），该报表表页反映的季度。

（5）月：数字型（1—12），该报表表页反映的月份。

（6）日：数字型（1—31），该报表表页反映的日期。

除此之外，UFO 报表还有自定义关键字功能，当定义为"周"和"旬"时，有特殊意义，可以用于业务函数中代表取数日期，可从其他系统中提取数据。在实际工作中可以根据具体需要灵活运用这些关键字。

三、报表数据关系

一般来说，报表各项目的数据主要来源于总分类账和明细分类账，有的也来源于其他已经编制生成的报表，还有的是根据本表表内项目汇总计算得来的，甚至有的来源于诸如工资、固定资产等其他会计核算子模块。

【业务操作流程】

制作报表的基本流程如图 3 – 1 所示。

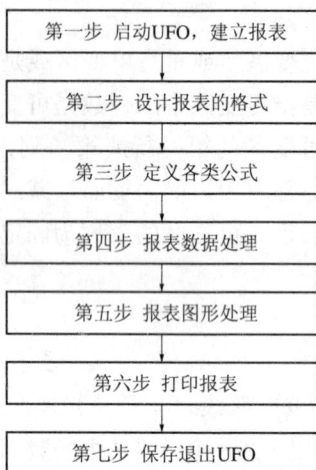

| 第一步 启动UFO，建立报表 |
| 第二步 设计报表的格式 |
| 第三步 定义各类公式 |
| 第四步 报表数据处理 |
| 第五步 报表图形处理 |
| 第六步 打印报表 |
| 第七步 保存退出UFO |

图 3 – 1   制作报表的基本流程

【职业判断与业务操作】

一、自定义报表格式

（一）启动并建立新表

在"企业应用平台"中打开"业务工作"选项卡，展开"财务会计"→"UFO 报表"，进入"UFO 报表"界面，如图 3 – 2 所示。

图 3 – 2   UFO 报表

（二）设计报表样式

1. 定义报表尺寸
定义报表尺寸是指设置报表的行数和列数。

具体操作步骤为：

（1）在"UFO报表"界面选择"文件"→"新建"命令，增加一张报表。

（2）选择"格式"→"表尺寸"命令，打开"表尺寸"界面。

（3）直接录入或单击"行数"文本框的微调按钮选择行数字及单击"列数"文本框的微调按钮选择列数字。

（4）单击"确认"按钮。

2. 定义行高列宽

如果报表中某些单元的行或列要求比较特殊，则需要调整该行的行高或列的列宽。

具体操作步骤为：

（1）选择需要调整行高的行，呈高显示。

（2）选择"格式"→"行高"命令，打开"行高"界面。

（3）直接录入或单击"行高"文本框的微调按钮选择行高数值，单击"确认"按钮，完成行高设置。

列宽的设置方法与行高的设置方法相同。

3. 画表格线

报表的尺寸设置完成之后，在数据状态下，该报表是没有任何表格线的，所以为了满足查询和打印的需要，还需要画上表格线。

具体操作步骤为：

（1）拖动鼠标选择需要画线的区域，呈高亮显示。

（2）选择"格式"菜单中的"区域画线"命令，打开"区域画线"界面。

（3）单击"网线"单选按钮，确定画线类型和样式。

（4）单击"确认"按钮，完成画表格线操作。

4. 定义组合单元

有些内容如标题、编制单位、日期及货币单位等信息可能一个单元容纳不下，所以为了实现这些内容的录入和显示，需要定义组合单元。

具体操作步骤为：

（1）拖动鼠标选择需要合并的区域，呈高亮显示。

（2）选择"格式"→"组合单元"命令，打开"组合单元"界面。

（3）根据需要选择组合类型（按行组合、按列组合和整体组合），确认完成。

5. 定义单元属性

单元属性主要指单元类型、数字格式和边框样式等内容的设置。

具体操作步骤为：

（1）拖动鼠标选择需要定义单元属性的单元或区域。

（2）选择"格式"→"单元属性"命令，打开"单元格属性"界面。

（3）选择对应标签页可设置单元类型、数字格式和边框样式等，确认完成。

6. 设置关键字

关键字主要有六种：单位名称、单位编号、年、季、月、日。另外还可以自定义关键字，即根据自己的需要设置相应的关键字。

具体操作步骤为：

（1）选中对应单元，选择"数据"→"关键字"→"设置"命令，打开"设置关键字"界面，如图3-3所示。

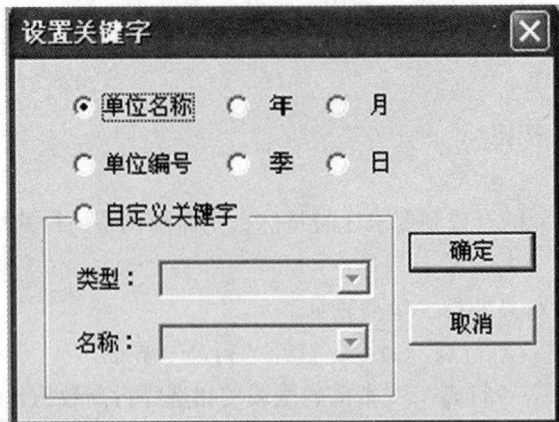

图3-3 "设置关键字"界面

（2）选择关键字，单击"确定"完成设置。

（3）重复步骤(1)和步骤(2)，可完成多个关键字的设置。

7. 输入表样字符

表样字符是指报表的文字内容，主要包括表头内容、表体项目和表尾项目等。

如表3-2所示，其中已有的内容即为表样字符，是在每一张表页中同样显示的内容，包括文字、数字、符号等。

表3-2 资产负债表表样

资产	行次	年初数	期末数	负债及所有者权益	行次	年初数	期末数
流动资产	1			流动负债	1		
货币资金	2			短期借款	2		
交易性金融资产	5			应付票据	5		
应收票据	7			应付账款	7		

将光标定位在相应表样单元中，输入对应的内容即完成表样单元内容设置。

（三）定义单元公式

在定义公式时，可以直接录入单元公式，也可以利用函数向导定义单元公式。

1. 直接录入公式

具体操作步骤为：

（1）选中需要定义计算公式的单元。

（2）选择"数据"→"编辑公式"→"单元公式"命令，打开"定义公式"界面，如图3-4所示。

（3）直接录入公式，如：资产负债表"货币资金"期末数公式"QM（"1001"，月，，，年，，）+QM（"1002"，月，，，年，，）+QM（"1012"，月，，，年，，）"。

（4）单击"确认"按钮，完成公式录入。

图3－4 "定义公式"界面

2. 利用函数向导录入公式

如果用户对财务报表的函数不太了解，直接定义单元公式有困难，可以利用函数向导引导录入公式。

具体操作步骤为：

（1）选中需要定义计算公式的单元。

（2）选择"数据"→"编辑公式"→"单元公式"命令，打开"定义公式"界面。

（3）单击"函数向导"按钮，打开"函数向导"界面，如图3－5所示。

（4）选择函数分类"用友账务函数"和对应函数名。

（5）单击"下一步"按钮，打开"用友账务函数"界面，如图3－6所示。

（6）单击"参照"按钮，打开"账务函数"参数设置界面，如图3－7所示。

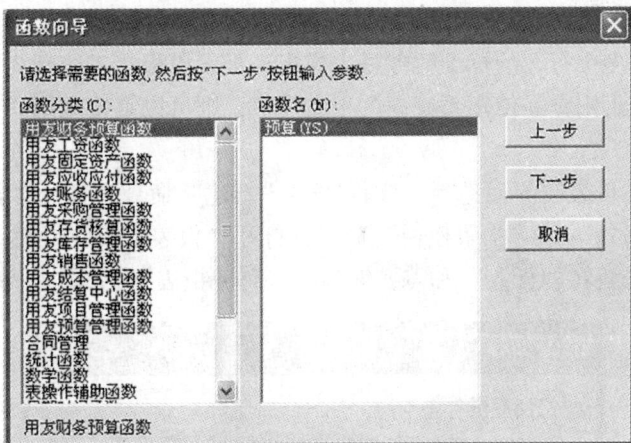

图3－5 "函数向导"界面

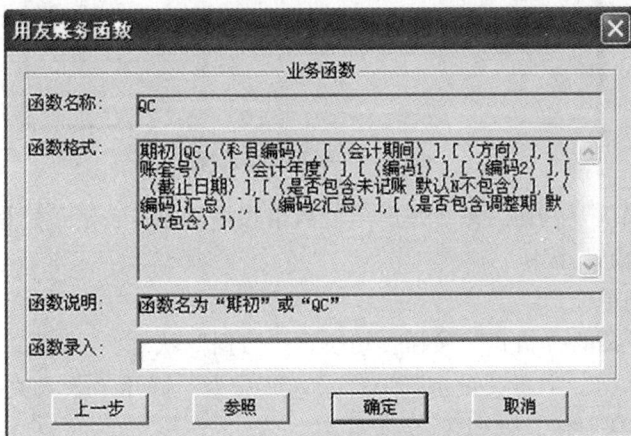

图3－6 "用友账务函数"界面

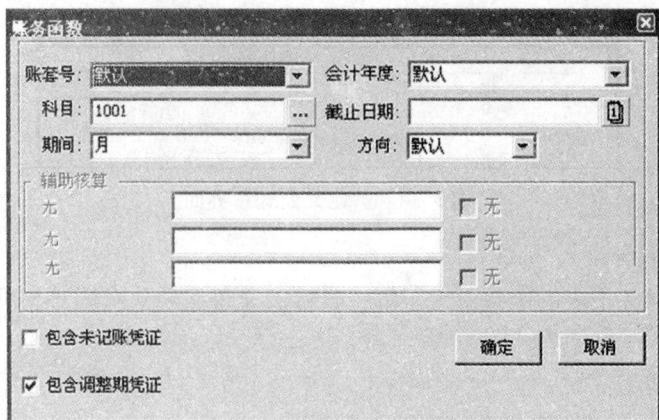

图 3 - 7   "账务函数"参数

（7）正确选择设置函数参数，单击"确定"按钮，完成公式设置。

二、调用和自定义报表模板

（一）调用报表模板

系统中提供了多个行业的标准财务报表模板。报表模板是系统预先内置建立的标准格式的会计报表。如果用户需使用系统内的报表模板，则可以直接调用。

具体操作步骤为：

（1）在"财务报表"界面选择"文件"→"新建"命令，打开"新建"界面。

（2）选择"格式"→"报表模板"命令，打开"报表模板"界面。

（3）选择"您所在的行业"和需要编制的"财务报表"，如图 3 - 8 所示。

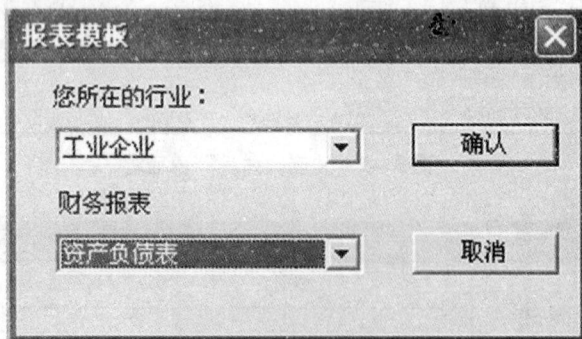

图 3 - 8   报表模板选择

（4）单击"确认"按钮，系统弹出"模板格式将覆盖本表格式！是否继续？"信息提示界面，单击"确定"按钮。

（5）录入编制单位。

（6）单击左下角的"格式"按钮，切换到"数据"状态。

（7）选择"数据"→"关键字"→"录入"命令，打开"录入关键字"界面。录入"年""月""日"关键字，如图 3 - 9 所示。

（8）单击"确认"按钮，系统弹出"是否重算第 1 页"的信息提示界面。

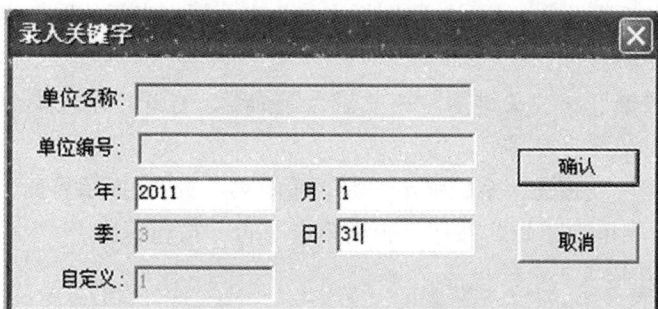

图3-9 "录入关键字"界面

（9）单击"是"按钮，完成利用系统内置报表模板编制生成会计报表的操作。

（二）自定义报表模板

用户除了使用系统中的报表模板外，还可以根据本单位的实际需要定制内部报表模板，并将自定义的模板加入系统提供的模板库内，也可以根据本行业的特征，增加或删除各个行业及其内置的模板。

具体操作步骤为：

（1）在UFO报表中做出本单位的模板后，选择"格式"→"自定义模板"命令，弹出"自定义模板"界面。

（2）单击"增加"按钮，弹出"定义模板"界面，录入模板所属的行业名称（也可以是单位名称）。单击"确定"按钮，返回"自定义模板"界面。

（3）单击"下一步"按钮，再单击"增加"按钮，选择要定义为报表模板的报表路径和报表文件。

（4）单击"添加"按钮，再单击"完成"按钮，该报表便定制为一个会计报表模板。

三、生成报表

（一）增加表页

向一个报表中增加表页有追加和插入两种方式，插入表页即在当前表页前面增加新的表页；追加表页即在最后一张表页后面增加新的表页。

具体操作步骤为：

（1）单击"格式/数据"按钮，进入数据状态。

（2）单击要插入表页的表页页标，使它成为当前表页。

（3）单击"编辑"→"插入"→"表页"命令，将弹出"插入表页"界面。若追加则选择"追加"命令。

（4）在"插入表页数量"编辑框中输入要插入的表页数，确认后在当前表页之前增加新表页。

（二）录入关键字

关键字是表页定位的特定标识，在格式状态下设置完成关键字以后，只有在数据状态下对其实际赋值才能真正成为表页的鉴别标志，为表页间、表间的取数提供依据。

具体操作步骤为：

（1）选择"数据"→"关键字"→"录入"命令，打开"录入关键字"界面。

（2）录入已经设置的关键字。

（3）单击"确认"按钮，系统弹出"是否重算第1页？"提示界面，如果此时就要生成有关报表数据，则单击"是"按钮，否则单击"否"按钮退出。

（三）重算报表

完成报表的格式设计并完成账套初始和关键字的录入之后，便可以计算指定账套的指定报表时间的报表数据了。计算报表数据是在数据处理状态下进行的，它既可以在录入完成报表的关键字后直接计算，也可以使用菜单功能计算。

1. 整表重算

整表重算命令用于在数据处理状态下驱动当前文件中所有单元公式重算。

当打开单元公式中引用了其他表或其他系统数据的报表时，可以使用该命令更新报表中的数据。

具体操作步骤为：

（1）选择"数据"→"整表重算"命令，系统弹出提示界面。

（2）单击"是"按钮。

2. 表页重算

表页重算功能是重计算当前表页中的单元公式，其他表页不重计算。

具体操作步骤为：

（1）选择"数据"→"表页重算"命令，系统弹出提示界面。

（2）单击"是"按钮。

四、输出报表

（一）保存报表

报表的格式设置完成之后，为了确保今后能够随时调出使用并生成报表数据，应将会计报表的格式保存起来。

具体操作步骤为：

（1）在格式状态下选择"文件"→"保存"命令（或者按〈Ctrl〉+〈S〉组合键），打开"保存为"列表框。

（2）在"文件名"文本框中录入文件名称。

（3）单击"保存"按钮。

（二）打印报表

打印设置包括设置打印机、打印纸和打印质量等。

具体操作步骤为：

（1）激活要打印的报表文件或图表的界面。

（2）单击要打印表页的页标，使它成为当前表页。

（3）选择"文件"菜单中的"打印"命令，将弹出"打印"界面。

（4）在"打印"界面中设置打印机、打印纸的大小、打印方向、纸张来源、图像的分辨率、图像抖动、图像的浓度、打印品质、打印到文件和打印范围。

【拓展学习】

一、审核公式

在经常使用的各类财务报表中的每个数据都有明确的经济含义，并且各个数据之间一般都有一定的勾稽关系。如在一张报表中，小计等于各分项之和；而合计又等于各个小计之和，等等。在实际工作中，为了确保报表数据的准确性，通常用这种报表之间或报表之内的勾稽关系对报表进行正确性检查。一般来讲，我们称这种检查为数据的审核。

UFO 报表系统对此提供了数据的审核公式，它将报表数据之间的勾稽关系用公式表示出来，称为审核公式。

具体操作步骤为：

（1）在报表格式设计状态下选择菜单"数据"→"编辑公式"→"审核公式"命令，调出"审核关系"界面。

（2）在"审核关系"界面按照右侧的格式范例输入审核公式。

（3）审核公式编辑完毕，检查无误后单击"确认"按钮，系统将保存此次审核公式的设置。

二、舍位平衡公式

报表数据在进行进位时，如以"元"为单位的报表在上报时可能会转换为以"千元"或"万元"为单位的报表，原来满足的数据平衡关系可能被破坏，因此需要进行调整，使之符合指定的平衡公式。如原始报表数据平衡关系为：

$50.23 + 5.24 = 55.47$

若舍掉一位数，即除以 10 后数据平衡关系为：

$5.02 + 0.52 = 5.55$

原来的平衡关系被破坏，应调整为：

$5.02 + 0.53 = 5.55$

报表经舍位之后，重新调整平衡关系的公式称为舍位平衡公式。其中，进行进位的操作叫作舍位，舍位后调整平衡关系的操作叫作舍位平衡。

1. 舍位平衡公式编写规范

舍位平衡公式书写顺序应为统计过程的逆方向。

例如，统计过程为：

$E11 = A11 + B11$

$F11 = C11 + D11$

$G11 = E11 + F11$

如图 3 - 10 所示，箭头表示统计方向，G11 为统计结果。

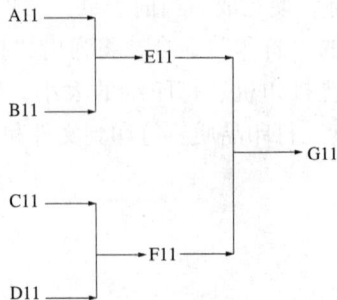

图 3 – 10 公式统计过程

因此舍位平衡公式正确的书写顺序应该为：

G11 = E11 + F11

E11 = A11 + B11

F11 = C11 + D11

2. 设置舍位平衡公式

具体操作步骤为：

（1）在报表"格式"状态下选择菜单"数据"→"编辑公式"→"舍位公式"命令，调出"舍位平衡公式"界面，如图 3 – 11 所示。

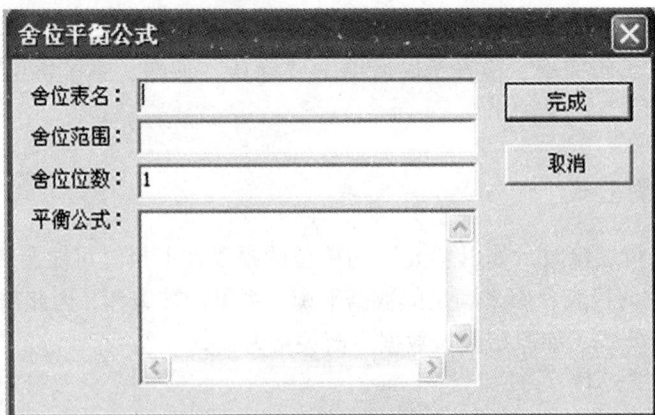

图 3 – 11　"舍位平衡公式"界面

（2）录入"舍位表名""舍位范围""舍位位数"和"平衡公式"，检查无误后单击"完成"按钮，系统将保存此次舍位平衡公式的设置。按〈ESC〉键或单击"取消"按钮将放弃此次操作。

3. 进行舍位平衡操作

具体操作步骤为：

（1）进入"数据"状态，单击菜单"数据"→"舍位平衡"命令。系统按照所定义的舍位关系对指定区域的数据进行舍位，并按照平衡公式对舍位后的数据进行平衡调整。

（2）将舍位平衡后的数据存入指定的新表或其他表中，选择"文件"→"另存为"命令。

三、报表图表

图表是利用报表文件中的数据生成的，图表与报表之间存在着紧密的联系，当报表中的源数据发生变化时，图表也随之发生变化。一个报表文件可以生成多个图表。UFO 报表系统提供了直方图、圆饼图、折线图和面积图四大类共 10 种格式的图表。

具体操作步骤为：

（1）打开一个已设计好的表页，如果表页处于"格式"状态，则将其转换到"数据"状态。

（2）选定需要进行图表显示的单元格。

（3）选择"工具"菜单下的"插入图表对象"命令，系统弹出"区域作图"界面，如图 3-12 所示。

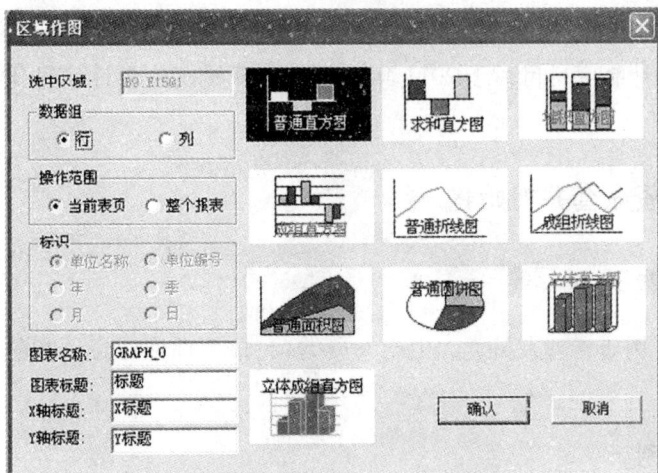

图 3-12　"区域作图"界面

（4）在"数据组"中选择"行"，则原先数据组区域中的"行"为图表的 X 轴，"列"为 Y 轴，选择所需要的图表类型。

（5）单击"确认"按钮，生成图表。

（6）可以用鼠标拉动图表的边框线对图表的大小和位置进行调整，也可以双击选定该图表，然后单击鼠标右键，在弹出的快捷菜单中重新选择该图表的格式。双击 X 轴或者 Y 轴，系统会出现"编辑标题"界面，在此可修改标题。可直接单击表页上面的"图表格式"进行当前图表格式的更改。

（7）可在同一个报表内插入不同的图表对象，这些图表对象有时可能会相互重叠，除了拉动改变其位置之外，还可以改变图表前后位置。选定需操作的图表，单击鼠标右键，选择"对象置前"命令或是"对象置后"命令，也可选择"对象打印"命令单独打印选定的图表，单击"清除"命令可删除选定的图表。

典型工作任务

◎计算、汇总、发放工资。

◎分配工资费用并编制各类工资表。

职业能力目标

◎会建立工资账套并初始化。

◎会计算工资、汇总工资、发放工资。

◎能分配工资费用。

◎能编制、查询、打印各类工资表。

学习情境四　薪酬管理

【情境引例】

重庆阅典计算机有限公司是一家集电脑及其周边产品生产、销售为一体的工业企业，会计核算采用新会计制度科目，于2011年1月1日开始实施会计信息化，同日启用薪酬管理系统。

一、建立工资账套并初始化

（一）工资账套

选择多类别（例如管理人员类、生产人员类）、核算计件工资、扣税、银行代发、人员编码5位。

（二）工资类别

建立两个工资类别：

管理人员类别，所属部门为所有部门，启用时期为"2011年1月1日"。

生产人员类别，所属部门为生产一部、生产二部，启用时期为"2011年1月1日"。

（三）基础档案

1. 部门档案（见表4-1）

表4-1　部门档案

部门编码	部门名称	成立日期
1	生产部	2011-01-01
101	生产一部	2011-01-01
102	生产二部	2011-01-01
2	工程部	2011-01-01
3	采购部	2011-01-01
4	业务部	2011-01-01

续表

部门编码	部门名称	成立日期
401	业务一部	2011 - 01 - 01
402	业务二部	2011 - 01 - 01
5	管理部	2011 - 01 - 01
501	财务部	2011 - 01 - 01
502	总经办	2011 - 01 - 01
6	仓储部	2011 - 01 - 01
7	计划部	2011 - 01 - 01

2. 人员档案（见表4-2）

表4-2　人员档案

部门编码	部门名称	人员		人员类别	性别	生效日期	业务或费用部门	说明
1	生产部	10001	王齐	在职人员	男	2011 - 01 - 01	生产一部	生产管理
101	生产一部	10101	罗梁	在职人员	男	2011 - 01 - 01	生产一部	车间管理
102	生产二部	10201	董小辉	在职人员	男	2011 - 01 - 01	生产二部	车间管理
2	工程部	20001	吴红梅	在职人员	女	2011 - 01 - 01	工程部	物料清单
		20002	李明	在职人员	男	2011 - 01 - 01	工程部	工艺路线
3	采购部	30001	倪雪	在职人员	女	2011 - 01 - 01	采购部	采购管理
4	业务部	40001	李飞	在职人员	男	2011 - 01 - 01	业务一部	业务审核
401	业务一部	40101	雷磊	在职人员	男	2011 - 01 - 01	业务一部	销售
402	业务二部	40201	何亮	在职人员	男	2011 - 01 - 01	业务一部	销售
5	管理部	50001	代方	在职人员	女	2011 - 01 - 01	财务部	财务管理
501	财务部	50101	宋岚	在职人员	女	2011 - 01 - 01	财务部	会计
		50102	赵红兵	在职人员	男	2011 - 01 - 01	财务部	会计
6	仓储部	60001	肖遥	在职人员	女	2011 - 01 - 01	仓储部	库存管理
7	计划部	70001	陈娟	在职人员	女	2011 - 01 - 01	计划部	生产计划
		70002	石海	在职人员	男	2011 - 01 - 01	计划部	生产计划

（四）工资项目（见表4-3）

表4-3　工资项目

工资项目	类型	长度	小数点	增减及其他
基本工资	数字	10	2	增项
岗位工资	数字	10	2	增项

工资项目	类型	长度	小数点	增减及其他
计件工资	数字	10	2	增项
津贴	数字	10	2	增项
住房补贴	数字	8	2	增项
交补	数字	8	2	增项
加班工资	数字	8	2	增项
应发合计	数字	10	2	增项
病假天数	数字	3		其他
病假扣款	数字	8	2	减项
事假天数	数字	3		其他
事假扣款	数字	8	2	减项
扣公积金	数字	8	2	减项
扣款合计	数字	8	2	减项
扣税基础	数字	8	2	其他
实发合计	数字	10	2	增项

（五）公式设置

1. 管理人员工资计算公式

扣税基础 = 基本工资 + 岗位工资 + 津贴 + 住房补贴 + 加班工资

病假扣款 = 病假天数 × 5

事假扣款 = 事假天数 × 15

2. 生产人员工资计算公式

扣税基础 = 基本工资 + 岗位工资 + 津贴 + 住房补贴 + 加班工资 + 计件工资

病假扣款 = 病假天数 × 5

事假扣款 = 事假天数 × 15

（六）计件工资标准和方案（见表4-4）

表4-4　计件工资标准和方案

方案编号	方案名称	软件开发	计件单价	停用
3	一级分析员	系统分析员	20.000 000	
4	二级分析员	系统分析员	15.000 000	
3	一级程序员	程序员	10.000 000	
4	二级程序员	程序员	8.000 000	

二、人员工资数据录入

（一）管理人员工资数据（见表 4-5）

表 4-5　管理人员工资

姓名	基本工资	岗位工资	津贴	住房补贴	交通补贴	病假天数	病假扣款	事假天数	事假扣款	扣公积金
吴红梅	1 500	280	320	158	30	4	20	2	30.00	36.80
李明	1 800	290	320	195	30	4	20	2	30.00	39.20
倪雪	3 200	295	320	195	30	4	20			39.80
李飞	900				30			2	30.00	39.00
雷磊	4 600	295	320	195	30					68.20
何亮	810				30					18.50
代方	4 200	295	320	195	30					96.20
宋岚	3 900	295	320	195	30					69.20

（二）生产人员工资数据

1. 生产人员计件工资数据（见表 4-6）

表 4-6　生产人员计件工资

人员编号	姓名	日　期	方案编号	方案名称	计件单价	数量	计件工资
03001	王齐	2011-01-31	3	一级	10.00	20.00	200.00
03002	罗梁	2011-01-31	4	二级	8.00	25.00	200.00
03003	董小辉	2011-01-31	3	一级	10.00	15.00	150.00
合　计						90.00	790.00

2. 生产人员工资项目数据（见表 4-7）

表 4-7　生产人员工资

姓名	基本工资	岗位工资	计件工资	津贴	住房补贴	交通补贴	病假天数	病假扣款	事假天数	事假扣款	扣公积金
王齐	1 800	200	200	100	50	30	1				68
罗梁	1 200	100	200	100	50	30			2		50
董小辉	1 500	200	150	100	50	30			1		68

三、计算个人所得税

按税法规定修改设置扣税基数并重算工资项目数据。

四、查询银行代发

五、打印工资报表

重算工资并打印工资表及工资条。

六、汇总工资类别

按"管理人员""生产人员"两种工资类型汇总生成汇总工资类别。

七、分摊工资费用

分摊工资费用并按应发合计数的 14% 计提福利费。

八、月末处理

工资结账,将"病假天数""事假天数""病假扣款""事假扣款"和"计件工资"设为清零项。

【知识准备】

一、薪酬管理系统的主要功能

职工薪酬是企业费用的重要组成部分,职工薪酬核算是企业核算不可或缺的基本内容。职工薪酬核算的准确性和及时性关系到企业最终财务成果核算的准确性和及时性,同时也关系到企业每个员工的切身利益。与手工会计相比,ERP 系统中的薪酬管理系统大大提高了薪酬核算的准确性和及时性。

薪酬管理是人力资源管理系统中的一个子系统。本系统依据工资的原始数据(基本工资、出(缺)勤天数、工龄、个人所得税税率等)可以计算工资、编制工资结算表、分摊工资费用、计算个人所得税等,还可以提供多种方式的工资查询与分析。其主要功能包括:工资基础档案设置、工资项目及公式设置、工资数据管理、工资分摊、各种工资表及工资分析表的查询打印等。

二、薪酬管理系统的数据关系

(一) 薪酬管理系统与总账系统的关系

薪酬管理系统所承担的工资核算任务是财务核算的重要内容,因此,薪酬管理系统对工资进行计算、分摊工资费用后自动生成记账凭证传递至总账系统,从而提高了工资核算的准确性和及时性;而通过总账系统可以查询薪酬管理系统生成的工资凭证,从而了解工资费用的构成情况。二者关系如图 4 - 1 所示。

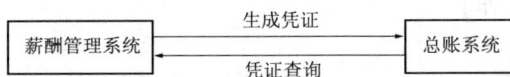

图 4 - 1　薪酬管理系统与总账系统关系

（二）薪酬管理系统与成本管理系统的关系

工资费用是成本费用的一部分，薪酬管理系统将计算、分摊的人工费用传递给成本管理系统，从而保证成本管理系统中成本费用的完整性。二者关系如图 4 - 2 所示。

图 4 - 2　薪酬管理系统与成本管理系统关系

【业务操作流程】

在实务中，各单位支付工资的频率不同，有的单位是按月支付工资，有的单位是按周支付工资；而且同一单位中，工资的计算方式也不尽相同，有的单位是所有的人员都按同一种方法（如计件或计时）计算工资，有的单位却是不同类别的员工工资计算方法不同。为了适应各单位工资的多种计算方法和多种支付频率，薪酬管理系统设计了两种工资核算类别：一是单类别工资核算；二是多类别工资核算。二者的操作流程不尽相同，但流程大致相同，如图 4 - 3 所示。

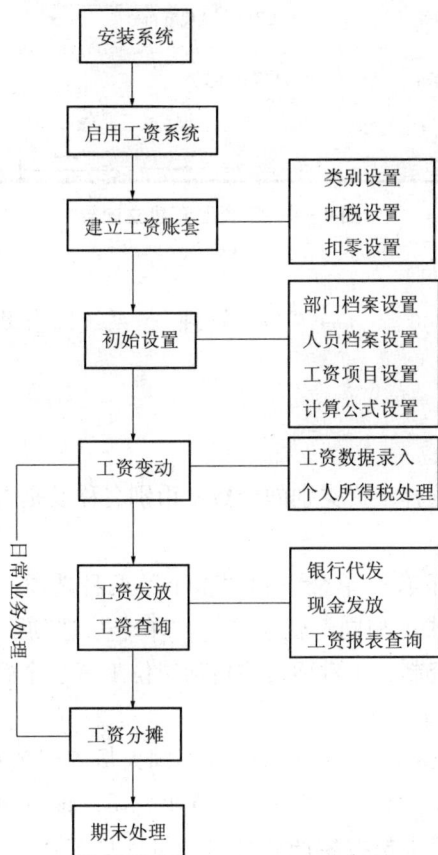

图 4 - 3　薪酬管理系统操作流程

【职业判断与业务操作】

一、建立工资账套

工资账套与系统管理中的账套是不同的概念。工资账套是为专门管理薪酬系统的数据而设置的一个账套;系统管理中的账套管理全部系统数据,也包括薪酬管理系统的数据。

在初次使用薪酬管理系统时,应先启动工资系统。

(一) 启动工资管理系统

启用工资系统有两种方式:一是在软件安装完毕时,根据系统提示启用;二是软件安装好后,登录企业应用平台,通过"基础设置"→"系统启用"启用薪酬管理系统。

薪酬管理系统启用后,系统自动进入建账向导。薪酬管理系统的建账向导包括四个步骤:参数设置、扣税计算、扣零设置和人员编码。如图4-4所示。

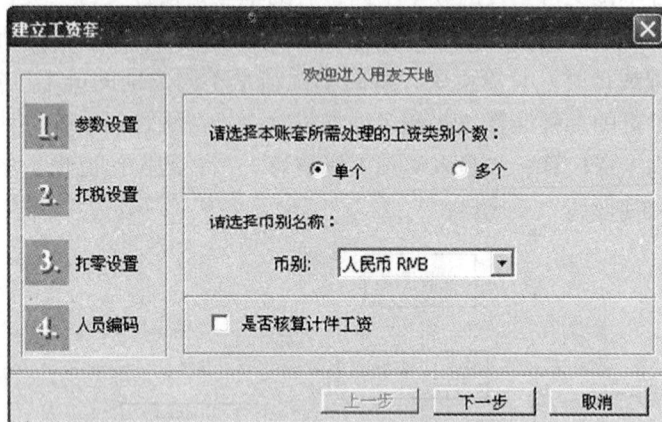

图4-4　工资账套建立向导

具体操作步骤为:

"业务处理"→"人力资源"→"薪资管理",系统即自动进入建账向导,按照向导提示建立工资账套。

(二) 参数设置

在参数设置选项下应选择工资类别的个数、币别名称及是否核算计件工资。

1. 工资类别的个数

在"工资类别"选项下有"单个"和"多个"两种选项。如果一个单位中所有人员的工资项目和工资计算公式都相同,就应选择"单个"选项。如甲公司为一小型服务公司,所有员工均实行月工资制,工资项目均包括岗位工资、全勤奖、交通补贴,则该公司的工资类别个数为"单个"。

如果公司有多种类别(部门)的人员,且不同人员工资项目和工资计算公式不相同,则工资类别个数为"多个"。如乙公司为一制造业公司,该公司员工分为生产人员、销售人员和管理人员三类。生产人员按生产产品的产量计算工资,其工资项目包括计件工资、超产奖励、加班工资;销售人员按销售产品的销量计算工资,其工资项目包括基本工资、提成工资和出差补贴；管理人员按岗位计算工资，其工资项目包括岗位工资、加班工资和交通补贴。根据以上情况，乙公司的工资类别个数应该为"多个"。

2. 是否核算计件工资

如果选择"核算计件工资"选项，则系统将在"工资项目中"自动增加"计件工资"项目，在人员档案中显示"核算计件工资"。

（三）扣税设置

如果选择"从工资中代扣个人所得税"，系统将在"工资项目"中自动增加"代扣税"项目，工资计算时自动进行代扣税金的计算。

（四）扣零设置

扣零设置是指每次发放工资时将零头扣下，待积累成整数时再补上。选择"扣零"还应进一步选择"扣零类别"。系统提供的扣零类别有"扣零至元""扣零至角"等五种类型。"扣零至元"是指元位以下的零头扣下，待和下次的零头凑成整元后再补发；其余类型的含义依此类推。

一般以现金发放工资时，为了减少找零的烦琐，需要进行扣零设置。如果单位是银行代发工资，则没有必要进行此项设置。

如果进行了"扣零设置"，系统会在工资项目中自动增加"本月扣零"和"上月扣零"两个项目。扣零计算的公式由系统自动生成，无须设置。

（五）人员编码

系统中的每一职员都有一个唯一的编码，薪酬管理系统中的职员编码应和公共平台的人员编码一致。

二、基础设置

建立了工资账套，只是进行了薪酬管理系统的外围设置，要使该系统正常运行，还需要进行部门、人员等基础信息的设置。

具体操作步骤为：

选择"业务处理"→"人力资源"→"薪资管理"→"设置"命令，进行人员附加信息、工资项目、人员档案、选项参数等设置。如图4-5所示。

（一）人员附加信息设置

在本选项下可设置人员的性别、身份证号、婚姻状况、技术职称等信息，以便对人员进行更有效的管理。

（二）人员类别设置

为了准确地对工资费用进行分摊，需对单位的人员按某种特定的分类标志分类。如按部门可分为生产人员、销售人员、管理人员；按是否在职可分为在职人员、退休人员和离休人员等。本系统人员的分类必须和公共平台的人员分类一致，操作步骤也相同。如果已

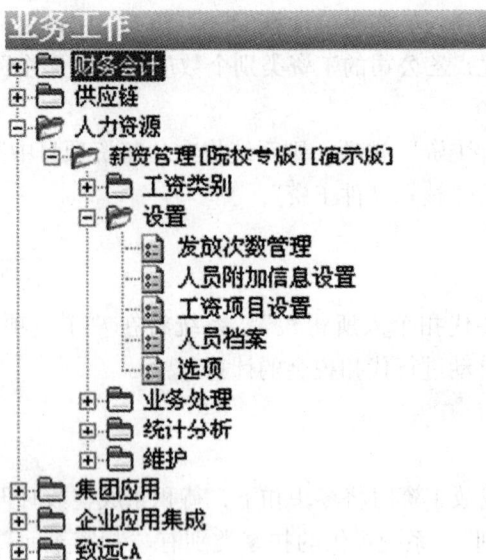

图 4 - 5　薪酬管理系统基础设置

在公共平台进行了人员类别设置，则系统无须再次设置。

（三）工资项目设置

工资项目设置包括工资项目的设置和工资计算公式的设置。

1. 工资项目设置

工资项目是指工资的构成项目。系统已预设部分常用工资项目，如应发合计、实发合计等，这些项目不能删除，也不能重命名。但各单位具体的工资项目需自行设置。

设置工资项目分为两个步骤：

（1）设置整个工资账套的工资项目，该项目适用于任何工资类别。设置方法为："业务处理"→"人力资源"→"薪资管理"→"设置"→"工资项目设置"，如图4-6所示。

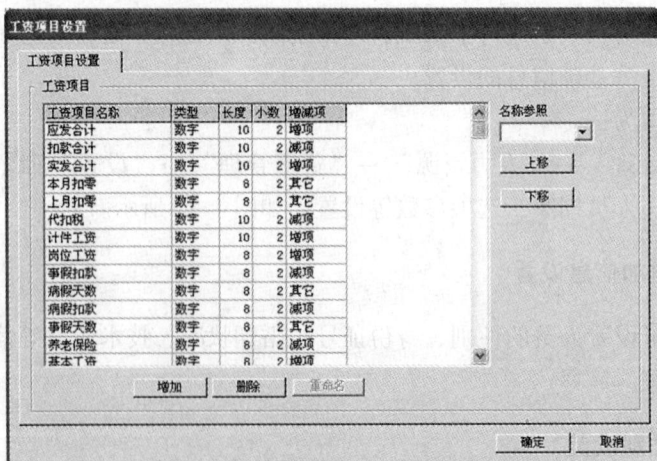

图 4 - 6　工资账套的工资项目设置

此处设置工资项目时，可按需要自行定义或参照增加。具体操作为：单击"增加"按钮，界面中则增加一空白行，在空白处录入所需定义的工资项目或在名称参照中选择一工资项目即可。

工资项目设置界面包括工资项目设置和公式设置两个选项。工资项目设置是定义工资各项目的名称、类型、长度、小数和增减项等，另外可使用界面中的"上移""下移"按钮调整工资项目的排列位置。公式设置是定义各工资项目的计算公式，以便于按期自动完成工资计算。

（2）设置各工资类别的工资项目。由于不同工资类别的工资项目构成不同，因此工资账套的项目设置好后，还应设置各类别的工资项目。其操作步骤为：打开某一工资类别，选择"工资类别设置"界面，如图4-7所示。

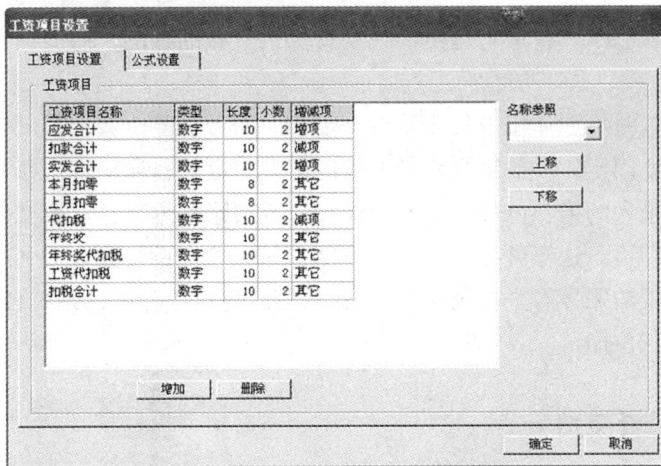

图4-7 具体工资类别下的工资项目设置

在此处只能选择工资账套已设置的工资项目，不能自行定义。工资项目的类型、长度、小数位和增减项等也不能更改。

2. 工资计算公式设置

公式设置是针对具体的工资类别进行的。因此，公式设置时应先打开某一工资类别。

公式设置是对工资的计算公式进行设置，其可通过选择工资项目、运算符、关系符和函数等组合完成。

系统固定的应发合计、扣款合计和实发合计等项目的计算公式，由系统根据工资项目设置的增减项自动生成，其他工资项目则由用户根据各项目间的数据关系自行定义。定义计算公式时应注意先后顺序，若某公式中的数据需要由前面的公式计算得到，则该公式应排列在后。如实发合计=应发合计-扣款合计，则计算实发合计的公式应排在计算应发合计和扣款合计的公式之后。公式的排列顺序可使用"上移""下移"按钮操作。

（四）银行名称设置

如果是由银行代发工资，则应定义代发银行的名称、账号等。

具体操作步骤为："基础设置"→"基础档案"→"收付结算"→"银行档案"。如图4-8所示。

在该界面中，可对银行代发银行信息进行增加、定义和删除等操作。

在"增加银行档案"界面，需设置银行编码、银行名称、账户规则等信息。银行编码为开户银行编码，可按银行行号设置，也可自行设置；银行名称为开户银行名称；账户包

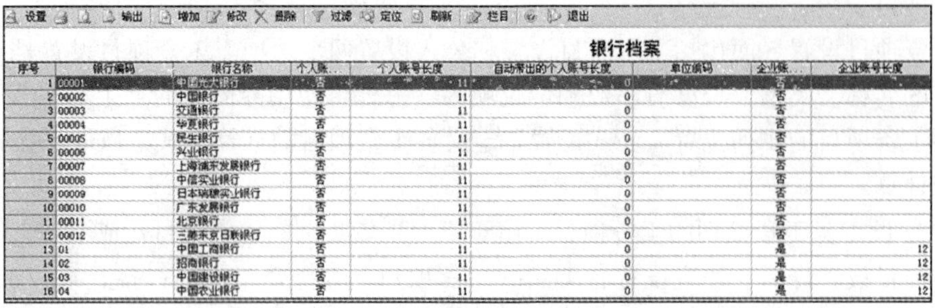
设置 输出 增加 修改 删除 过滤 定位 刷新 栏目 退出

银行档案

序号	银行编码	银行名称	个人账...	个人账号长度	自动带出的个人账号长度	单位编码	企业账...	企业账号长度
1	00001	中国光大银行	否	11	0		否	
2	00002	中国银行	否	11	0		否	
3	00003	交通银行	否	11	0		否	
4	00004	华夏银行	否	11	0		否	
5	00005	民生银行	否	11	0		否	
6	00006	兴业银行	否	11	0		否	
7	00007	上海浦东发展银行	否	11	0		否	
8	00008	中信实业银行	否	11	0		否	
9	00009	日本瑞穗实业银行	否	11	0		否	
10	00010	广东发展银行	否	11	0		否	
11	00011	北京银行	否	11	0		否	
12	00012	三菱东京日联银行	否	11	0		否	
13	01	中国工商银行	否	11	0		是	12
14	02	招商银行	否	11	0		是	12
15	03	中国建设银行	否	11	0		是	12
16	04	中国农业银行	否	11	0		是	12

图 4-8 银行档案

括企业账户和个人账户，薪资管理是为代发员工工资做准备的，因此，此处设置的账户应为员工个人账户。

个人账户设置时可选择账户长度是否为定长、账号长度位数及自动带出账号长度。定长是指账户的长度固定，一般银行账号的长度都是固定的；自动带出账号长度是指系统根据设置，自动按录入的第一位员工的账户保存一定的账号位数，从第二位员工开始只需录入账号的后几位即可，这样可提高录入的速度，如账号定长位数为 11 位，自动带出位为 8 位，则第一位员工的账号需全部录入 11 位，从第二位员工开始，系统自动带出账号的前 8 位，只需录入后三位即可。

三、建立工资类别

薪酬管理系统是按工资类别来进行管理的。人员档案、工资变动、工资数据、计算个人所得税和银行代发等都应在相应的工资类别下处理。工资类别的设置包括新建工资类别、打开工资类别、关闭工资类别和删除工资类别。

具体操作步骤为：

（1）选择“业务工作”→“人力资源”→“薪资管理”→“工资类别”→“新建工资类别”命令，进入“新建工资类别”向导，如图 4-9 所示。

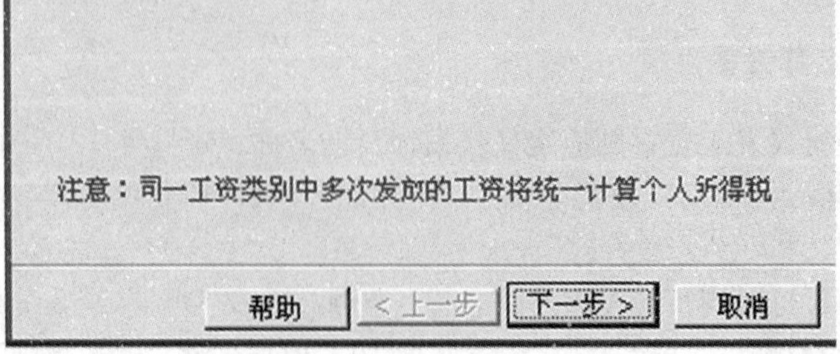

图 4-9 “新建工资类别”向导

（2）按照"新建工资类别"向导设置该工资类别对应的部门和启用时间。建立工资类别后，系统自动进入该工资类别。

（3）如果要继续建立下一类别，则需关闭当前工资类别才能新建下一工资类别。

工资类别的启用时间确定后就不能再修改。

四、设置部门及人员档案

（一）设置部门档案

本系统的部门档案与公共平台的部门档案是相同的，如果公共平台已设置，则本系统不再重复设置。

（二）设置人员档案

人员档案包括人员的基本信息和附加信息。基本信息如人员编号、人员姓名、人员类别、薪资类别等是必须设置的，附加信息在录入基本信息后自动生成。人员档案的设置包括批量增加人员，增加、修改、删除人员档案，人员调离与停发处理，查找人员等。

人员档案是针对某一具体工资类别进行设置的，因此，必须先设置工资类别，并打开某一工资类别才能进行该类别下的人员档案设置。

具体操作步骤为：

（1）选择"业务工作"→"人力资源"→"薪资管理"→"工资类别"→"打开工资类别"命令，打开操作工资类别。

（2）选择"业务工作"→"人力资源"→"薪资管理"→"设置"→"人员档案"命令，打开"人员档案"界面。

（3）在"人员档案"界面中批增、增加、删除和修改人员档案。

批增可按人员类别将公共平台已录入的人员档案按类别批量引入人员信息；增加是指逐一从公共平台已录入的人员档案中引入人员信息；删除是指删除本系统已存档的人员信息；在修改状态下，可进行人员调出、停发工资等处理。

五、工资变动处理

工资变动是指各工资项目数据的变动。在实务中，每个员工各月的工资项目数据并不是固定不变的，如加班工资、病假天数、事假天数这类项目每月都是不同的。因此，在处理工资数据之前，需要先录入或者调整各工资项目的数据。由于工资项目与其所属的工资类别相对应，所以在录入或调整工资项目数据前，应先打开相应的工资类别。

具体操作步骤为："业务工作"→"人力资源"→"薪资管理"→"业务处理"→"工资变动"。如图4-10所示。

在"工资变动"界面中可录入或调整未设置公式的各项目数据，如基本工资、岗位工资和津贴等项目；而公式的各项目，如应发合计、扣款合计和实发合计等项目则由系统计算生成，不能手工录入。

工资数据的录入和调整可逐一录入每一员工的每一项目数据，但这种方式效率太低。如果使用"筛选""定位"和"过滤器"的功能，则可更快速、准确地录入工资数据。

图 4 - 10　工资变动

"筛选"是指只把需要修改的人员挑选出来，在界面中显示的只有需要修改的人员，而不需修改的人员则不显示出来。

"定位"是指不需一一查找，光标直接定位至符合指定条件的人员信息处。

"过滤器"是指只显示符合过滤条件的工资项目，其他工资项目暂不显示。例如：只需修改病假天数，则可在"工资变动"界面的"过滤器"下，选择"过滤器"设置，打开"项目过滤"，则弹出"项目过滤"窗口，如图 4 - 11 所示。

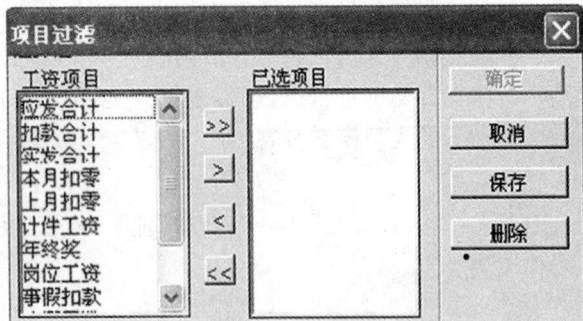

图 4 - 11　项目过滤设置

选择所需过滤的项目后，可将该过滤项目保存下来，以便以后过滤时直接选择该项目，无须再次设置，不用时可删除。

设置好过滤项目，单击"确定"按钮后，屏幕则只显示过滤的项目。录入数据后，在"过滤器"下选择"所有项目"，则恢复显示所有工资项目。

工资数据录入后，需进行"计算"和"汇总"，否则工资数据可能会出现差错。其操作方法是：在"工资变动"界面，单击工具栏上的"计算"和"汇总"按钮。

六、扣缴个人所得税

薪酬管理系统"业务处理"菜单下的"扣缴所得税"提供了自动计算个人所得税的功能，用户只需自行定义所得税税率，系统即可自动计算个人所得税。

（一）设置个人所得税税率

系统内置的工资薪金的个人所得税计算办法以 2008 年 3 月 1 日开始执行的起征点为 2 000 元的新个人所得税为标准，按九级超额累进税率计算。如果国家关于个人所得税的计算办法有变更，可以对起征点、税率等进行修改。

具体操作步骤为：

选择"业务工作"→"人力资源"→"薪资管理"→"设置"→"选项"命令,在"选项"界面中的"扣税设置"选项下进行税率设置,如图 4 – 12 所示。

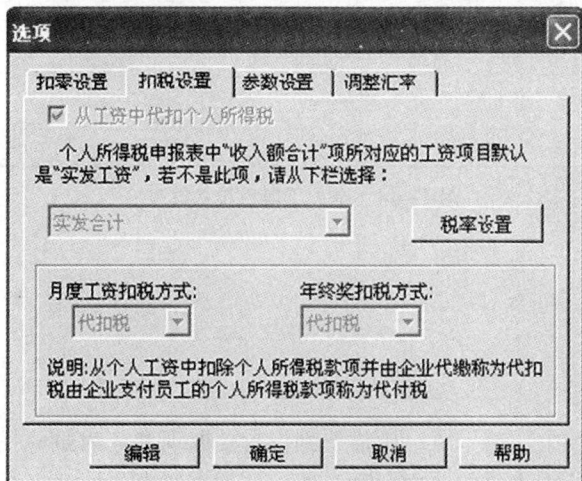

图 4 – 12 税率设置

如果重新设置了税率,则必须在工资变动中重新计算。

(二)计算个人所得税

系统根据已设置的税率及已计算的工资数据自动计算个人所得税,并生成"扣缴个人所得税报表"供用户查询。

具体操作步骤为:

选择"业务工作"→"人力资源"→"薪资管理"→"业务处理"→"扣缴所得税"命令,打开"扣缴个人所得税报表",如图 4 –13 所示。

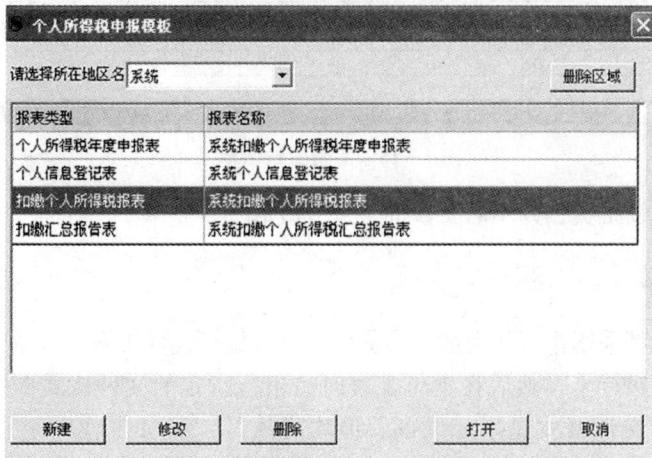

图 4 –13 所得税申报表查询

查询"系统扣缴个人所得税申报表",如图 4 –14 所示。

系统扣缴个人所得税报表

2011年1月－2011年1月

序号	纳税义务人	身份证照	身份证号码	国家或地区	职业编码	所得项目	所得期间	收入额	免税收入额	允许扣除	费用扣除	准于扣除	应纳税所	税率	应扣税额	已扣税额	备注
1	吴红梅	身份证					1	2288.00			2000.00		201.80	5	10.09	10.09	
2	李明	身份证					1	2635.00			2000.00		545.80	10	29.58	29.58	
3	倪雪	身份证					1	4040.00			2000.00		1980.20	10	173.02	173.02	
4	李飞	身份证					1	930.00			2000.00		0.00	0	0.00	0.00	
5	雷磊	身份证					1	5440.00			2000.00		3371.80	15	380.77	380.77	
6	闻亮	身份证					1	840.00			2000.00		0.00	0	0.00	0.00	
7	代方	身份证					1	5040.00			2000.00		2943.80	15	316.57	316.57	
8	宋岗	身份证					1	4740.00			2000.00		2670.80	15	275.62	275.62	
合计								25953.00			16000.00		11714.20		1185.65	1185.65	

图 4 - 14　个人所得税扣缴报表

七、发放工资

（一）现金发放

如果单位是采用现金发放工资，则需要到银行提取现金。为避免找补的麻烦，提取现金的票面金额最好与所需支付的票面金额一致，这就需要事先统计出所需人民币的各面值的数量。而"业务处理"菜单下的"工资分钱清单"则提供了此功能。

具体操作步骤为：

选择"业务工作"→"人力资源"→"薪资管理"→"业务处理"→"工资分钱清单"命令，打开"工资分钱清单"界面，在"工资分钱清单"界面中，系统分别按部门、人员、工资总额统计所需各面值的张数。如图 4 - 15 所示。

分钱清单

| 部门分钱清单 | 人员分钱清单 | 工资发放取款单 | | | | | | |

请选择部门级别：2级

部门	壹佰元	伍拾元	贰拾元	拾元	伍元	贰元	壹元	金额合计
业务一部	57	2	2	1			2	5852.00
业务二部	8		1				1	821.00
财务部	89	1	3		2	1		9022.00
票面合计数	154	3	6	1	2	1	3	------
金额合计数	15400.00	150.00	120.00	10.00	10.00	2.00	3.00	15695.00

图 4 - 15　工资分钱清单

如果是银行代发工资，则不需要查询工资分钱清单。

（二）银行代发

目前多数单位都采用银行代发的方式支付工资。银行代发工资需要事先为每个员工办理一张代发银行的银行卡，然后在支付工资时按银行指定的文件格式向银行提供工资数据。各银行要求的文件格式是不相同的，但均可执行"业务工作"→"人力资源"→"薪资管理"→"业务处理"→"银行代发"的操作程序，并在"银行文件格式设置"界面中设置。如图 4 - 16 所示。

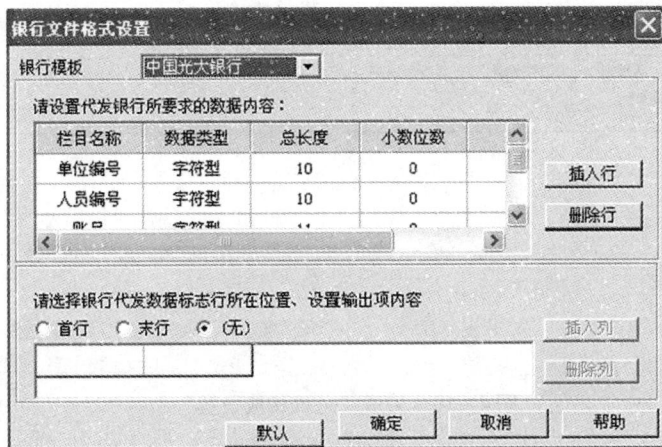

图4-16　"银行文件格式设置"界面

八、分摊工资费用

工资费用是成本费用的重要内容，是计算损益的重要组成部分。因此每月应按用途将工资费用分摊至各项成本费用，并计算工资总额及根据工资总额计提各项工资附加。

（一）设置工资分摊类型

工资分摊类型是指根据哪个工资项目的数据分摊至成本费用。实务中一般都是按"应付工资"项目分摊。

具体操作步骤为：

选择"业务工作"→"人力资源"→"薪资管理"→"业务处理"→"工资分摊"命令，在"工资分摊"界面中选择"工资分摊设置"选项，根据设置向导一步步完成工资分摊类型的设置。如图4-17和图4-18所示。

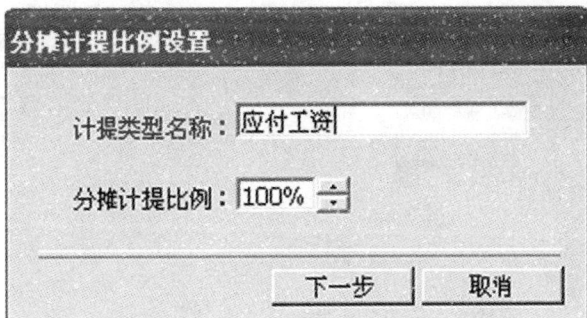

图4-17　"工资分摊比例设置"界面

（二）工资分摊

此时的工资分摊是指把已设置好的工资数据分摊到各成本费用，并生成记账凭证，该功能仍然在"工资分摊"界面中操作。如图4-19所示。

确定工资分摊后，系统将生成"应付工资一览表"，如图4-20所示。

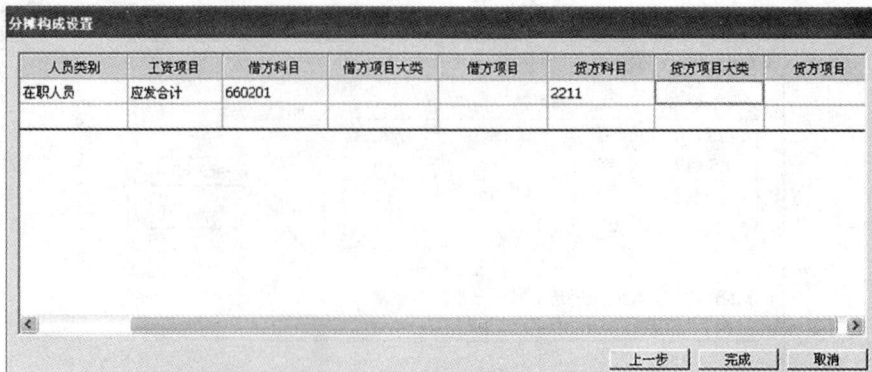

图4-18 工资"分摊构成设置"

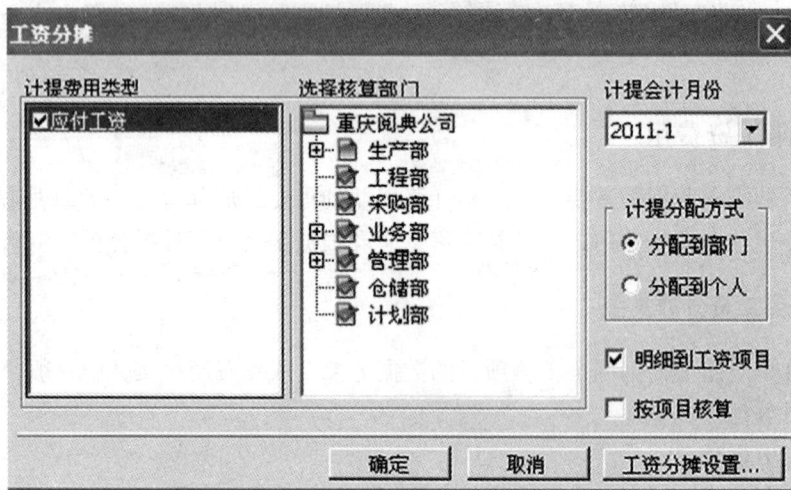

图4-19 工资费用分摊

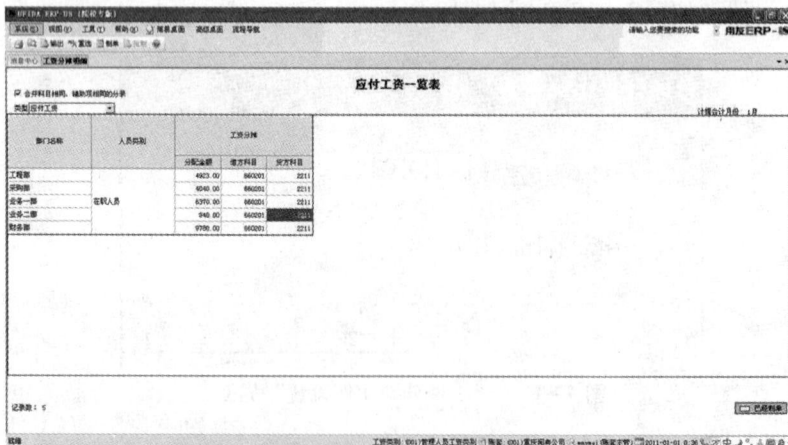

图4-20 应付工资一览表

单击该界面工具栏的"制单"按钮,即可生成工资分摊的记账凭证,如图4-21所示。

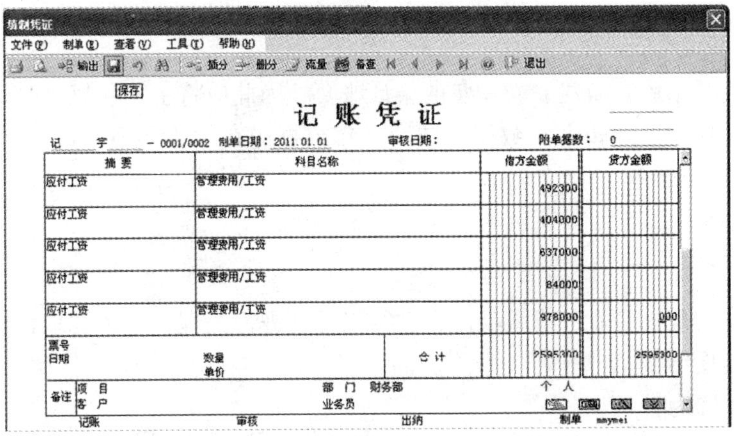

图 4 - 21　工资凭证预览

九、月末处理

(一) 月末结转

月末处理是将当月数据经过处理后结转至下月。每月工资数据处理完毕后均可进行月末结转。

如果当月的工资项目数据与上月一致，则可直接利用上月结转来的数据，不用再录入。但有的工资项目如病假天数、事假天数等每月都是不一样的，所以每月进行工资处理时，均需将该项目的数据清为零，再录入当月的数据。这类项目就是清零的项目。

由于系统中的工资处理是按工资类别进行的，因此月末结转也应按类别结转。在月末结转前应先打开某一工资类别，再做月末处理。

具体操作步骤为：

选择"业务工作"→"人力资源"→"薪资管理"→"业务处理"→"工资分摊"命令，打开月末处理界面，如图 4 - 22 所示。

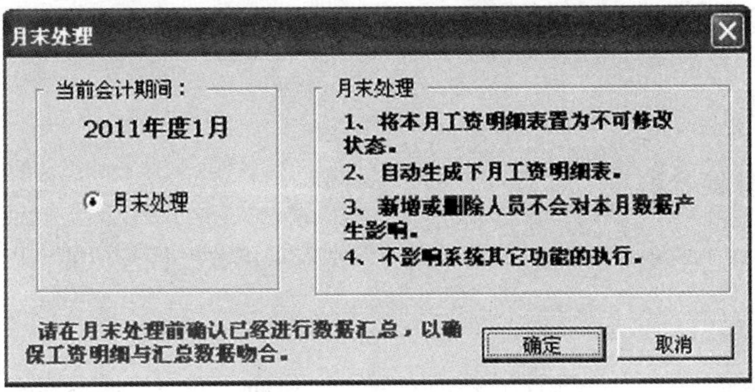

图 4 - 22　工资月末处理

只有主管人员才能执行月末处理的功能；若本月工资数据未汇总，系统不允许进行月末结转；月末结转只有在每个会计年度的 1 - 11 月进行；进行月末处理后，当月数据将不再允许变动。

（二）结转上年数据

新会计年度开始后，需建立新一年的会计账套，因此应将上一年度处理后的工资数据结转至本年度，这就是结转上年数据。结转上年数据应在"系统管理"→"年度账"菜单下操作。

十、反结账

结账后，若发现一些业务或事项需在已结账月度进行处理，则需要取消结账，返回已结账月，这就是反结账。

具体操作步骤为：

选择"业务工作"→"人力资源"→"薪资管理"→"业务处理"→"反结账"命令，打开"反结账"界面，如图 4-23 所示。

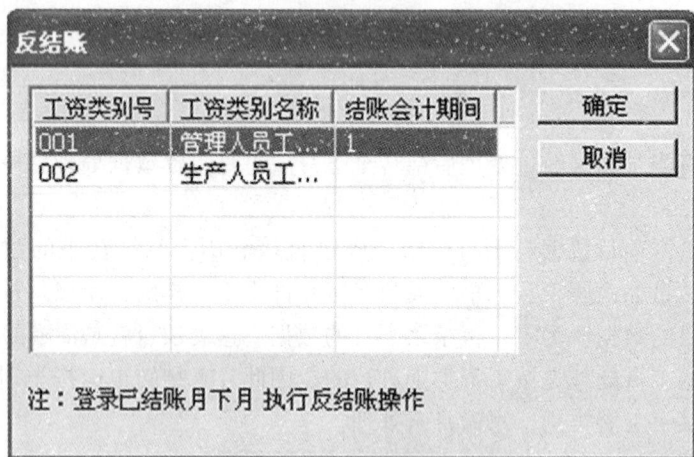

图 4-23　"反结账"界面

反结账只能由账套主管执行；执行反结账之前应关闭工资类别；只有登录已结账月的下月，才能执行反结账。

【拓展学习】

一、工资数据替换

如果要对某一工资项目的数据做统一变动，则应采用数据替换功能，以提高数据处理的效率。

具体操作步骤为：

在"工资变动"界面，单击工具栏的"替换"按钮，在"工资项数据替换"界面中选择所要替换的项目并设置替换条件。如图 4-24 所示。

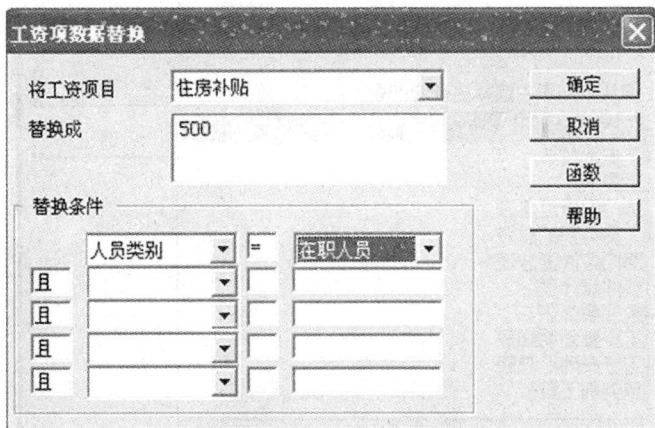

图 4 - 24　工资项数据替换

二、人事与薪资接口

人员入职、人事变动、人员离职时可同时处理员工薪资业务，包括工资基本情况的工资项目调整、薪资人员档案的人员增加、薪资人员的调出等。

如果人员入职、离职及人员变动等业务涉及薪资的处理，则人事系统在处理后会自动通知薪资系统。当薪资操作员打开薪资系统时，系统将自动弹出业务处理通知界面，操作员可进行删除或处理。

三、工资统计分析

工资数据处理结果最终以工资报表的形式反映，用户可查询、打印系统预置的各类工资报表，也可根据需要自行修改、设计工资报表。

（一）工资表与工资分析表

系统预置的工资表包括工资发放签名表、工资发放条、工资卡、部门工资汇总表和人员类别工资汇总表等。此类工资表主要用于工资的发放和统计，用户可进行修改和重建。

具体操作步骤为：

选择"业务工作"→"人力资源"→"薪资管理"→"统计分析"→"账表"→"工资表"命令，在"工资表"界面中选择需要查询或打印的工资报表。"工资表"界面如图 4 - 25 所示。

工资分析表是以工资数据为基础，对部门、人员类别的工资数据进行分析和比较，产生各种分析表，供用户使用。

（二）打印工资单

工资单的打印方式有"连打"和"套打"两种。"连打"是指所有员工的工资信息以工资条的形式连续打印在一张纸上，如图 4 - 26 所示。

连续打印工资单的方式方便、快捷，但由于所有员工的工资信息一并显示，故不利于工资信息的保密。

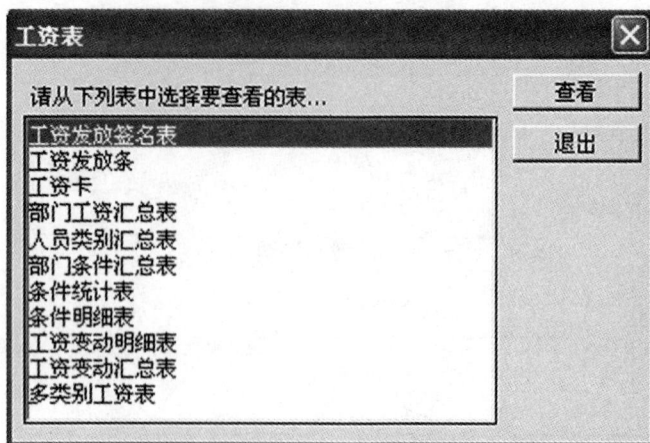

图 4-25 "工资表"界面

图 4-26 工资单连打预览

如果需对工资信息保密，则可采用"套打"的方式。"套打"是指利用多层复印纸印制的密封工资袋打印工资信息的方式。在这种方式下，每个员工的工资信息是封装在信封中的，旁人无从查看。系统预置有套打方案，用户也可根据需要自行设计套打方案。系统预置套打工资单预览图如图 4-27 所示。

图 4-27 工资单套打预览

（三）工资维护

工资系统维护包括人员调动信息、人员信息复制、数据接口管理和导入卡号等功能。"人员调动"功能可实现人员在不同工资类别之间调入调出；"人员信息复制"功能可将某类工资类别的工资数据复制到另一具有相同人员结构的工资类别中；"数据接口管理"功能可将某些工资数据从外部系统导入薪酬管理系统，如可将员工的出勤、缺勤记录从考勤系统导入薪酬管理系统；"导入卡号"功能可实现将代发工资银行已有的银行代发文件中的工资卡号导入薪酬管理系统。

典型工作任务

◎处理固定资产的增减变动。

◎计算并分配折旧费用。

职业能力目标

◎会设置固定资产管理参数。

◎能处理固定资产增减变动的卡片并生成凭证。

◎会计算和分配折旧费用并生成凭证。

◎会查询、打印固定资产各类账表。

学习情境五　固定资产管理

【情境引例】

重庆阅典计算机有限公司是一家集电脑及其周边产品生产、销售为一体的工业企业，会计核算采用新会计制度科目，于 2011 年 1 月 1 日开始实施会计信息化，同日启用固定资产系统。

一、建立固定资产账套

主要折旧方法为平均年限法；

折旧分配周期为 1 个月；

资产类别编码要求为：2 - 1 - 1 - 2；

自动编号（类别编号 + 序号，序号长度 3 位）；

与总账系统进行对账科目　1601 固定资产　1602 累计折旧；

对账不符不结账。

二、基础设置

（一）选项修改

"业务发生后立即制单""月末结账前一定要完成制单登账业务""设置缺省科目"。

（二）固定资产类别

01 房屋建筑物；

02 专用设备；

03 交通设备；

04 办公设备。

（三）使用状况

默认系统设置。

（四）增减类别

默认系统设置。

（五）部门档案及对应折旧科目

部门档案参见学习情境一——会计信息化实施，并据此正确设置各部门对应折旧科目。

三、期初原始卡片

重庆阅典计算机有限公司固定资产期初明细见表5-1。

表5-1 固定资产期初明细

名称	类别	规格	部门	存放地点	使用年限/年	开用日期	原值	累计折旧	残值率/%
办公楼	01	2 000平方米	多部门	—	30	2005-10-01	730 000	71 276.39	5
小型机	02	8-S5Y	生产一部	生产一部	5	2007-01-01	100 000	17 783.33	3
程控交换机	02	IBM	生产二部	生产二部	4	2008-06-01	20 000	2 425	3
奥迪车	03	ST2000	总经办	总经办	10	2006-01-01	250 000	69 270.83	5
电脑	04	联想	采购部	采购部	4	2008-05-01	9 000	1 273.13	3
电脑	04	联想	财务部	财务部	4	2007-06-01	13 000	4 728.75	3
电脑	04	联想	业务部	业务部	4	2008-01-01	13 000	2 889.79	3
电脑	04	HP(6台)	生产二部	生产二部	4	2008-01-01	75 408	16 762.57	3
电脑	04	HP(4台)	生产一部	生产一部	4	2008-01-01	50 272	11 175.05	3
合计							1 260 680	197 584.84	

注：（1）原始卡片增加方式均为直接购入的方式，使用状况均为在用，均采用"平均年限法（一）"。

（2）办公楼各部门的使用比例为：管理部10%，财务部10%，业务部10%，生产一部40%，生产二部30%。

四、日常业务

（1）1月28日，购惠普传真机一台，价值2 852元，管理部使用，使用年限5年，净残值率10%，平均年限法。

（2）1月29日，购进笔记本电脑一台，价值为18 886元，型号为SY50，属于专用设备，开发一部使用，使用年限4年，净残值率5%，平均年限法。

（3）1月29日，将奥迪车出售，收回7.8万元，支票结算，并生成凭证。

五、计提折旧

计提折旧并查询原值及累计折旧一览表。

六、期末结账

【知识准备】

一、固定资产管理系统的主要功能

固定资产是企业经营必要的物质基础，固定资产核算的准确及时既关系到企业资产的安全完整，又涉及成本费用的准确及时，因此，固定资产的核算和管理是企业财务核算和管理的重要内容。

固定资产管理系统可以完成固定资产日常业务的核算和管理，生成固定资产卡片，按月反映固定资产的增加、减少、原值变动及其他变动，并输出相应的增减变动明细账，按月自动计提折旧，生成折旧分配凭证，同时输出与固定资产管理相关的报表和账簿。

二、固定资产管理系统的数据关系

固定资产管理系统中资产的增加、减少、计提折旧、固定资产减值等数据不仅记录在本系统，还要生成凭证传递至总账系统，同时固定资产明细账又要与总账核对平衡。财务报表系统也可以通过相应的取数函数从固定资产系统中提取分析数据。本系统的数据关系如图 5 - 1 所示。

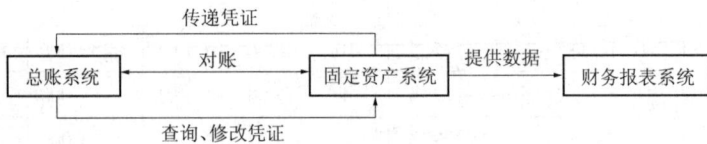

图 5 - 1　固定资产管理系统数据关系

【业务操作流程】

固定资产管理系统的业务操作流程如图 5 - 2 所示。

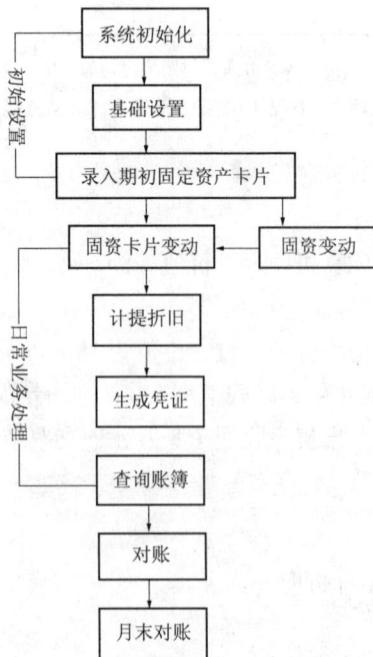

图 5 - 2　固定资产管理系统流程

【职业判断与业务操作】

一、建立固定资产子账套

（一）启用固定资产系统

固定资产系统启用的方式有以下两种：

（1）在安装软件时，根据系统提示立即启用；

（2）软件安装好后，登录企业应用平台，在"基础设置"→"系统启用"下启用。子系统启用时间不得小于已结账的总账时间。

（二）建立固定资产子账套

固定资产子账套不同于核算账套，它是专门为设置固定资产控制参数、管理固定资产数据而建立的账套。建立固定资产子账套的过程是固定资产子账套参数设置的过程，主要包括约定与说明、启用月份、折旧信息、编码方式、账务接口。

具体操作步骤为：

（1）选择"基础设置"→"业务参数"→"财务会计"→"固定资产"命令，系统弹出初始化信息提示，如图5-3所示。

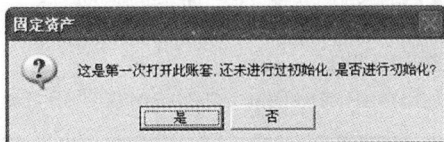

图5-3　固定资产初始化信息提示

（2）确定后，进入初始化设置向导，如图5-4所示。

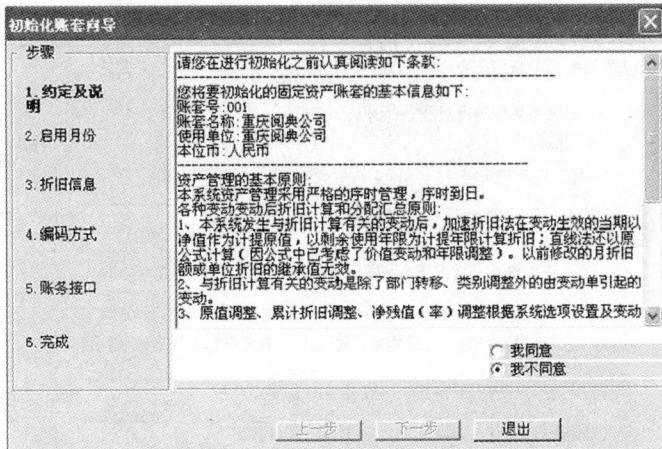

图5-4　固定资产初始化向导

（3）按向导提示逐项完成各参数设置。

初始化设置完成后，有些参数不能修改。如果发现参数有误，且需改正，则可在固定资产系统中的维护选项下选择"重新初始化账套"，重新进行固定资产账套的初始化设置。

二、基础设置

(一) 设置选项

除在初始化向导中设置参数外,其余参数可在"选项"中设置,有些在初始化向导中已设置但可修改的参数也可在"选项"下修改。可以在"选项"中设置或修改的参数有:折旧信息、与账务系统接口、编码方式、其他。一般需要补充设置或修改的参数主要是折旧信息和与账务系统接口两类。这两类的具体参数如图5-5和图5-6所示。

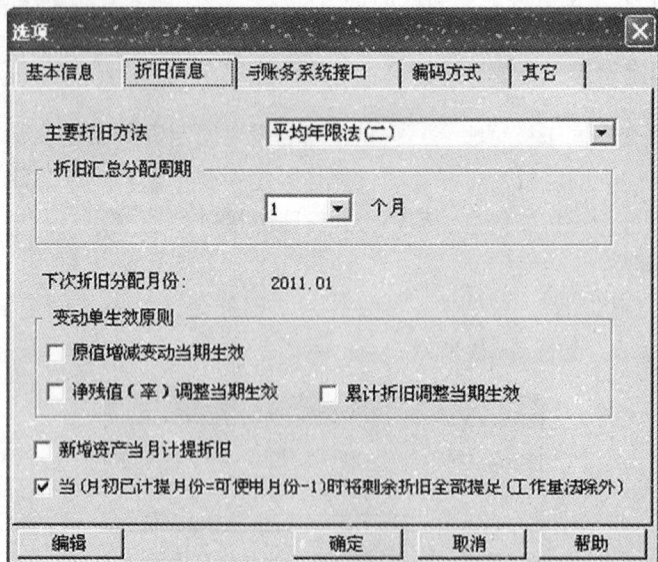

图5-5 折旧信息参数

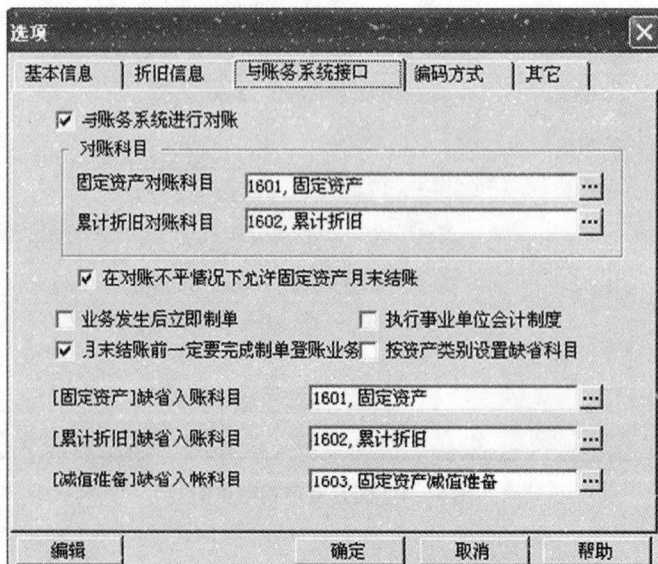

图5-6 与账务系统接口参数

具体操作步骤为:

选择"业务工作"→"财务会计"→"固定资产"→"设置"→"选项"。

(二) 设置资产类别

企业的固定资产种类多、数量大、存放地点分散、用途各异,给固定资产的管理带来了一定的难度。在现实中,很多中小企业的固定资产管理是比较混乱的。如果要管理好固定资产,必须先对其进行科学合理的分类。在固定资产系统中,固定资产也是按照资产类别进行管理的。在实务中,固定资产常见的分类标志是用途和资产形态。

具体操作步骤为:

选择"业务工作"→"财务会计"→"固定资产"→"设置"→"资产类别"命令,打开在"资产类别"设置界面,如图5-7所示。

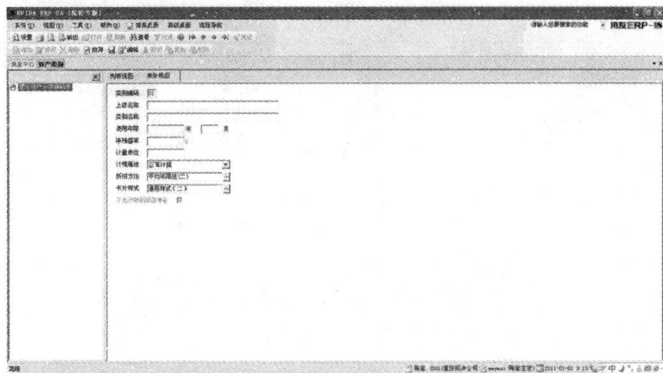

图5-7　资产类别设置

资产类别设置界面中,蓝色字体的项目不能为空,必须录入或选择。

(三) 设置增减方式

增减方式包括增加和减少两类方式。不同的增减方式在生成凭证时对应的会计科目不同,因此,应设置各增减方式对应的会计科目。

具体操作步骤为:

(1) 选择"业务工作"→"财务会计"→"固定资产"→"设置"→"增减方式"命令,打开"增减方式"界面,在此可设置增减方式。

(2) 选中某一具体的增加或减少的方式,可设置"对应入账科目",如图5-8所示。

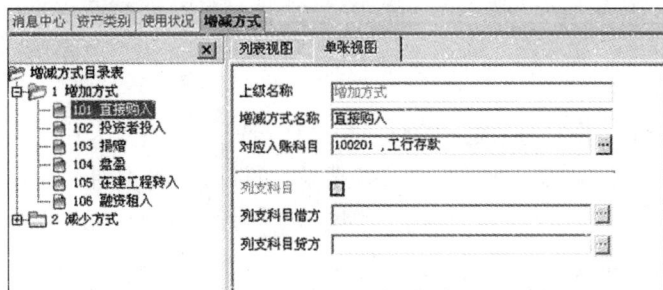

图5-8　固定资产增减方式

（四）设置部门对应折旧科目

部门对应折旧科目是指该部门的折旧费用的入账科目。如果在基础设置时已对此进行设置，则在录入固定资产卡片时，系统自动按部门把折旧费用科目导入卡片中，不需逐一录入。

如果对上级部门设置了应记的折旧费用科目，下级部门则自动继承上级部门的设置。

具体操作步骤为：

选择"业务工作"→"财务会计"→"固定资产"→"设置"→"部门对应折旧科目"命令，打开"对应折旧科目"界面，如图5－9所示。

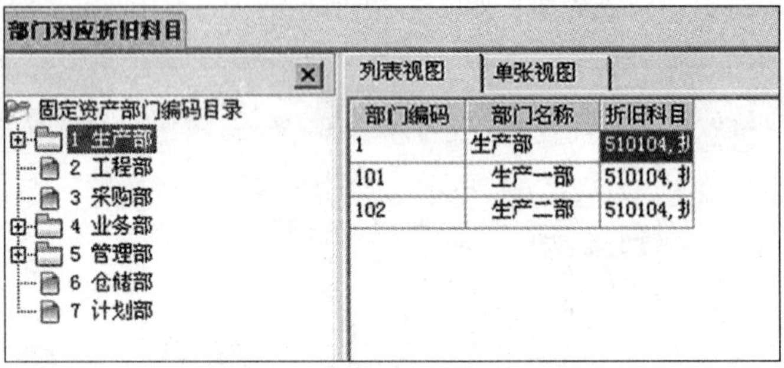

图5－9 部门对应折旧科目

（五）定义折旧方法

设置折旧方法是系统自动计算折旧的基础。系统预置了常用的七种折旧方法：不计提折旧、平均年限法（一）、平均年限法（二）、工作量法、年数总和法、双倍余额递减法（一）、双倍余额递减法（二），并列出了相应的计算公式。预置的折旧方法只能查询和选用，不能修改和删除。用户还可根据自身的需要，自行定义折旧方法。

具体操作步骤为：

选择"业务工作"→"财务会计"→"固定资产"→"设置"→"折旧方法"命令，即可进行折旧计算方法自定义设置。

（六）录入原始卡片

固定资产卡片是记录每项固定资产原始数据的"载体"，是固定资产核算和管理的基础数据。为保持数据的连续性，必须将建账时已存在的固定资产数据输入到系统中。

具体操作步骤为：

（1）选择"业务工作"→"财务会计"→"固定资产"→"卡片"→"录入原始卡片"命令，在"固定资产类别档案"界面中选中所要录入的固定资产类别，如图5－10所示。

（2）在"固定资产卡片"界面中录入固定资产的相关信息，如图5－11所示。

录入的卡片可以通过执行"业务工作"→"财务会计"→"固定资产"→"卡片"→"卡片管理"命令进行查看。卡片未使用前可以修改。

录入固定资产卡片后，应执行"业务工作"→"财务会计"→"固定资产"→"处理"→"对账"命令，将固定资产系统中的固定资产及累计折旧的期初余额与总账系统

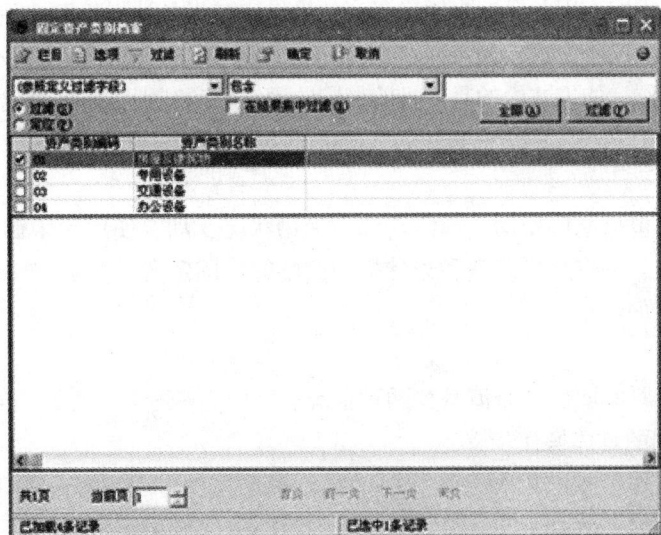

图 5 – 10 固定资产类别档案

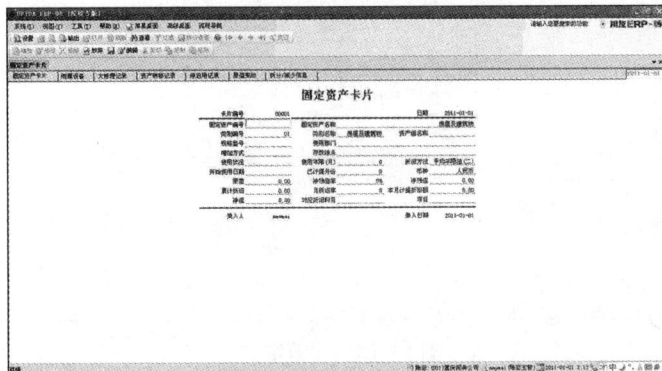

图 5 – 11 固定资产卡片

中固定资产及累计折旧的期初余额核对，以检查录入数据的正确性。

三、固定资产业务处理

（一）增加固定资产

在日常业务中，企业可能会因购入或其他原因增加固定资产。固定资产增加需要录入一张新的固定资产卡片。

具体操作步骤为：

选择"业务工作"→"财务会计"→"固定资产"→"卡片"→"资产增加"命令，打开固定资产卡片，录入新增固定资产信息保存。

新增固定资产卡片的录入方法与原始卡片的录入方法相同。

（二）减少固定资产

减少固定资产的原因有出售、毁损和盘亏等，其会导致固定资产退出企业。由于当月减少的固定资产照提折旧，因此，减少固定资产的操作应在当月计提折旧之后。系统提供单项减少和批量减少两种操作方式。如果减少的固定资产只有一项或者是几项不同的固定资产，则选择单项减少操作；如果减少的是成批的相同的固定资产，则选择批量减少操作。

（三）变动固定资产

固定资产变动包括原值变动、部门转移、使用状况变动、使用年限调整、折旧方法调整、净残值率调整、工作总量调整和累计折旧调整等。固定资产变动需要录入相应的"变动单"来记录调整的结果。

1. 变动原值

原值变动包括原值增加和原值减少两种情况。

（1）原值增加的具体操作步骤为：

选择"业务工作"→"财务会计"→"固定资产"→"变动单"→"原值增加"命令，打开"原值增加"界面，录入变动信息。如图 5-12 所示。

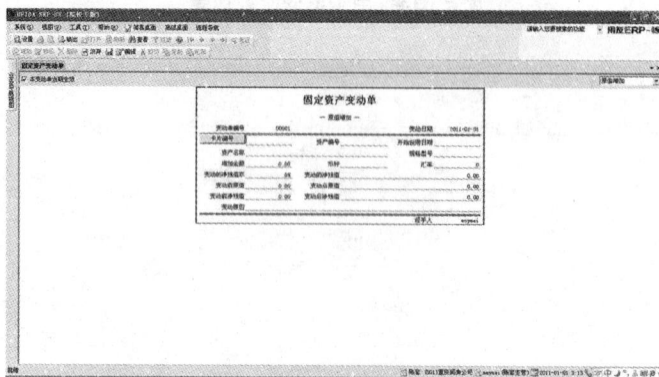

图 5-12　原值增加

变动单不能修改，只能在当月删除重做；若选中"本变动单当期生效"，则该变动单在本月计提折旧时生效，若未选该选项，则该变动单在下月生效。

（2）原值减少的处理同原值增加处理类似。

2. 调转部门

调转部门是指固定资产由一个使用部门调到另一个使用部门。由于固定资产折旧是根据使用部门和用途计算的，因此，固定资产的调转会影响到固定资产的折旧，需要进行相应的处理。

具体操作步骤为：

选择"业务工作"→"财务会计"→"固定资产"→"变动单"→"部门转移"命令，打开"部门转移"界面，修改调整使用部门即可。

3. 计提减值

企业应当在期末对固定资产逐项进行检查，如果发现可收回金额低于账面价值的，应当计提固定资产减值准备。

具体操作步骤为：

选择"业务工作"→"财务会计"→"固定资产"→"变动单"→"计提减值准备"命令，进入"计提减值准备"操作界面，完成操作。

（四）计提折旧

计提折旧是固定资产系统的主要功能之一。该功能可以对各项资产每期计提一次折旧，自动生成折旧分配表，并自动生成计提折旧的记账凭证，将折旧费用登记入账。

1. 输入本期工作量

如果有采用工作量法计提折旧的资产，则在计提折旧前应录入本期工作量。

选择“业务工作”→“财务会计”→“固定资产”→“处理”→“工作量输入”命令，打开“工作量输入”界面，完成折旧计提期的固定资产工作量录入。如果没有采用工作量法计提折旧的资产，则不需输入工作量。

2. 计提本月折旧

具体操作步骤为：

（1）执行“业务工作”→“财务会计”→“固定资产”→“处理”→“计提本月折旧”命令，进入“计提本月折旧”操作界面。系统提供“折旧清单”，可以查看，也可不查看。

（2）关闭折旧清单后，系统打开“折旧分配表”，如图5－13所示。

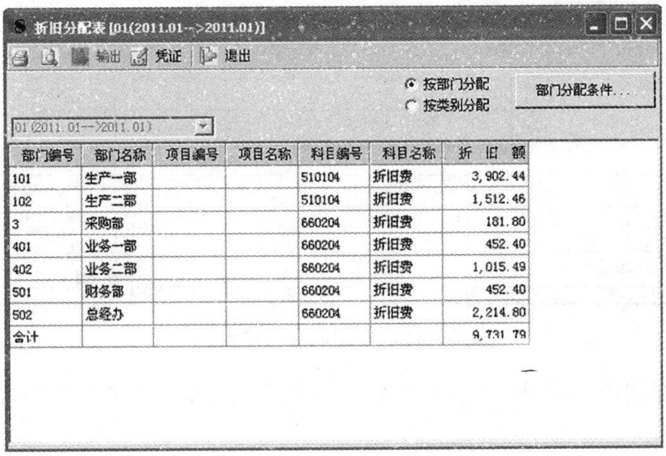

部门编号	部门名称	项目编号	项目名称	科目编号	科目名称	折旧额
101	生产一部			510104	折旧费	3,902.44
102	生产二部			510104	折旧费	1,512.46
3	采购部			660204	折旧费	181.80
401	业务一部			660204	折旧费	452.40
402	业务二部			660204	折旧费	1,015.49
501	财务部			660204	折旧费	452.40
502	总经办			660204	折旧费	2,214.80
合计						9,731.79

图5－13　折旧分配表

（3）单击“凭证”按钮，系统自动生成记账凭证，如图5－14所示。

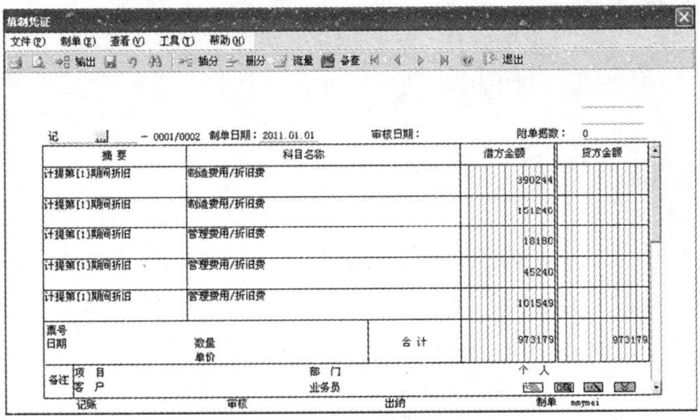

图5－14　计提折旧记账凭证

在一个期间内可以多次计提折旧，每次计提折旧后，只是将计提的折旧累加到月初的累计折旧上，不会将本月计提的折旧重复相加；若本月已计提折旧并生成凭证传递至总账系统，则必须将该凭证删除后才能重新计提折旧；若计提折旧后又进行了影响折旧分配计算的操作，则必须重新计提折旧，否则不允许结账。

（五）制单处理

固资增加、固资减少、原值变动、累计折旧调整、减值准备调整和折旧费用分配等业务不仅需要在固定资产系统中进行业务数据的处理，还需根据业务数据生成记账凭证传递至总账系统。本系统生成凭证的方式有两种：立即制单和批量制单。

1. 立即制单

立即制单是指在相关业务数据处理完后，系统自动调出一部分不完整的记账凭证由用户补充完成，如图5-15所示。

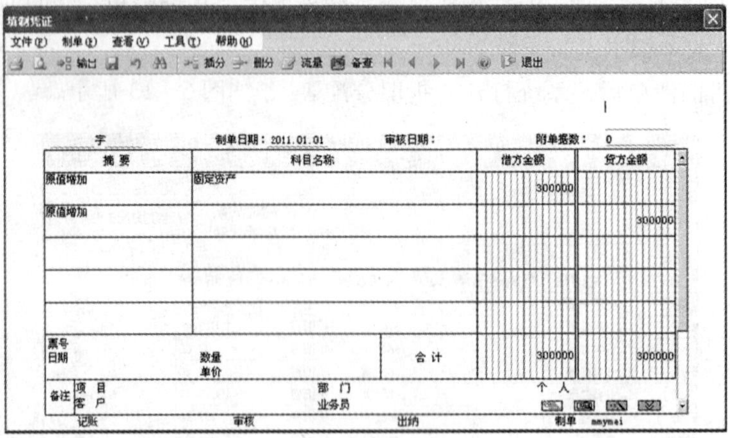

图5-15　立即制单生成凭证

要执行"立即制单"功能，需在"选项"设置下选择"业务发生后立即制单"参数。

2. 批量制单

用户可以每处理一笔业务数据，即生成一张凭证，也可以待所有业务数据处理完后，一并生成全部凭证，后者就是"批量制单"。

具体操作步骤为：

执行"业务工作"→"财务会计"→"固定资产"→"处理"→"批量制单"命令，可查看已进行数据处理应制单但未制单的业务，选择需要制单的业务，进行批量或汇总制单。

3. 查询、修改与删除凭证

具体操作步骤为：

执行"业务工作"→"财务会计"→"固定资产"→"处理"→"凭证查询"命令，可查询凭证，如图5-16所示。

在凭证查询界面，可修改、删除和冲销凭证。

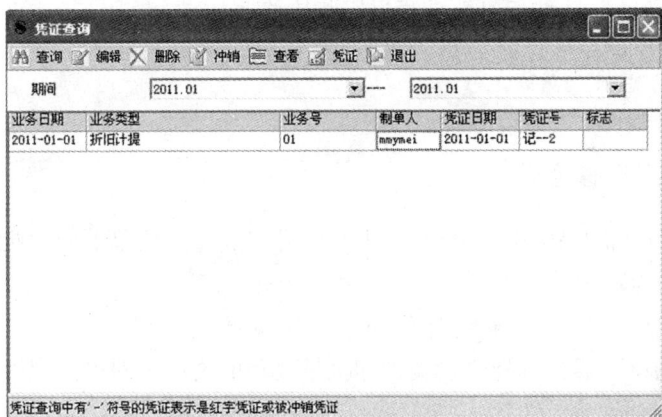

图 5-16　凭证查询

四、账表管理

固定资产系统根据业务数据自动分类及汇总固定资产原值、净值、折旧、使用状况等信息，以账簿和报表为载体，提供给用户。固定资产系统提供的账、表包括账簿、分析表、统计表、折旧表和减值准备表。

具体操作步骤为：

选择"业务工作"→"财务会计"→"固定资产"→"账表"→"我的账表"命令，可查询各种已预置的账表，也可根据需要自行设计账表。

五、期末处理

（一）对账

为保证固定资产系统管理的固定资产价值与总账系统固定资产科目金额的一致性，可执行本系统的"对账"功能。对账的操作不限制时间，任何时间均可进行。系统在月末结账时需自动对账一次，并显示对账结果。

只有固定资产系统初始设置时设置了"与账务系统对账"参数，才能使用"对账"功能。只有总账系统的凭证审核、记账完毕，才能执行对账。

（二）结账

每月月末，固定资产系统处理完本系统全部业务并全部制单后，可进行月末结账。月末结账每月进行一次，系统自动进入下一期间，结账后当期数据不能修改。

具体操作步骤为：

选择"业务工作"→"财务会计"→"固定资产"→"处理"→"月末结账"命令，进入"月末结账"界面，完成结账操作。

（三）反结账

若结账后需对已结账月的业务进行修改或做其他处理，可以执行"处理"菜单下的

"恢复月末结账前状态"功能反结账,再进行相应修改。

【拓展学习】

一、固定资产批量变动

若几项固定资产需要做相同的变动,就可利用"卡片"菜单下的"批量变动"功能。

具体操作步骤为:

执行"业务工作"→"财务会计"→"固定资产"→"卡片"→"批量变动"命令,在"批量变动单"界面选择变动类别和批量变动的资产,即可生成资产变动单。

二、固定资产评估

"固定资产评估"功能是将评估机构评估的数据手工录入系统或以公式定义导入系统。系统提供的可评估的资产内容包括原值、净值、使用年限、工作总量、净残值率等。

具体操作步骤为:

执行"业务工作"→"财务会计"→"固定资产"→"卡片"→"资产评估"命令,在"资产评估"界面选择要评估的项目和要评估的资产,录入评估数据或根据公式生成评估数据,然后生成资产评估单。

三、重新初始化固定资产账套

初始化设置完成后,有些参数不能修改,因此在设置时必须慎重。如果设置错误,只能重新初始化。

具体操作步骤为:

选择"业务工作"→"财务会计"→"固定资产"→"维护"→"重新初始化账套"命令,打开重新初始化操作向导,按向导提示完成重新初始化固定资产账套操作。

典型工作任务

◎初始化采购管理系统。

◎初始化应付管理系统。

◎初始化库存管理系统。

◎初始化存货管理系统。

◎处理采购日常业务。

◎处理采购核算业务。

◎完成采购与应付、库存、存货月末结账。

职业能力目标

◎了解采购与应付、库存、存货系统的主要功能和数据关系。

◎会初始化采购与应付、库存、存货系统。

◎能处理采购日常业务。

◎会核算采购业务。

◎会操作采购与应付、库存、存货月末结账。

学习情境六　采购与应付、库存、存货业务处理

【情境引例】

重庆阅典计算机有限公司是一家集电脑及其周边产品生产、销售为一体的工业企业，会计核算采用新会计制度科目，于2011年1月1日开始实施会计信息化，同日启用供应链管理和往来管理。

一、建立账套

账套参数参见并沿用学习情境一——企业会计信息化实施的情境引例。

二、基础设置

（一）主要基础档案

参见并沿用学习情境一——企业会计信息化实施的情境引例。

（二）补充基础设置

1. 设置编码方案

科目编码方案4222；

客户分类和供应商分类的编码方案为2；

部门编码的方案为12；

存货分类的编码方案为2233；

收发类别的编码级次为11；

结算方式的编码方案为12；

其他编码项目保持不变。

2. 设置仓库档案（见表6-1）

表6-1 仓库档案

仓库编码	仓库名称	计价方式
001	产成品仓库	全月平均
002	半成品仓库	全月平均
003	外购品仓库	移动平均
004	原材料仓库	移动平均

3. 设置收发类别（见表6-2）

表6-2 收发类别

收/发	类别编码	类别名称
收	1	正常入库
	11	采购入库
	12	半成品入库
	13	产成品入库
	14	调拨入库
	2	非正常入库
	21	盘盈入库
	22	其他入库
发	6	正常出库
	61	销售出库
	62	生产领用
	63	调拨出库
	7	非正常出库
	71	盘亏出库
	72	其他出库

4. 设置采购类型

普通采购，入库类别为"采购入库"。

5. 设置销售类型

普通销售、经销、代销，出库类别均为"销售出库"。

6. 设置对应入账科目

1) 存货科目（见表6-3）

表6-3 存货分类对应科目

存货分类	对应科目
原材料	原材料

续表

存货分类	对应科目
半成品	自制半成品
产成品	库存商品
外购商品	库存商品

2）存货收发类别对方科目（见表6-4）

表6-4　存货收发类别对方科目

收发类别	对应科目	暂估科目
采购入库	材料采购（1401）	材料采购（1401）
产成品入库	生产成本（5001）	
盘盈入库	待处理流动财产损溢（190101）	
销售出库	主营业务成本（6401）	
生产领用	生产成本（5001）	

3）应收系统中的常用科目

设置基本科目、结算方式科目。

调整应收系统的选项：将坏账处理方式设置为"应收余额百分比法"。

设置坏账准备期初：设置坏账准备科目，期初余额为10 000元，提取比率为0.5%。

4）应付系统中的常用科目

设置基本科目和结算方式科目。

三、录入期初数据

（一）部分总账系统各科目的期初余额（见表6-5）

表6-5　部分总账科目期初余额

科目编码	科目名称	方向	期初余额
1122	应收账款	借	25 000
1231	坏账准备	贷	10 000
1401	材料采购	借	80 000
1403	原材料	借	1 050
1409	自制半成品	借	523 000
1405	库存商品	借	1 596 200
2202	应付账款	贷	5 000
4001	实收资本	贷	2 210 250

说明：应收账款的单位为华宏公司，以应收单录入应收款系统；应付账款的单位为兴华公司，以应付单录入应付款系统。

（二）期初货到票未到数的录入

2010 年 12 月 25 日，收到兴华公司提供的硬盘 100 盒，单价为 800 元/盒，商品已验收入原料仓库，至今尚未收到发票。

（三）期初发货单的录入

2010 年 12 月 28 日，业务一部向昌新贸易公司出售电脑（P3）10 台，报价为 6 500 元/台，由成品仓库发货。该发货单尚未开票。

（四）各仓库期初库存（见表 6-6）

表 6-6　仓库期初结存数据

仓库	存货编码	存货名称	计量单位	数量	结存单价
产成品	0101	电脑（P3）	台	100	3 000
	0102	电脑（P4）	台	150	4 800
半成品	0201	机箱	个	220	1 000
	0202	主机（P3）	台	70	2 500
	0203	主机（P4）	台	40	3 200
外购品	0301	显示器	台	300	500
	0302	鼠标	个	420	20
	0303	键盘	个	480	60
	0304	内存条	条	530	100
	0305	硬盘	个	620	300
	0308	喷墨打印机	台	230	200
	0309	激光打印机	台	180	300
原料库	0401	金属板（1×2M）	片	50	8
	0402	金属板（1×3M）	片	50	13

四、当月主要采购及结算业务

（一）业务一

1 月 1 日，业务员雷磊向建昌公司询问键盘的价格（55 元/只，含税单价），觉得价格合适，随后向公司上级主管提出请购要求，请购数量为 300 只。业务员据此填制订购单。

1 月 2 日，上级主管同意向建昌公司订购键盘 300 只，单价为 55 元，要求到货日期为 2011 年 1 月 3 日。

1 月 3 日，收到所订购的键盘 300 只。填制到货单。

1 月 3 日，将所收到的货物验收入原材料仓库。填制采购入库单。

1 月 3 日，收到该笔货物的专用发票一张。

业务部门将采购发票交给财务部门，财务部门确认此业务所涉及的应付账款及采购成本。

（二）业务二

1月5日，向建昌公司购买鼠标300只，单价为50元/只，验收入原料仓库。同时收到专用发票一张，票号为85011，立即以支票形式支付货款。

（三）业务三

1月6日，向建昌公司购买硬盘200盒，单价为800元/盒，验收入原料仓库。同时收到专用发票一张，票号为85012。另外，在采购的过程中，发生了一笔运输费200元，税率为7%，收到相应的运费发票一张，票号为5678。

（四）业务四

1月5日，业务员雷磊想购买100只鼠标，提出请购要求，经上级主管同意填制并审核请购单。

根据以往的资料得知提供鼠标的供应商有两家，分别为兴华公司和建昌公司，其报价分别为25元/只和30元/只。通过比价，决定向兴华公司订购，要求到货日期为2011年1月6日。

（五）业务五

1月9日，收到兴华公司提供的上月已验收入库的80盒硬盘的专用发票一张，票号为48210，发票单价为820元。

（六）业务六

1月28日，收到兴华公司提供的喷墨打印机100台，入外购品仓库。发票尚未收到。由于到了月底发票仍未收到，故确认该批货物的暂估成本为65 000元。

（七）业务七

1月10日，收到建昌公司提供的显示器，数量202套，单价为1 150元。验收入原料仓库。
1月11日，仓库反映有2台显示器有质量问题，要求退回给供应商。
1月11日，收到建昌公司开具的专用发票一张，其发票号为AS4408。

（八）业务八

1月15日，从建昌公司购入的键盘质量有问题，退回2只，单价为95元，同时收到票号为665218的红字专用发票一张。

五、查询账表

（1）在采购系统中，查询订单执行情况统计表。
（2）在采购系统中，查询到货明细表。
（3）在采购系统中，查询入库统计表。

（4）在采购系统中，查询采购明细表。

（5）在采购系统中，查询供应商催货函。

（6）在采购系统中，查询暂估入库余额表。

（7）在库存系统中，查询库存台账。

（8）在存货系统中，查询收发存汇总表。

六、完成各系统期末业务处理

【知识准备】

一、采购管理系统的主要功能

采购管理系统能够对采购业务的全部流程进行管理，提供请购、采购订货、采购到货、采购入库、采购发票和采购结算的完整采购流程。

采购管理系统具有以下主要功能：

1. 设置功能

录入期初单据并进行期初记账，设置采购管理系统的系统选项。

2. 供应商管理功能

用户可以对供应商资质、供应商供货的准入进行管理，也可以对供应商存货对照表、供应商存货价格表进行设置，并可按照供应商进行相关业务的查询和分析。

3. 业务功能

进行采购业务的日常操作包括请购、采购订货、采购到货、采购入库、采购发票、采购结算等业务，用户可以根据业务需要选用不同的业务单据、定义不同的业务流程，月末进行采购管理系统的结账操作。用户可以查询库存管理系统的现存量，可以使用"远程应用"功能。

4. 报表功能

提供采购统计表、采购账簿、采购分析表等统计分析的报表。

二、应付款管理系统的主要功能

应付款管理系统，通过发票、其他应付单、付款单等单据的录入，对企业的往来账款进行综合管理，及时、准确地提供供应商的往来账款余额资料，提供各种分析报表，帮助用户合理地进行资金的调配，提高资金的利用效率。

应付款管理系统具有以下主要功能：

1. 设置功能

提供系统参数的定义，用户结合企业管理要求进行的参数设置，是整个系统运行的基础；提供单据类型设置、账龄区间设置，为各种应付款业务的日常处理及统计分析做准备；提供期初余额的录入，保证数据的完整性与连续性。

2. 日常处理功能

提供应付单据、付款单据的录入、审核、核销、转账、汇兑损益和制单等处理。

3. 单据查询功能

提供单据查询的功能：各类单据、详细核销信息、报警信息和凭证等内容的查询。

4. 账表管理功能

提供总账表、余额表、明细账等多种账表查询功能；提供应付账龄分析、付款账龄分析和欠款分析等丰富的统计分析功能。

5. 其他处理功能

其他处理提供用户进行远程数据传递的功能；提供用户对核销、转账等处理进行恢复的功能；提供月末结账等处理。

三、库存管理系统的主要功能

库存管理系统能够满足采购入库、销售出库、产成品入库、材料出库、其他出入库和盘点管理等业务需要，提供仓库货位管理、批次管理、保质期管理、出库跟踪入库管理、可用量管理和序列号管理等全面的业务应用。

库存管理系统具有以下主要功能：

1. 初始设置功能

用户进行系统选项、期初结存、期初不合格品及代管消耗规则的维护工作。

2. 日常业务功能

用户进行出入库和库存管理的日常业务操作。

3. 条形码管理功能

用户进行条形码规则设置、规则分配、条形码生成和条形码批量生单等操作。

4. 其他业务处理功能

用户进行 LP 件的库存预留及释放、批次冻结、失效日期维护、在库品报检、远程应用和整理现存量等操作。

5. 对账功能

用户可以进行库存与存货数据核对，以及仓库与货位数据核对。

6. 月末结账功能

用户每月月底进行月末结账操作。

7. ROP 功能

用户进行 ROP 选项设置、ROP 采购计划运算维护及查询 ROP 相关报表。

8. 报表功能

用户可以查询各类报表，包括库存账、批次账、货位账、统计表和储备分析报表。

四、存货核算系统的主要功能

存货核算系统是从资金的角度管理存货的出入库业务，主要用于核算企业的入库成本、出库成本、结余成本；主要针对企业存货的收、发、存业务进行核算，掌握存货的耗用情况，及时准确地把各类存货成本归集到各成本项目和成本对象上，为企业的成本核算提供基础数据。

存货核算系统具有以下主要功能：

1. 初始设置

初始设置：主要对各核算方式、暂估方式等选项进行设置，存货期初数据、科目设置，其他设置。

2. 日常业务

日常业务：主要是存货出入库成本的核算、暂估入库业务、业入库成本的调整等。

3. 业务核算

业务核算：主要是各种单据记账、暂估成本录入、平均单价计算、期末处理及月末结账等功能。

4. 财务核算

财务核算：生成凭证、与总账对账等功能。

5. 跌价准备功能

跌价准备功能：对存货跌价准备进行相关处理。

6. 账表功能

账表功能：查询与存货有关的各种账表。

五、各系统之间的数据关系

采购管理系统、应付款管理系统、库存管理系统和存货核算系统均既可以单独使用，又能与其他系统集成使用，提供完整全面的业务和财务流程处理，以发挥更加强大的应用功能。各系统之间的数据关系如图 6-1 所示。

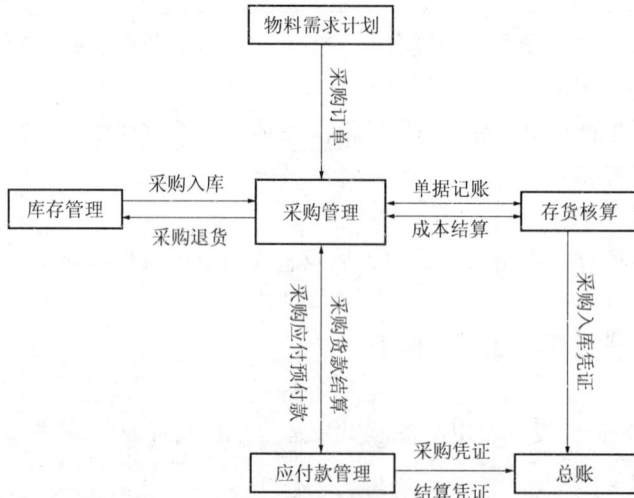

图 6-1 各系统数据关系

1. 采购管理系统与应付款管理系统的数据关系

应付款管理系统与采购管理系统、总账系统的集成使用，可接收在采购系统中所填制的采购发票，进行审核的同时生成相应凭证，并传递至总账系统。

2. 采购管理系统与库存管理系统的数据关系

库存管理系统可以参照采购管理系统的采购订单、采购到货单生成采购入库单，并将入库情况反馈到采购管理系统。而采购管理系统可以参照库存管理系统的采购入库单生成发票。

3. 采购管理系统与存货核算系统的数据关系

存货核算系统与采购管理系统集成使用时，设置存货暂估入库的成本处理方式包括：月初回冲、单到回冲、单到补差。采购入库单由采购系统生成，存货核算系统可修改采购入库单的单价和金额，对采购入库单进行记账。采购入库时，如果当时没有入库成本，采购系统可对所购存货暂估入库,报销时,存货核算系统可根据用户所选暂估处理方式进行不同处理。

【业务操作流程】

各系统基本的业务操作流程大致相同,主要按以下流程开展:

(1) 进行初始化设置;

(2) 在初始化完成基础上,开展日常业务的处理,包括业务单据处理和财务核算;

(3) 查询打印各类单据账表;

(4) 进行期末业务处理。

各系统业务操作流程如图6-2~图6-5所示。

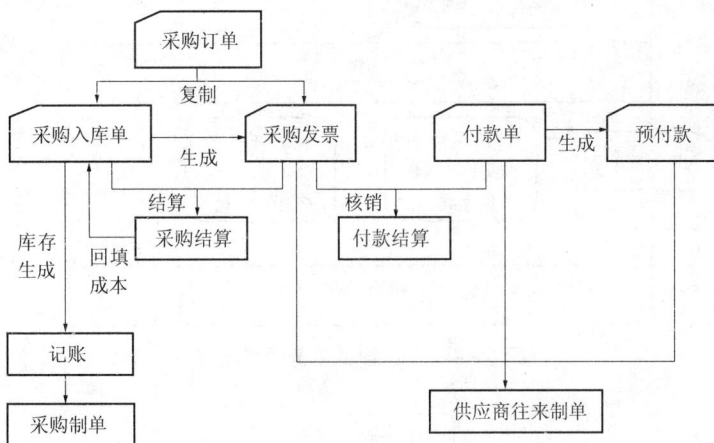

图6-2 采购业务操作流程

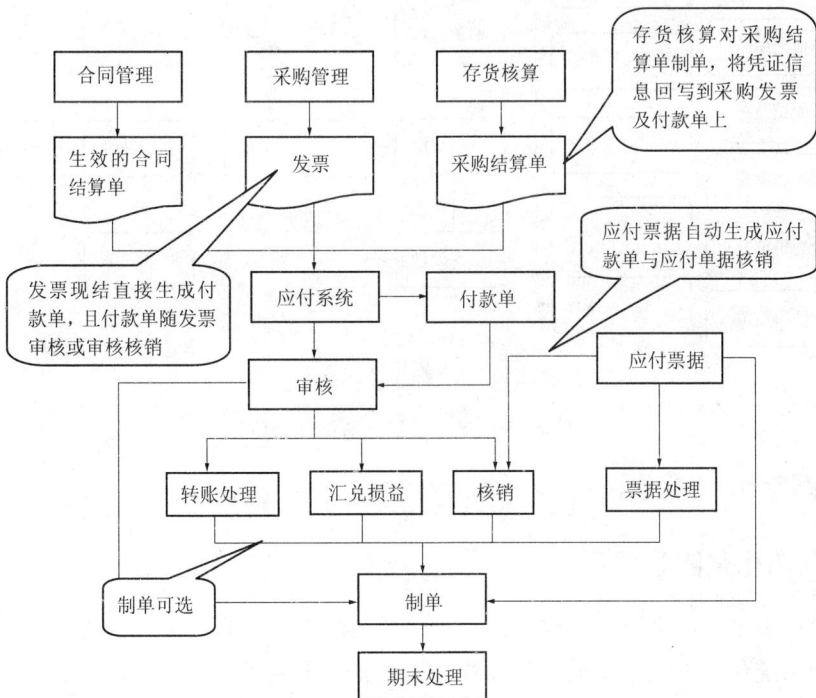

图6-3 应付款管理业务操作流程

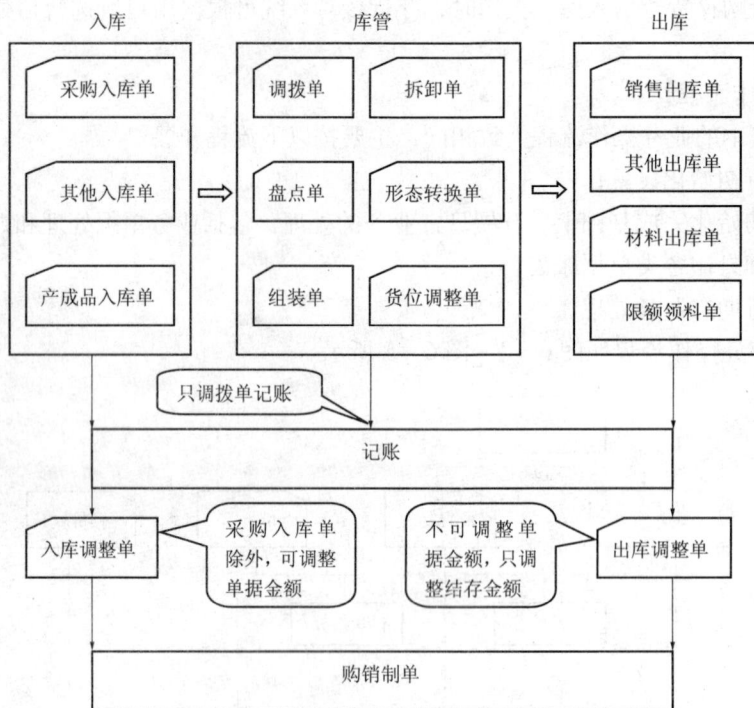

图 6 - 4　库存管理业务操作流程

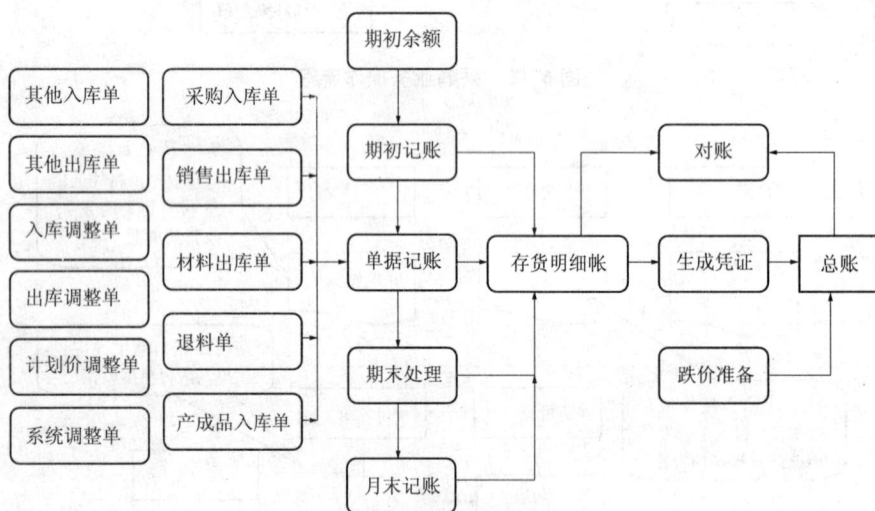

图 6 - 5　存货核算业务操作流程

【职业判断与业务操作】

一、初始化采购管理系统

初始化设置是使用系统的前提条件，直接关系到系统的日后使用和业务点控制。初始化采购管理系统包括设置采购选项、设置仓库档案与采购类型、录入期初数据等内容。

（一）设置采购选项

系统选项也称系统参数、业务处理控制参数，是指在企业业务处理过程中所使用的各种控制参数，系统参数的设置将决定用户使用系统的业务流程、业务模式和数据流向。

采购管理系统中的采购选项包括业务及权限控制选项、公共及参照控制选项、采购预警和报警选项。

注意：有些选项在日常业务开始后不能随意更改，该选项设置将对采购管理的所有操作员和客户端的操作生效，故要慎重设定或修改。

具体操作步骤为：

在"基础设置"中，选择"业务参数"→"供应链"→"采购管理"命令，将弹出"采购选择设置"界面，如图6-6所示。设置完成后，单击"确定"按钮保存设置。

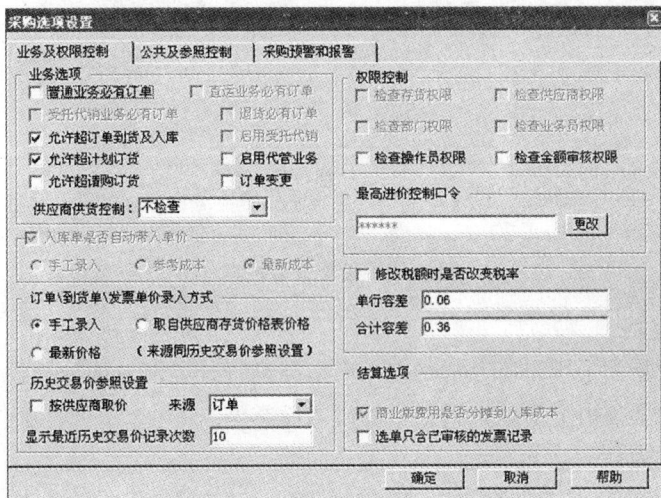

图6-6 采购选项设置—业务及权限控制

1. 业务及权限控制

（1）业务选项：业务选项包括各种订单业务（普通业务、直运业务、受托代销业务、退货业务、代管业务等）设置、订单变更设置、供应商供货控制设置等，勾选表示必有订单。

（2）价格选项：价格选项包括入库单是否自动带入单价、订单\到货单\发票单价录入方式、历史交易价参照设置和最高进价控制设置等。

（3）结算选项：结算选项包括商业版费用是否分摊到入库成本、选单只含已审核的发票记录。

（4）权限控制：权限控制包括检查存货权限、检查供应商权限、检查部门权限、检查业务员权限、检查操作员权限和检查金额审核权限。

2. 公共及参照控制

（1）系统启用：本系统启用的会计月、启用日期：根据采购管理系统的启用月和会计月的第一日带入，不可修改。

（2）公共选项：公共选项包括浮动换算率的计算规则、单据进入方式等。

3. 采购预警和报警

采购预警和报警设置包括提前预警天数、提前预警的订单记录和逾期报警天数。

（二）设置仓库档案、收发类别与采购类型

1. 设置仓库档案

具体操作步骤为：

在"基础档案"板块选择"业务"→"仓库档案"→"增加"命令，打开"增加仓库档案"界面，录入仓库档案内容并保存。如图6-7所示。

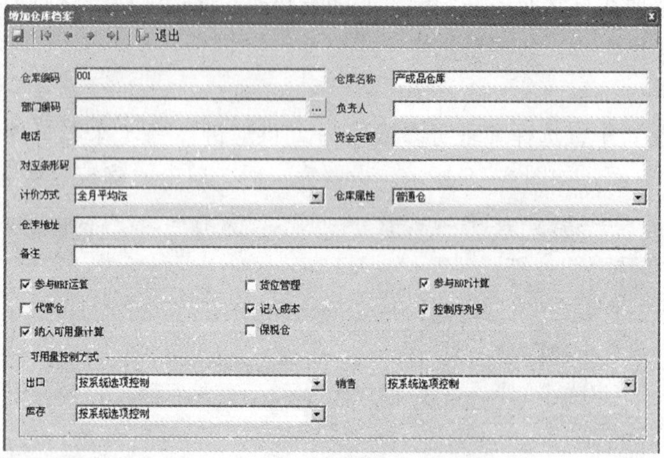

图6-7　设置仓库档案

2. 设置收发类别

收发类别设置是为了用户对存货的出入库情况进行分类汇总统计而设置的，用户可根据各单位的实际需要自由灵活地设置存货的出入库类型。

具体操作步骤为：

选择"基础档案"→"业务"→"收发类别"→"增加"命令，按收发类别内容录入，将弹出如图6-8所示的界面。

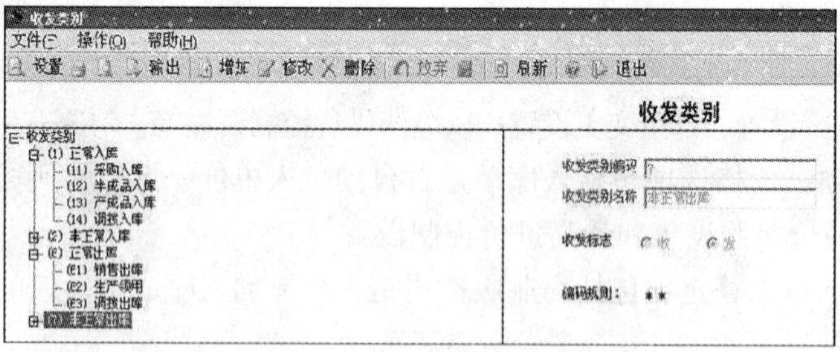

图6-8　"收发类别"界面

3. 设置采购类型

具体操作步骤为：

在"基础档案"模块选择"业务"→"销售类型"命令，打开销售类型设置界面，可进行销售类型增加、修改、删除操作。如图6-9所示。

采购类型不分级次，企业可以根据实际需要进行设立。采购类型编码只有2位字长，必须输入，不能为空，不允许重复，并要注意编码字母的大小写；采购类型名称必须输入，不能为空；入库类别是设定填制采购入库单时，输入采购类型后，默认的入库类别，

图 6 - 9　设置采购类型

以便加快录入速度；"是否默认值"可设定某个采购类型是填制采购单据默认的采购类型，对于最常发生的采购类型，可以设定该采购类型为默认的采购类型；"是否委外默认值"可设定某个采购类型是填制委外单据默认的采购类型，对于最常发生的委外加工的采购类型，可以设定该采购类型为默认的委外类型；"列入 MPS/MRP 计划选择是或否"可以按类型控制采购入库单等单据是否列入 MPS/MRP 计划。

（三）录入期初数据

账簿都应有期初数据，以保证其数据的连贯性。初次使用时，应先输入采购管理系统的期初数据。

在采购期初记账前，需要将期初暂估入库数据、期初在途存货数据、期初受托代销商品数据等录入到采购系统中。期初记账后输入的入库单、代管挂账确认单、发票都是启用月份及以后月份的单据，在"月末结账"功能中记入有关采购账。

1. 录入期初暂估入库数据

将启用采购管理系统时，因没有取得供应商的采购发票而不能进行采购结算的入库单输入系统，以便取得发票后进行采购结算。

具体操作步骤为：

在"业务工作"模块选择"供应链"→"库存管理"→"采购入库"→"采购入库单"命令，将弹出"采购入库单"录入界面，在工具栏单击"增加"按钮，新增一张期初采购入库单。如图 6 - 10 所示。

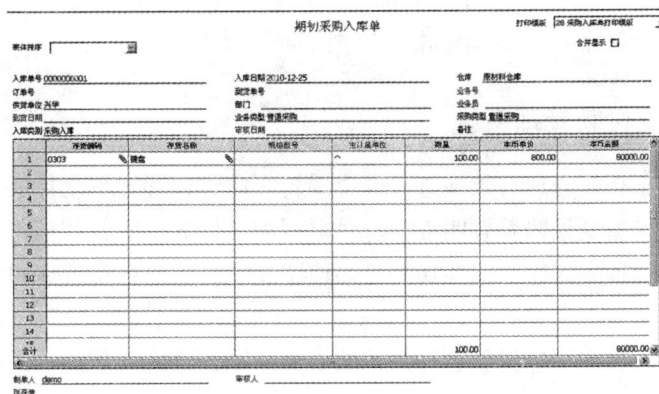

图 6 - 10　期初暂估入库

2. 录入期初在途存货数据

将启用采购管理系统时，已取得供应商的采购发票，但因货物没有入库而不能进行采购结算的发票输入系统，以便货物入库填制入库单后进行采购结算。录入方法就是在尚未进行采购记账时，在系统中录入采购发票。

具体操作步骤为：

在"业务工作"模块选择"供应链"→"采购管理"→"采购发票"→"专用采购发票"或"普通采购发票"命令，将弹出"专用发票"或"普通发票"录入界面，在工具栏单击"增加"按钮，将新增一张期初在途存货发票。如图 6 – 11 所示。

图 6 – 11　期初在途存货发票录入

（四）采购期初记账

期初记账是将采购期初的数据计入有关采购账中。期初记账后，期初数据不能增加、修改；但若取消期初记账，期初数据可以变动。

具体操作步骤为：

在"业务工作"模块选择"供应链"→"采购管理"→"设置"→"采购期初记账"命令，将弹出"期初记账"界面，单击"记账"按钮，系统将提示记账成功。若需取消记账，则在"期初记账"界面单击"取消记账"按钮。

二、初始化应付款管理系统

应付账款有利于企业合理有效地进行资金周转。应付款管理系统扩展了总账系统中对往来账款的管理，可提供采购发票明细、应付单明细、付款单明细和核销业务明细等，还能够对应付款项进行预先报警，这些功能可以使企业随时了解自身的应付账款状况，并提前做出应对。

初始化设置是首次使用应付款管理系统的必要操作，直接关系到该系统的日常使用和业务点控制。

（一）设置应付款系统参数

具体操作步骤为：

在"基础设置"菜单中，选择"业务参数"→"财务会计"→"应付款管理"命令，将弹出应付款管理系统的"账套参数设置"界面，单击"编辑"按钮即可对业务参数进行修改设置。

1. 常规系统参数

常规系统参数包括应付账款核算模型（简单核算和详细核算）、单据审核日期依据（单据日期和业务日期）、汇兑损益方式（外币余额结清时计算和月末处理）、自动计算现金折扣（显示现金折扣和不显示现金折扣）等参数。如图 6 – 12 所示。

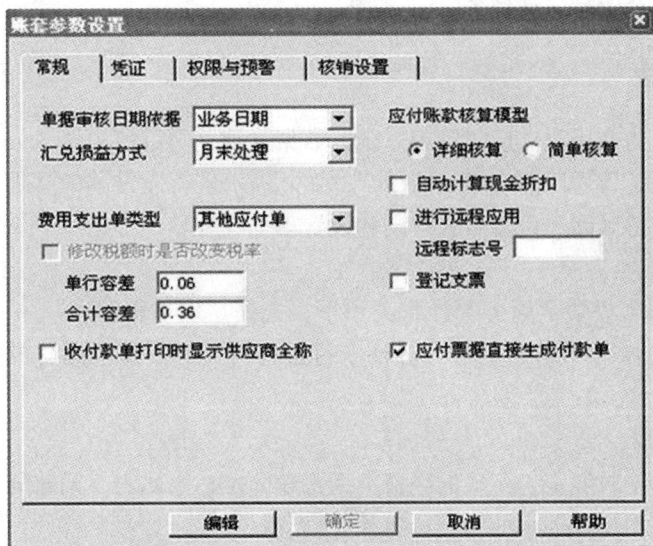

图 6 – 12　应付款系统参数设置—常规

2. 凭证参数

凭证参数包括受控科目制单方式（明细到供应商和明细到单据）、非控科目制单方式（即明细到供应商、明细到单据、汇总制单）、控制科目依据（即按供应商分类、按供应商、按地区、按采购类型、按存货分类、存货几种依据）、采购科目依据（即按存货分类、按存货、按采购类型、按供应商、按供应商分类设置存货采购科目）等参数。如图 6 – 13 所示。

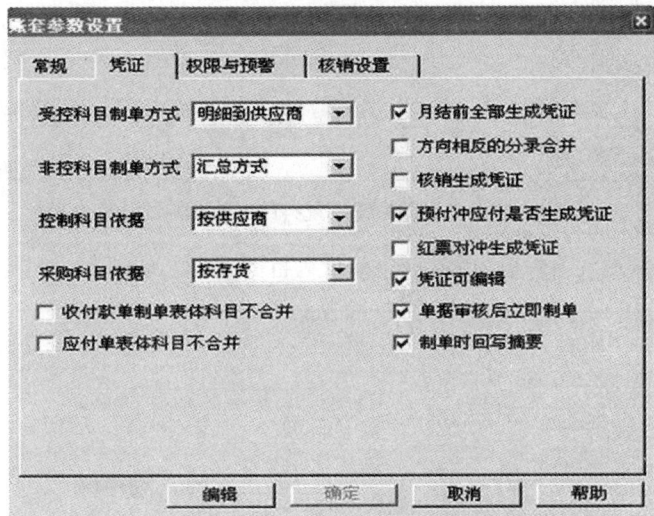

图 6 – 13　应付款系统参数设置—凭证

3. 权限与预警参数

权限与预警参数包括是否启用供应商权限、是否启用部门权限、单据报警、信用额度报警等。

4. 核销设置参数

核销设置参数包括应付款核销方式（即按单据、按产品两种方式）、规则控制方式、核销规则、收付款单审核后核销等。

（二）初始设置

初始设置的目的在于建立应付管理系统的数据基础，确定使用什么类型的单据处理应付款业务，确定账龄管理区间，以按照用户的实际需求进行应付款的管理。具体内容包括设置科目、设置账龄区间、设置报警级别和设置单据类型。

具体操作步骤为：

在"业务工作"模块"财务会计"菜单下，选择"应付款管理"→"设置"→"初始设置"命令，将弹出"初始设置"界面，可进行科目、账龄区间、报警级别、单据类型等设置。

1. 设置科目

本系统业务类型较固定，生成的凭证类型也较固定，因此为了简化凭证生成操作，可以在此处将各业务类型凭证中的常用科目预先设置好。

（1）基本科目设置，包括应付科目、预付科目、采购科目和税金科目等，如图6－14所示。

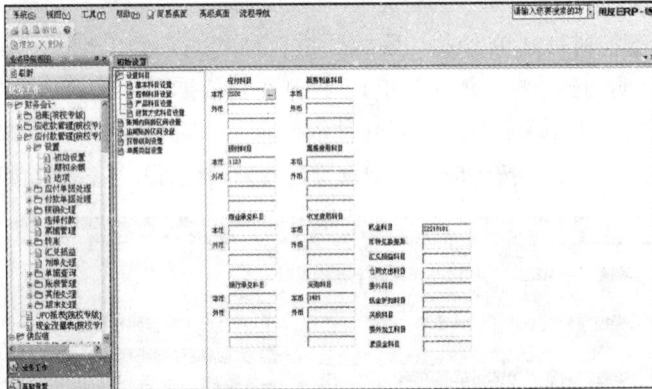

图6－14 应付款系统设置科目—基本科目设置

（2）控制科目设置，包括应付科目、预付科目等设置，如图6－15所示。

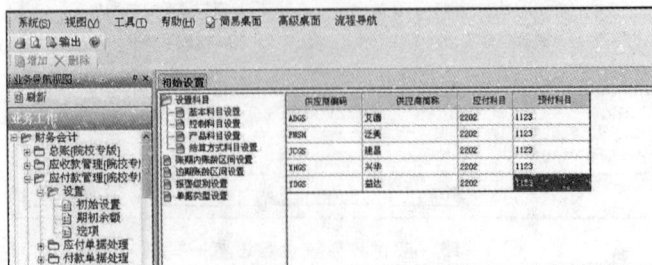

图6－15 应付款系统设置科目—控制科目设置

（3）产品科目设置，包括对应采购科目、应交增值税科目等设置，如图6-16所示。

图6-16 应付款系统设置科目—产品科目设置

（4）结算方式科目设置，包括结算方式、币种、对应科目的设置，如图6-17所示。

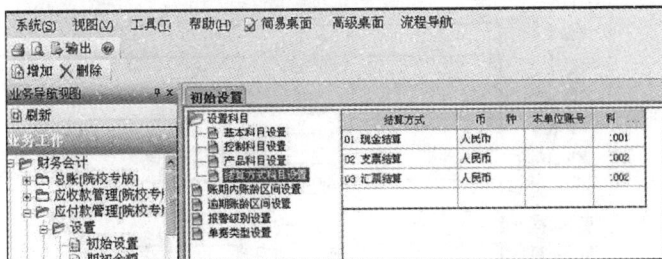

图6-17 应付款系统设置科目—结算方式科目设置

2. 设置账龄区间

账期内账龄区间设置是指用户定义应付账款或付款时间间隔的功能，以便于用户根据自己定义的账款时间间隔，进行账期内应付账款或付款的账龄查询和账龄分析，清楚了解在一定期间内所发生的应付款和付款情况。需要设置序号（由系统生成，从01开始，不能修改）、总天数和起止天数等项目。如图6-18所示。

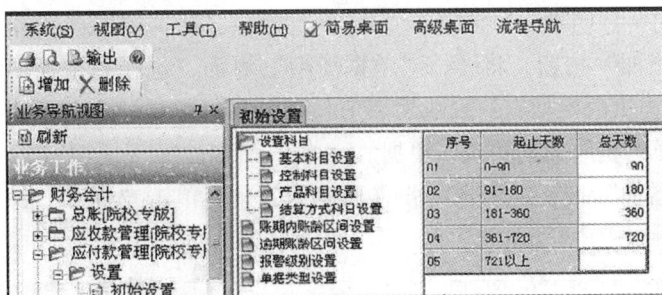

图6-18 应付款系统账龄区间设置

3. 设置报警级别

用户可以通过对报警级别的设置，将供应商按照供应商欠款余额与其授信额度的比例分为不同的类型，以便于掌握各个供应商的信用情况。

4. 设置单据类型

单据类型设置是指将自己的往来业务与单据类型建立对应关系，达到快速处理业务以及进行分类汇总、查询、分析的效果。系统提供"发票"和"应付单"两大类型的单据。"应付单"记录采购业务之外的应付款情况，只能增加应付单的类型，应付单中的其他应付单为系统默认类型，不能删除和修改，发票的类型是固定的，不能修改和删除；另外，不能删除已经使用过的单据类型。

（三）录入期初余额

在启用账套前应将所有应付业务的数据录入到系统中，以保证财务数据的连续性和完整性。

具体操作步骤为：

（1）在"业务工作"模块"财务会计"菜单下，选择"应付账款"→"设置"→"期初余额"命令，将弹出"期初余额—查询"界面。如图 6－19 所示。

图 6－19　应付款系统期初余额查询

（2）选择需要查询的条件（不选择任何条件，即查询所有记录），单击"确定"按钮，将打开"期初余额明细表"界面。

（3）单击"增加"按钮，将弹出"单据类型"界面，选择增加期初单据类型"采购专用发票"，系统提供的类型有：采购发票应付单、预付款单、应付票据。然后单击"确认"按钮，系统弹出相应的期初录入单据。

（4）单击"增加"按钮，增加一张采购专用发票，单击"保存"按钮，保存期初采购专用发票。如图 6－20 所示。

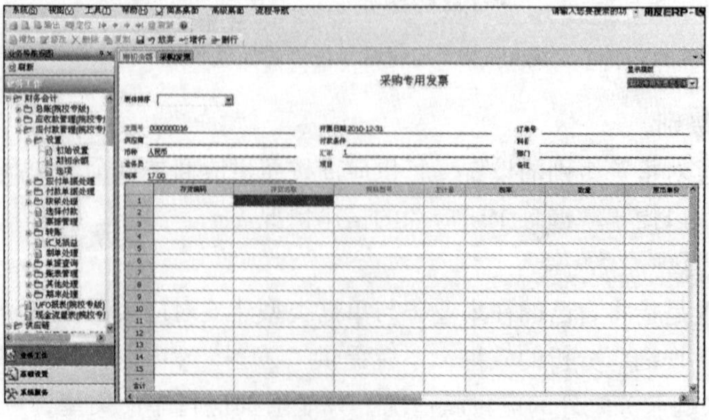

图 6－20　应付款系统期初余额—期初采购专用发票

（5）在录入完成期初余额后，可与总账对账。在"期初余额明细表"界面中单击"对账"按钮，将弹出"期初对账"界面。查看应付款系统与总账系统的期初余额是否相符，若不符，则需检查录入是否有误，修改直至相符为止。

采购期初记账后，期初余额将不能修改。

三、初始化库存管理系统

（一）设置库存选项

具体操作步骤为：

在"基础信息"模块选择"业务参数"→"供应链"→"库存管理"命令，将弹出"库存选项设置"界面，如图6 – 21所示。

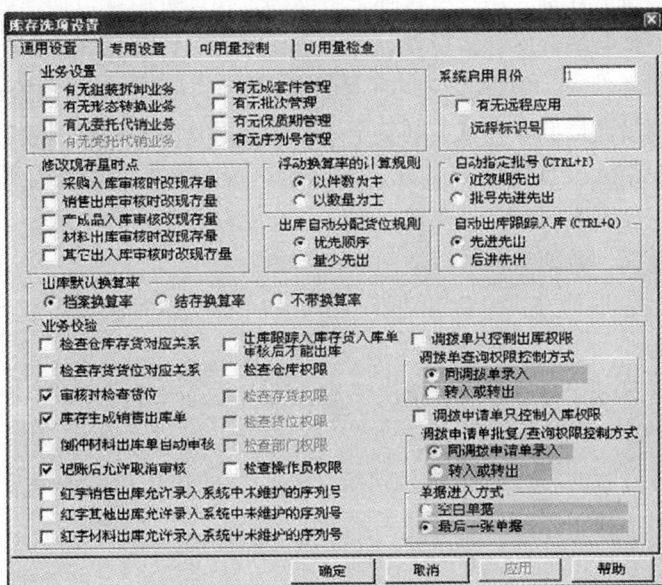

图6 – 21　库存选项设置

具体内容包括通用设置、专用设置、可用量控制和可用量检查。根据实际业务情况设置后，单击"确定"按钮保存设置。

1. 通用设置

（1）业务设置：用户根据实际业务，选择设置组装拆卸业务、形态转换业务、委托代销业务、受托代销业务、成套件管理、批次管理、保质期管理和序列号管理等。

（2）修改现存量时点：根据实际业务的需要，有些单据在单据保存时进行实物出入库，而有些单据在单据审核时才进行实物出入库。为了解决单据和实物出入库的时间差问题，用户可以根据不同的单据制定不同的现存量更新时点。该选项会影响现存量、可用量、预计入库量和预计出库量。

（3）业务校验：业务校验包括检查仓库存货对应关系、检查存货货位对应关系、调拨单只控制出库权限、调拨单查询权限控制方式、调拨申请单只控制入库权限、调拨单批复/查询权限控制方式、库存生成销售出库单、倒冲材料出库单自动审核、权限管理设置、浮动换算率的计算规则、出库自动分配货位规则、自动出库跟踪入库（CTRL + Q）、出库默认换算率、系统启用月份和单据进入方式等业务。

2. 专用设置

（1）业务开关：在此选项中，根据实际业务选择是否允许货位零出库、是否允许超来源单据出入库、是否允许超发货单出库、是否允许超调拨单出库、是否允许超调拨申请单调拨、是否允许超生产订单领料、是否允许超限额领料、是否允许超采购订单入库、是否允许超生产订单入库、是否允许超委外订单入库、是否允许超委外订单发料、是否允许超作业单出库、是否允许超领料申请出库、是否允许未领料的产成品入库、是否按领料比例控制、是否允许超采购到货单入库、是否允许超委外到货单入库和是否允许修改调拨单生成的其他出入库单据等业务。

（2）预警设置：保质期存货报警设置，即在填制单据输入失效存货时进行报警；最高最低库存控制设置，即保存单据时，若存货的预计可用量低于最低库存量或高于最高库存量，则系统提示报警的存货，用户可选择是否继续，预计可用量包括当前单据未保存前的数量；按仓库控制最高最低库存量设置，打钩选择时即选择按仓库控制，最高最低库存量根据仓库存货对照表带入，预警和控制时考虑仓库因素；安全库存预警也按此设置处理，若选择按仓库控制最高最低库存量，则安全库存量根据仓库存货对照表带入；否则安全库存量根据存货档案带入，预警时不考虑仓库因素；按仓库控制盘点参数设置，打钩选择时，每个仓库可以设置不同的盘点参数，系统从仓库存货对照表中取盘点参数，否则盘点参数适用于所有仓库，系统从存货档案中取盘点参数。

（3）取价方式：取价方式包括自动带出单价的单据、入库单成本和出库单成本等。

3. 可用量控制

可根据企业情况进行普通存货、批次存货、出入库追踪等可用量控制设置。

4. 可用量检查

可用量检查按设置的可用量检查公司统计各存货的可用量，如果出库数量超过可用量，系统将提示但不强制控制。

（二）录入期初数据

库存管理系统的期初数据包括：期初结存，即仓库的期初库存数据；期初不合格品，即期初未处理的不合格品结存量。如果有代管采购业务，在库存管理系统中进行代管消耗规则的维护。

具体操作步骤为：

打开"业务工作"模块，选择"供应链"→"库存管理"→"初始设置"命令，可方便录入期初结存数据和期初不合格品数据。

1. 期初结存

用于录入使用库存管理系统启用前各仓库各存货的期初结存情况。不进行批次、保质期管理的存货，只需录入各存货期初结存的数量。进行批次管理、保质期管理、出库跟踪入库管理的存货，需录入各存货期初结存的详细数据，如批号、生产日期、失效日期和入库单号等。进行货位管理的存货，还需录入货位。

库存管理系统和存货核算系统的期初数据分别录入处理，则库存管理系统和存货核算系统可分别先后启用，不必一起启用，即允许先启存货核算系统再启库存管理系统，或相反。

具体操作步骤为：

（1）在"业务工作"模块选择"供应链"→"库存管理"→"初始设置"→"期初结存"命令，将弹出"库存期初数据录入"界面。如图6－22所示。

图6－22 库存期初数据录入

（2）在界面右上角"仓库"处，选择需要录入数据的仓库，各个仓库的数据需要依次录入。

（3）单击菜单栏中的"修改"按钮，进入录入状态，单击"选择"按钮，选择存货；单击"增行"按钮，增加存货；输入错误，可以单击"删行"按钮。输入完毕后，单击"保存"按钮以保存数据。此时单据为未审核状态，可以修改和删除。

（4）数据录入完毕后，单击工具栏的"审核"按钮审核仓库中指定的存货结存数据，单击"批审"按钮以审核当前仓库中的所有库存货物的结存数据，审核后的数据不能修改和删除。

（5）单击工具栏的"对账"按钮，核对库存管理系统和存货核算系统相对应的期初数据，若两者不符，则界面将显示未核对上的数据。

若存货核算系统已先录入期初数据，可通过"取数"功能从存货核算系统直接引入数据到库存管理期初中。

2. 期初不合格品

用于录入使用库存管理系统前发生的未处理的不合格品结存量，以不合格品记录单的形式录入。期初不合格品记录单可进行不合格品处理。

四、初始化存货核算系统

此存货核算系统通过各种出入库单据（包括采购入库单、成品入库单、销售出库单、材料领用单），反映了存货的购入发放、领用退还、保管情况以及资金占用情况，以利于企业提高资金使用效率。

在应用存货核算系统之前，应在"初始设置"里进行系统参数、凭证科目等的设置，并录入期初数据。

（一）设置系统选项

定义系统参数是应用存货核算系统的基础，将直接影响存货核算系统的账务处理。具体操作步骤为：

在"基础设置"模块选择"业务参数"→"供应链"→"存货核算"命令，将弹出"选项录入"界面，根据实际业务情况选择后，单击"确定"按钮保存设置。如图 6 - 23 所示。

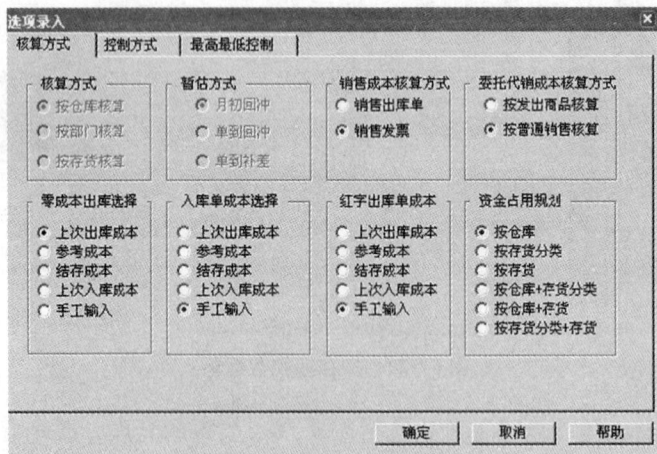

图 6 - 23　存货核算系统选项参数

存货核算系统的选项录入中可进行存货核算方式、控制方式和最高最低控制等参数设置。

1. 核算方式选项

1）核算方式

初建账套时，根据业务需要可以选择按仓库核算、按部门核算、按存货核算。如果是按仓库核算，则按仓库设置计价方式，并且每个仓库单独核算出库成本；如果是按部门核算，则按仓库中的所属部门设置计价方式，并且相同所属部门的各仓库统一核算出库成本；如果按存货核算，则按用户在存货档案中设置的计价方式进行核算。只有在期初记账前，才能将按存货设置计价方式改为按仓库或部门设置，或由按仓库或部门设置计价方式改为按存货设置。

2）暂估方式

与采购或委外系统集成使用时，用户可以进行暂估业务，并且在此选择暂估入库存货成本的回冲方式，包括：月初回冲、单到回冲、单到补差三种。月初回冲是指月初时系统自动生成红字回冲单，报销处理时，系统自动根据报销金额生成采购报销入库单；单到回冲是指报销处理时，系统自动生成红字回冲单，并生成采购报销入库单；单到补差是指报销处理时，系统自动生成一笔调整单，调整金额为实际金额与暂估金额的差额。

与采购或委外系统集成使用时，如果明细账中有暂估业务未报销或本期未进行期末处理，此时，暂估方式将不允许修改。

3）销售成本核算方式选择

当普通销售系统或出口管理系统启动，用户可选择用销售发票或销售出库单记账，默认为销售发票。销售出库成本核算方式选项修改的约束条件是在本月没有对销售或出口单据记账前，并且在销售单据（发货单、发票）的业务（即发货单已全部生成出库单和发票，发票全部生成出库单和发货单）和出口单据（即销货单已全部生成出库单，销货单全部生成发票）的业务全部处理完毕，方可修改。即在销售和出口都符合条件时，才能切换此选项。

4）委托代销成本核算方式

用户可以选择是按发出商品业务类型核算，还是按照普通销售方式核算。如果用户选择按发出商品业务类型核算，则按发货单 + 发票记账；若用户按普通销售方式核算，则按系统选项中销售成本核算方式中选择的销售发票或销售出库单进行记账。如果发货单全部生成销售发票或销售出库单（根据用户选择的委托代销记账单据确定检查销售出库单或发票），而且对应的销售发票或销售出库全部记账，则可修改选项；如果发货单对应的销售出库单或发票全部未记账，也可修改选项。

5）资金占用规划

资金占用规划的选择是指用户确定本企业按某种方式输入资金占用规划，并按此种方式进行资金占用的分析。

资金占用规划的选择包括按仓库、按存货分类、按存货、按仓库 + 存货分类、按仓库 + 存货、按存货分类 + 存货。用户可以随时对资金占用规划进行重新选择。

6）零出库成本选择

零出库成本选择是指核算出库成本时，如果出现账中为零成本或负成本，造成出库成本不可计算时，出库成本的取值方式。其包括上次出库成本、参考成本、结存成本、上次入库成本、手工输入五种，用户可以随时对零出库成本进行重新选择。

7）入库单成本选择

入库单成本选择是指对入库单据记明细账时，如果没有填写入库成本即入库成本为空时，入库成本的取值方式。其同样包括上次出库成本、参考成本、结存成本、上次入库成本、手工输入五种，用户可以随时对零出库成本进行重新选择。

8）红字出库单成本选择

红字出库单成本选择是指对先进先出或后进先出方式核算的红字出库单据记明细账时，出库成本的取值方式。其方式同样为上述五种，用户可以随时对零出库成本进行重新选择。

2. 控制方式选项

控制方式选项可设置各类检查权限、相关对应科目、存货差异处理方式、出入库计价处理方式等。

3. 最高最低控制选项

最高最低控制选项可设置最大最小差异率、最大最小单价及其具体对应方式。

（二）设置科目

设置存货科目、对方科目等的凭证科目，是系统生成凭证时自动带出科目的依据。此功能用于设置本系统中生成凭证所需的各种存货科目、差异科目、分期收款发出商品科目、委托代销科目、运费科目、税金科目、结算科目和对方科目等，因此在制单之前应先在本系统中将存货科目设置正确、完整，否则无法生成科目完整的凭证。

设置科目后，在生成凭证时，系统能够根据各个业务类型将科目自动带出，如果未设置科目，则在生成凭证时，科目需要手工输入。

1. 存货科目

具体操作步骤为：

（1）在"业务工作"模块选择"供应链"→"存货核算"→"初始设置"→"科目设置"→"存货科目"命令，将弹出"存货科目"界面。

（2）单击工具栏"增加"按钮，界面内将新增一条空白的存货科目记录。

（3）双击此空白栏，按业务选好相应内容，单击"保存"按钮完成设置。如图 6 - 24 所示。

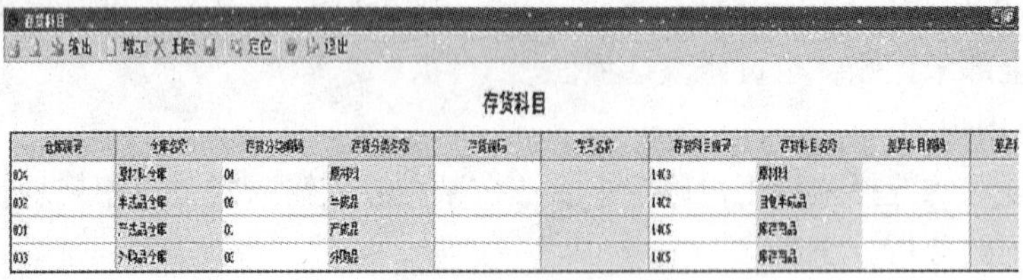

图 6 - 24　存货科目设置

2. 运费科目

此功能用于设置本系统中生成的采购业务凭证所需要的各种运费科目，因此，在制单之前应先在此模块中将科目设置正确、完整，否则无法生成科目完整的凭证。

3. 结算科目

此功能用于设置本系统中生成普通采购业务凭证所需要的结算科目，因此，在制单之前应先在此模块中将科目设置正确、完整，否则无法生成科目完整的凭证。

4. 应付科目

此功能用于设置本系统中采购结算生成凭证时所需要的应付科目，因此，在制单之前应先在此模块中将科目设置正确、完整，否则无法生成科目完整的凭证。如图 6 - 25 所示。

供应商编码	供应商名称	币种	科目编码	科目名称
JCGS	建昌公司	人民币	2202	应付账款
ADGS	艾德公司	人民币	2202	应付账款
FMSH	泛美商行	人民币	2202	应付账款
XHGS	兴华公司	人民币	2202	应付账款
YDGS	益达公司	人民币	2202	应付账款

图 6 - 25　应付科目设置

5. 对方科目

操作方法参照上述"存货科目"即可。此功能用于设置本系统中生成凭证所需要的存货对方科目（即收发类别）所对应的会计科目，因此，在制单之前应先在本系统中将存货对方科目设置正确、完整，否则无法生成科目完整的凭证。如图 6 - 26 所示。

图 6-26　对方科目设置

6. 税金科目

此功能用于设置在本系统中进行采购结算生成凭证时所需要的增值税科目，因此在制单之前应先在此模块中将税金科目设置正确、完整，否则无法生成科目完整的凭证。如图 6-27 所示。

存货编码	存货名称	科目编码	科目名称
0303	键盘	222101J1	进项税额
0101	电脑（P3）	222101J1	进项税额
0102	电脑（P4）	222101J1	进项税额
0201	机箱	222101J1	进项税额
0202	主机（P3）	222101J1	进项税额
0203	主机（P4）	222101J1	进项税额
0301	显示器	222101J1	进项税额
0302	鼠标	222101J1	进项税额

图 6-27　税金科目设置

（三）录入期初数据

存货核算系统的期初数据是启用系统时的存货状态，包括存放仓库、名称、数量、单价等数据，以保证系统数据的连续性。

1. 录入期初余额

录入期初余额用于录入使用系统前各存货的期初结存数据。

具体操作步骤为：

在"业务工作"模块选择"供应链"→"存货核算"→"初始设置"→"期初数据"命令，将弹出"期初余额"界面，完成期初余额的录入并保存。如图 6-28 所示。

如果库存管理系统先行录入了期初数据，则可利用"取数"功能，从库存管理系统中直接引入期初数据。

2. 录入期初差异/差价

按计划价或售价核算出库成本的存货都应有期初差异账或差价账，初次使用时，应先输入此存货的期初差异余额或期初差价余额。

期初差异/期初差价可输、可不输；如果输入末级存货的差异，系统自动累加到上级

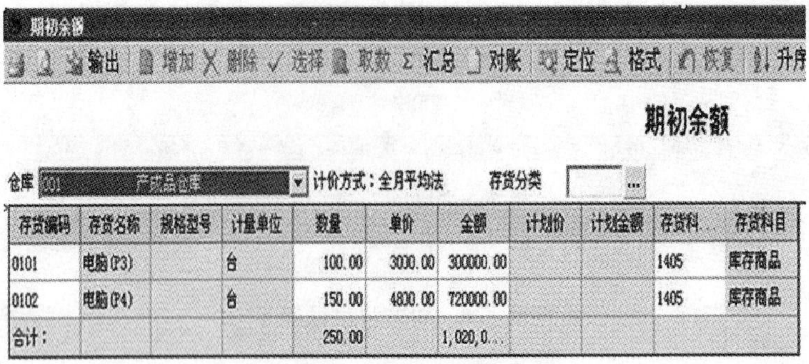

存货编码	存货名称	规格型号	计量单位	数量	单价	金额	计划价	计划金额	存货科...	存货科目
0101	电脑(P3)		台	100.00	3000.00	300000.00			1405	库存商品
0102	电脑(P4)		台	150.00	4800.00	720000.00			1405	库存商品
合计：				250.00		1,020,0...				

图 6-28 存货期初余额录入

存货中；如果输入上级存货，系统自动按用户所选择的分摊方式进行分摊（分摊方式有：按金额分摊、按数量分摊，系统默认为按金额分摊）。

单击“科目”按钮，则依据存货取用户在存货科目设置中设置的差异差价科目。在期初差异中自由项只是显示项，不可编辑。

3. 录入期初分期收款发出商品

单击“取数”按钮，从销售系统取期初数。从销售系统取来的期初数，不能增加和删除。用户可以单击“修改”按钮，修改单价、金额，可输入或选择该业务核算时对应的会计科目，以便与总账对账，其他项目不允许修改。

4. 录入期初委托代销发出商品

单击“取数”按钮，从销售系统取期初数。从销售系统取来的期初数，不能增加、删除。用户可以点击“修改”按钮，修改单价、金额，可输入或选择该业务核算时对应的会计科目，以便与总账对账，其他项目不允许修改。

5. 批量输入存货

系统提供用户批量选择存货快速录入的功能。单击“选择”按钮后，系统显示一选择存货界面，让用户选择存货，选择窗的左边显示的是所有的存货分类，包括各个级次的，按分类的级次顺序显示，选择窗的右边显示用户所选分类对应的末级存货。用户可在存货分类前打钩，代表该存货分类全选，也可在已选择的存货分类中取消没有余额存货的选择标志，选择后，单击“确定”按钮，期初余额界面即可显示所选择的明细存货列表，用户可进行输入。

6. 期初汇总

期初数据录入后，用户可按仓库（部门）、存货分类、存货编码、存货级次等不同口径进行存货期初数据汇总统计，提高账簿核对的效率。

7. 期初记账

期初数据录入完毕后，可执行存货期初记账。期初记账后，存货期初数据将不能修改。但若期初数据有错误，可以单击“恢复”按钮，取消期初记账，修改期初数据。

五、采购业务日常处理

（一）请购

采购请购是指企业内部向采购部门提出采购申请，或参照 MPS/MRP 计划生成采购申请，或由采购部门汇总企业内部采购需求提出采购清单。

请购是采购业务处理的起点，也是 MPS/MRP 计划与采购订单的中间过渡环节，用于描述和生成采购的需求，如采购什么货物、采购多少、何时使用、谁用等内容；同时，也可为采购订单提供建议内容，如建议供应商和订货日期等。有委外业务时，委外请购也可以通过请购单录入，并根据审核通过的请购单生成委外订单。采购请购单是可选单据，用户可以根据业务需要进行选用。

具体操作步骤为：

在"业务工作"模块选择"供应链"→"采购管理"→"请购"→"请购单"命令，将弹出"请购单"界面。如图 6 – 29 所示。

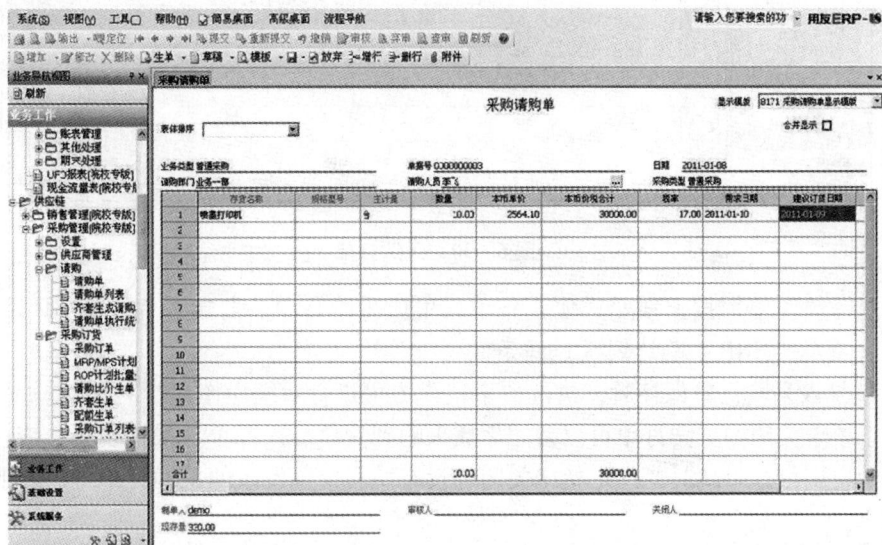

图 6 – 29　请购单

请购单可手工增加，也可参照 MPS/MRP/ROP 计划生成，还可以根据销售订单、出口订单、标准 BOM 进行齐套生单。请购单可以修改、删除、审核、弃审、关闭、打开、锁定和解锁，且录入时支持行复制。已审核未关闭的请购单可以参照生成采购订单，或比价生成采购订单。

（二）采购订货

采购订货是指企业根据采购需求，与供货单位之间签订采购合同和购销协议。

1. 采购订单

采购订单是企业与供应商之间签订的采购合同、购销协议等，主要内容包括采购什么货物、采购多少、由谁供货，什么时间到货、到货地点、运输方式、价格和运费等。它可以是企业采购合同中关于货物的明细内容，也可以是一种订货的口头协议。通过采购订单的管理，可以帮助企业对采购业务进行事前预测及事中控制与监督。

具体操作步骤为：

（1）在"业务工作"模块选择"供应链"→"采购管理"→"采购订货"→"采购订单"命令，将弹出"采购订单"界面。如图 6 – 30 所示。

（2）单击工具栏中的"增加"按钮，新增一张采购订单。采购订单可以手工录入，

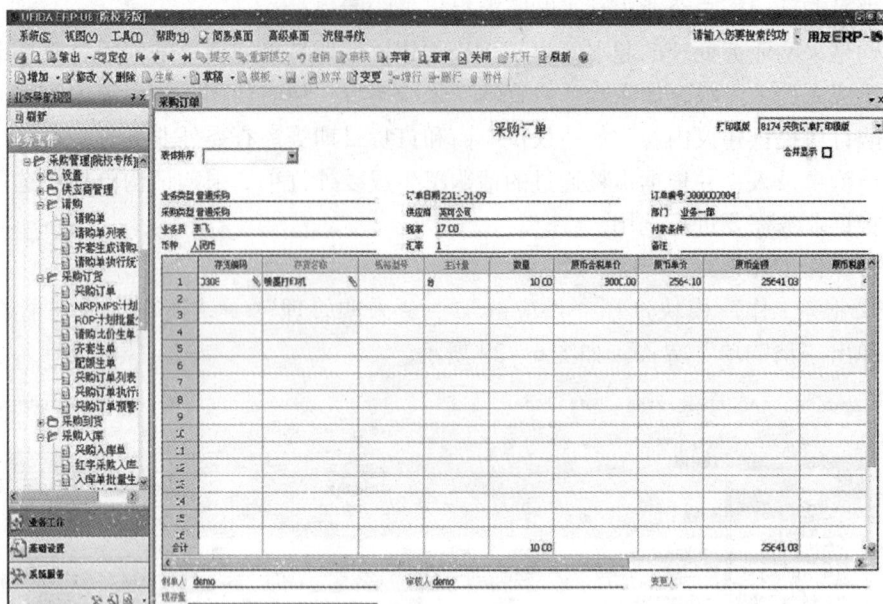

图 6-30　采购订单

也可以选择"生单"按钮参照其他业务单据生成采购订单。若选择 MPS/MRP 计划生单，系统要求录入"MRP 采购计划"过滤条件。

（3）录入采购订单保存后，执行"审核"方可进行后续操作。

已审核未关闭的采购订单可以参照生成采购到货单、入库单、采购发票。应付管理系统设置为启用付款申请时，已审核未关闭且没有关联采购发票的采购订单可以参照生成付款申请单。

2. 采购订单列表

采购订单列表将符合条件的采购订单记录以列表的格式显示，以便于用户快速查询和操作单据。通过采购订单列表，可以进行采购订单的审核、弃审、打印和关闭等操作。

（三）采购到货

采购到货是采购订货和采购入库的中间环节，一般由采购业务员根据供货方通知或送货单填写，确认对方所送货物、数量和价格等信息，以入库通知单的形式传递到仓库作为保管员收货的依据。

1. 到货单

采购到货单是可选单据，可以根据业务需要选用。采购到货单可以只录入数量，不录入单价和金额。

具体操作步骤为：

（1）在"业务工作"模块选择"供应链"→"采购管理"→"采购到货"→"采购到货单"命令，将弹出"采购到货单"录入界面，如图 6-31 所示。

（2）可以单击工具栏"增加"按钮进行手工新增，也可以参照采购订单生成。但必有订单时，采购到货单不可手工新增。

（3）录入完毕后单击"保存"按钮保存该采购订单，单击"审核"按钮审核该采购订单。审核通过的采购到货单可以参照生成采购退货单、到货拒收单和采购入库单。

图6-31　采购到货单

2. 采购退货单

采购退货单是采购到货单的红字单据，表示对已入库后的退库。

采购退货单可以手工新增，也可以参照采购订单、原采购到货单、在库不良品处理单生成。但退货必有订单时，不可手工新增。采购退货单参照到货单生成时，该到货单必须满足"已入库数量"大于"退货数量"的条件。如图6-32所示。

图6-32　采购退货单

3. 到货拒收单

到货拒收单有两种业务含义：一是到货时的直接拒收，二是质检后对不合格品退货处理。

采购到货拒收单只能参照到货单生成。已审核的到货单才能拒收，已关闭的到货单不允许再进行拒收。到货拒收单保存时，需向到货单填写"已拒收数量"。一张到货单，允许多次进行拒收。

（四）采购入库

采购入库是指通过采购到货、质量检验环节，对合格到货的存货进行入库验收。对于存货已经入库，到月末采购发票仍未收到，可以对货物进行暂估入库，待发票到达后，再根据该入库单与发票进行采购结算处理。

1. 采购入库单

采购入库单是根据采购到货签收的实收数量填制的单据。对于工业企业，采购入库单一般指采购原材料验收入库时所填制的入库单据；对于商业、医药流通企业，采购入库单一般指商品进货入库时所填制的入库单据。

采购入库单按进出仓库方向分为蓝字采购入库单和红字采购入库单；按业务类型分为普通采购入库单、受托代销入库单（商业、医药流通）和代管采购入库单。

具体操作步骤为：

（1）在"业务工作"模块选择"供应链"→"库存管理"→"入库业务"命令，单击"采购入库单"，将弹出"采购入库单"录入界面，如图6-33所示。

（2）可以单击工具栏"增加"按钮进行手工新增，也可以单击"生单"按钮，将弹出"选择采购订单和采购到货单"界面，参照采购订单或到货单而生成入库单。

（3）录入完毕后单击"保存"按钮保存该采购入库单，执行"审核"的采购入库单方可进行后续操作。

图6-33 采购入库单

2. 红字入库单

红字入库单是采购入库单的逆向单据。在采购业务活动中，如果发现已入库的货物因质量等因素要求退货，则对普通采购业务进行退货单处理。如果发现已审核的入库单数据有错误（多填数量等），可以原数冲回，即将原错误的入库单以相等的负数量填制红字入库单，冲抵原入库单数据。

3. 蓝字入库单

其操作方法与红字入库单基本相同。

（五）采购开票

采购发票是供应商开具的销售货物发票，根据采购发票确认采购成本，进行记账和付款核销。

企业在收到供货单位的发票后，如果没有收到供货单位的货物，可以对发票进行压单处理，待货物到达后，再输入系统做报账结算处理，也可以先将发票输入系统，以便实时统计在途货物。

采购管理系统录入的发票按业务性质有蓝字发票和红字发票之分；按发票类型有增值税专用发票、普通发票和运费发票之分。

具体操作步骤为：

（1）在"业务工作"模块选择"供应链"→"采购管理"→"采购发票"命令，选择需要录入的发票类型（如：专用发票）。

（2）在弹出"专用采购发票"录入界面中，可以单击"增加"按钮手工新增，也可通过"生单"功能参照生成采购发票。录入完毕后单击"保存"按钮保存该采购发票。如图6-34所示。

（3）保存的采购发票需执行"审核"后才能进行后续操作。

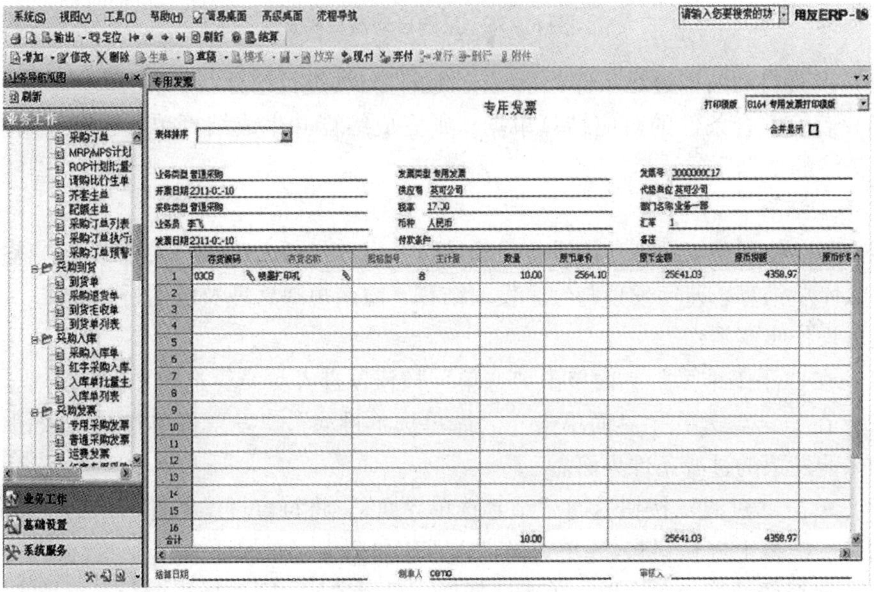

图6-34　采购专用发票

（六）采购结算

采购结算也称采购报账，是指采购核算人员根据采购入库单、采购发票核算采购入库成本。采购结算的结果是采购结算单，它是记载采购入库单与采购发票对应关系的结算对照表。

采购结算从操作处理上分为自动结算和手工结算两种方式；另外运费发票可以单独进行费用折扣结算。

1. 自动结算

自动结算是指由系统自动将符合结算条件的采购入库单记录和采购发票记录进行结

算。系统按照三种结算模式进行自动结算：入库单和发票、红蓝入库单、红蓝发票。

具体操作步骤为：

（1）在"业务工作"模块选择"供应链"→"采购管理"→"采购结算"→"自动结算"命令，将弹出"自动结算"处理界面。如图6-35所示。

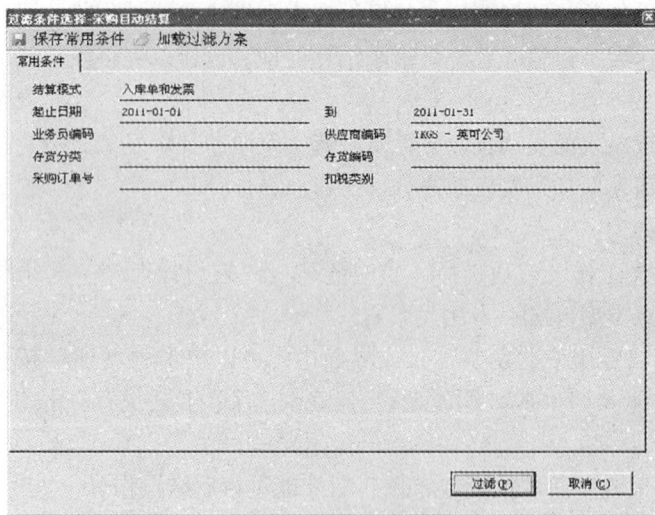

图6-35 采购自动结算筛选

（2）设置自动结算过滤条件，系统按照条件自动进行结算。

（3）若有符合条件的对应结算单据，则完成结算并生成结算单。否则，则提示"没有符合条件的单据"。

2. 手工结算

用户可以使用手工结算功能进行采购结算，内容包括入库单与发票结算。蓝字入库单与红字入库单结算、蓝字发票与红字发票结算、溢余短缺处理及费用折扣分摊。

具体操作步骤为：

（1）在"手工结算"界面单击"选单"按钮，进入"结算选单界面"。

（2）在"结算选单"界面单击"入库单选单过滤""发票选单过滤"按钮，显示入库单和采购发票的过滤条件界面。

（3）单击"过滤"按钮返回"结算选单界面"，将符合过滤条件的采购发票记录带入发票列表（屏幕上方），将入库单记录带入入库单列表（屏幕下方）。

（4）选择要结算的入库单：单击选择栏，显示"Y"则选择当前行；再单击，则取消选择；可打钩全选；取消全选，则取消所有选择。

（5）选择要结算的发票：单击选择栏，显示"Y"则选择当前行；再单击，则取消选择；可打钩全选；取消全选，则取消所有选择。

（6）结算选单完毕，单击"确定"按钮返回手工结算界面，将当前选择的结果带入到手工结算界面。

（7）入库数量与发票数量不符时，可录入溢余短缺数量、金额，将两者数量调平。

（8）如果涉及费用分摊进入存货成本的情况，费用可以按照金额或数量进行分摊。费用包括专用发票、普通发票上的应税劳务存货记录、折扣存货记录以及运费发票上的应税劳务存货记录。运费发票记录也可以单独进行费用结算。

（9）单击"结算"按钮，系统自动将本次选择的数据进行结算。

（10）结算完成后，系统把已结算的单据数据从屏幕上清除，则可以继续步骤(2)~步骤(9)进行其他采购结算。

六、采购业务核算处理

（一）货款结算与核销

1. 现付处理

在实际业务中，存在一手交钱一手交货的情况，在企业货款全部付清的情况下，不形成应付账款。有时企业不是全额支付，只是部分现付，在这种情况下，尚未支付的部分形成应付账款，财会人员需要将这些业务入账。现付分为：完全现付和部分现付两种处理模式，如图6-36所示。

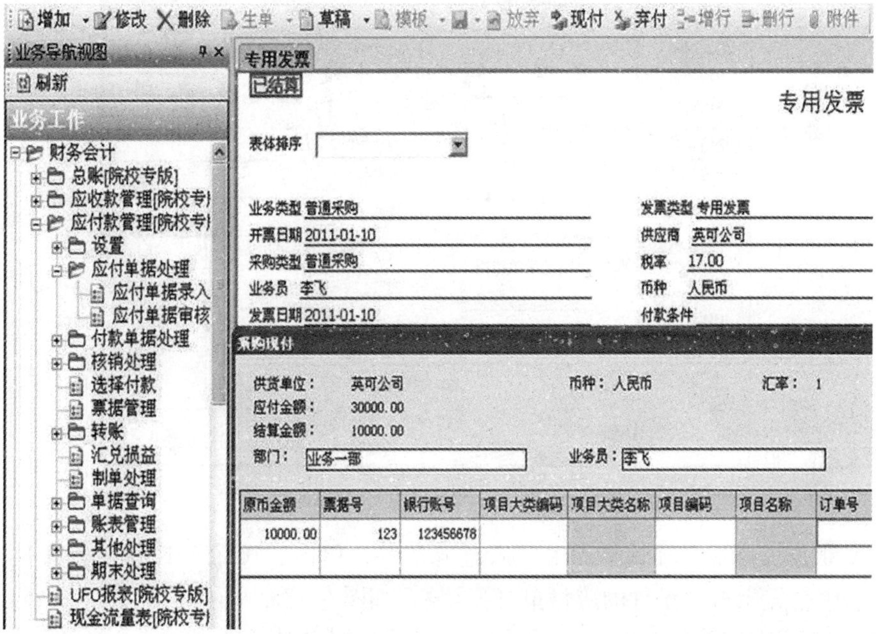

图6-36 现付处理

（1）完全现付：企业在采购业务发生的同时付清货款，为完全现付。完全现付的采购业务不形成应付账款，故应付管理系统不对完全现付的业务进行处理，但提供现付制单的功能。发生完全现付业务时，需要在采购系统中录入采购发票，并在采购发票工具栏中单击"现付"按钮，输入结算方式和结算金额等信息。

（2）部分现付：企业在采购业务发生的同时付清一部分货款，为部分现付。部分现付的采购业务部分形成应付账款，应付管理系统对部分现付的业务进行处理仅限于处理尚未结清的那部分金额，对已结算的部分提供现付制单的功能，对尚未结算的部分提供核销、转账等后续处理功能。发生部分现付业务时，用户需要在采购系统中录入采购发票，并在采购发票工具栏中单击"现付"按钮，输入结算方式和结算金额等信息。

现付后的发票传递到应付系统，对采购发票审核时，系统自动将结算金额与发票金额进行核销，未现付部分金额形成应付账款。在采购中通过现付生成的付款单，不在付款单审核列表中进行审核，也不在收付款单制单类型中进行制单，它们是在对应发票审核的同时进行审核的，制单是在现付制单类型中处理。

2. 应付账款处理

采购管理系统中所填制的采购发票传递到应付款管理系统中，经过财务人员对采购发票审核就形成了对该供应商的应付账款。

1）应付单据处理

具体操作步骤为：

（1）在"业务工作"模块选择"财务会计"→"应付款管理"→"应付单据处理"→"应付单据审核"命令，将弹出"单据过滤条件"界面。如图6－37所示。

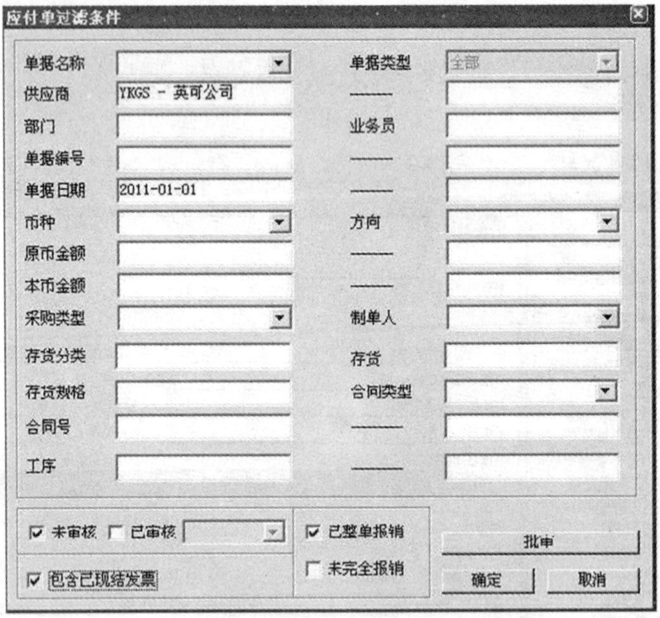

图6－37　应付单过滤

（2）根据实际业务在该界面中录入过滤条件，单击"确定"按钮后，在打开的应付单据列表中会显示符合条件的应付单（发票），如图6－38所示。

（3）打开对应发票可完成审核操作，审核后根据设置可自动生成采购记账凭证。

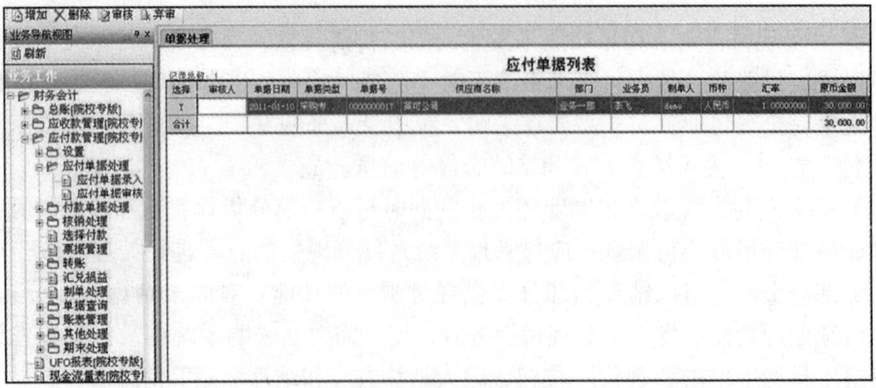

图6－38　应付单据列表

2）付款处理

在应付系统中，付款业务主要是通过付款单来处理的。付款单用于记录企业所支付的款项，包括付款单录入、审核和生成凭证等操作。

具体操作步骤为：

（1）选择"应付款管理"→"付款单据处理"→"付款单据录入"命令，将弹出"付款单据录入"界面。如图6－39所示。

图6－39 付款单

（2）单击"增加"按钮新增一张付款单，录入信息数据后，单击"保存"按钮。

（3）对保存的付款单执行"审核"操作，系统提示"是否立即制单?"，选择"是"即生成记账凭证，选择"否"即以后生成。

3. 预付账款处理

有些企业由于生产的产品供不应求，企业需要预先打款购货，企业提前支付的款项就是预付款。

对于预付款的业务，每支付一笔预付款，需要在系统中增加一张付款单，指定其款项性质为预付款。对预付款的付款单完成审核后可自动生成预付账款的记账凭证。

4. 核销处理

核销处理是将付款单与应付发票、应付单进行勾兑的业务，以确认应付账款、预付账款往来业务处理完毕。可以视情况选择手工核销或自动核销。

（二）采购单据记账

1. 采购入库单据记账

采购入库单据记账包括正常单据记账、发出商品记账、直运销售记账和特殊单据记账。

具体操作步骤为：

（1）选择"业务工作"→"供应链"→"存货核算"→"业务核算"命令。

（2）选择记账的单据类型（如正常单据记账），打开该类单据记账界面，如图6－40所示。

（3）选择单据并执行"记账"功能，完成单据记账操作。

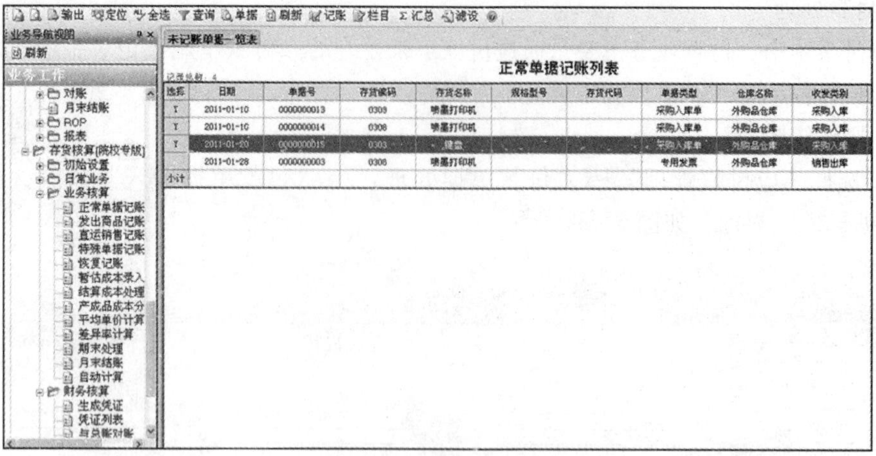

图 6 - 40 正常单据记账

2. 取消记账

当已记账的采购单据发现有问题需要修改时，可以进行"取消记账操作"。

具体操作步骤为：

选择"业务工作"→"供应链"→"存货核算"→"业务核算"→"取消记账"命令，在打开的"恢复记账"界面执行"恢复"功能，完成取消记账操作，将单据恢复到未记账状态。

（三）入库凭证生成

货物入库后，需要根据审核无误的入库单生成入库的记账凭证。

入库记账凭证可以在审核入库单时生成，若审核时未立即制单，还可以通过"业务工作"→"供应链"→"存货核算"→"财务核算"→"生成凭证"命令生成。如图 6 - 41 所示。

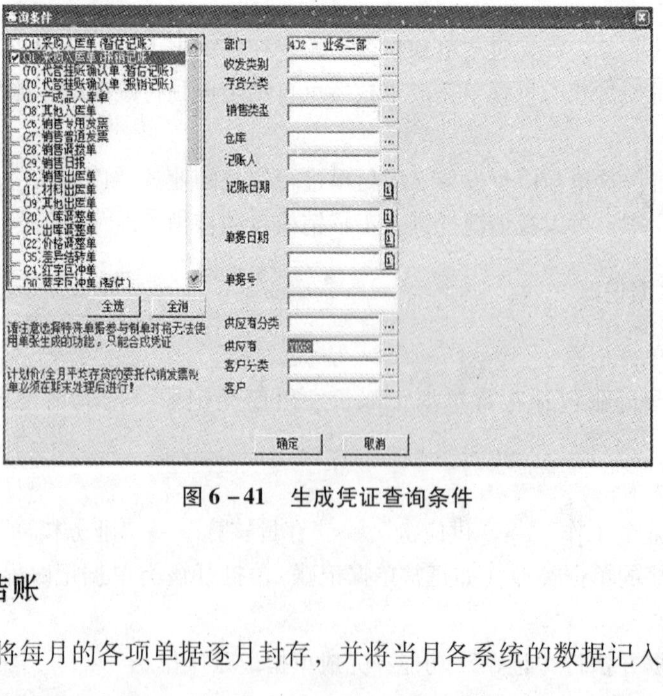

图 6 - 41 生成凭证查询条件

七、期末结账

月末结账即将每月的各项单据逐月封存，并将当月各系统的数据记入有关账表中。如果确认本月的各项业务已处理完毕，就可以执行期末结账功能，一旦结账，本期就不能再进行任何账务处理。结账时，要特别注意各子系统的结账先后顺序，通常为采购管理、应付款管理、库存管理和存货核算。

（一）采购管理系统月末结账

具体操作步骤为：

（1）在"业务工作"模块选择"供应链"→"采购管理"→"月末结账"命令，将弹出"月末结账"界面。如图6－42所示。

图6－42　采购管理系统月末结账

（2）双击所在行的"选择标记"栏，高亮显示"选中"结账月份。

（3）单击"结账"按钮，系统将自动进行月末结账，将所选各月的采购单据按会计期间记入有关账表中。

（4）月末结账后，可以逐月取消结账，选中最后结账月份，单击"取消结账"按钮，即取消了该月的记账。

（二）应付款管理系统月末结账

具体操作步骤为：

（1）选择"业务工作"→"财务会计"→"应付款管理"→"期末处理"→"月末结账"命令，将弹出"月末结账"界面。如图6－43所示。

（2）在"月末结账"界面双击需要结账月份的"结账标志"栏，显示"Y"字样后，单击"下一步"按钮，若系统提示"结账成功"，则单击"确定"按钮完成结账；若系统提示"需完成其操作后方可重新进行结账"，则表明尚有单据未审核或未制单。

（3）月末结账后，若有需要，可以通过"期末处理"→"取消月结"命令来取消月结，恢复到未结账状态。

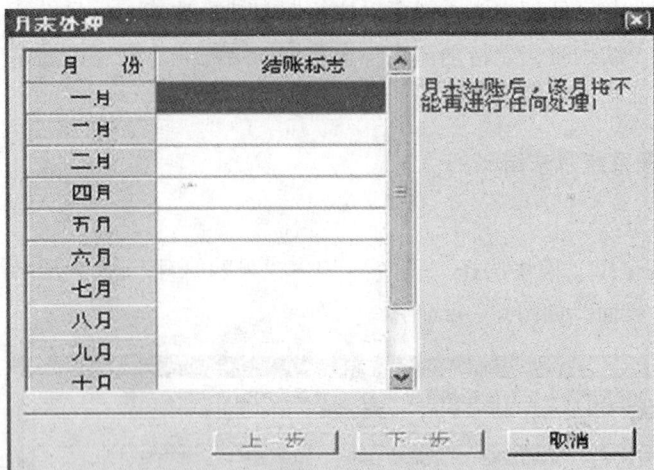

图 6－43　应付款管理系统月末结账

(三) 库存管理系统月末结账

具体操作步骤为:

（1）在"业务工作"模块选择"供应链"→"库存管理"→"月末结账"命令，将弹出"结账处理"界面。如图 6－44 所示。

图 6－44　库存管理系统月末结账

（2）在"结账处理"界面选择未结账的月份，然后单击"结账"按钮，完成结账操作。结账后可再通过"取消结账"功能恢复到未结账状态。

(四) 存货核算系统月末结账

1. 期末处理

存货核算系统月末结账前，需要进行期末处理，即计算按全月平均方式核算存货的全月平均单价及本月出库成本，计算按计划价、售价方式核算存货的差异率、差价率及本月分摊差异、差价，并对已完成日常业务的仓库、部门和存货做出标记。

具体操作步骤为:

（1）选择"供应链"→"存货核算"→"期末处理"命令，将弹出"期末处理"界面，如图 6－45 所示。

（2）在此界面的"末期未处理存货"框内显示未处理的存货，勾选需要进行期末处理的存货，单击"确认"按钮，系统提示"是否处理所选仓库"，单击"是"进行期末处理工作。

（3）进行期末处理时，采购管理、库存管理、销售管理必须已结账。

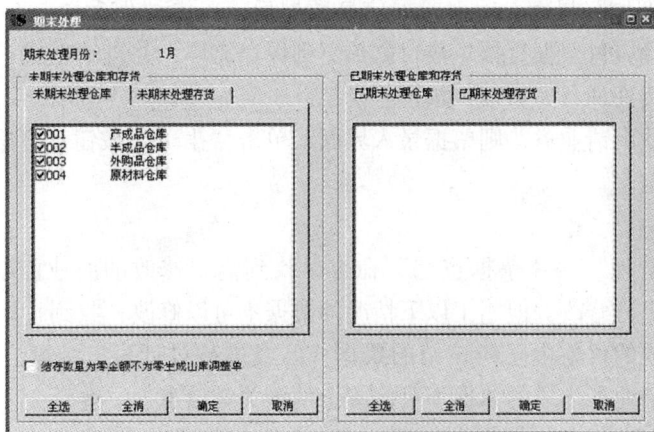

图 6 – 45　存货核算系统期末处理

2. 月末结账

具体操作步骤为：

选择"供应链"→"存货核算"→业务核算→"月末结账"命令，打开"月末结账"界面，界面弹出此次需要结账的当前月份，选择"月末结账"，单击"确认"按钮完成结账。对于已结账的月份，可以选择"取消结账"恢复到未结账状态。

【拓展学习】

一、暂估入库处理

本月存货已经入库，但采购发票尚未收到，可以先对货物进行暂估入库，待发票到达后，再根据该入库单与发票进行采购结算处理。

具体操作步骤为：

（1）在库存系统选择"业务工作"→"供应链"→"库存管理"→"入库业务"→"采购入库单"命令，填制并审核采购入库单。

（2）在存货系统选择"业务工作"→"供应链"→"存货核算"→"业务核算"→"暂估成本录入"命令，录入暂估入库成本。

（3）在存货系统选择"业务工作"→"供应链"→"存货核算"→"业务核算"→"正常单据记账"命令，执行正常单据记账。

（4）在存货系统选择"业务工作"→"供应链"→"存货核算"→"财务核算"→"生成凭证"命令，生成暂估记账凭证。

二、应付票据处理

实际业务中，企业采用商业汇票支付方式购买商品，包括银行承兑汇票和商业承兑汇票。商业承兑汇票是由付款人签发并承兑，或由收款人签发交由付款人承兑的汇票。银行承兑汇票是由在承兑银行开立存款账户的存款人签发，并由承兑银行承兑的票据。

1. 票据录入

在应付款管理系统中选择"票据管理"，打开票据管理主界面，单击"增加"按钮，系统显示"票据增加"界面，输入票据信息数据后，单击"保存"按钮，则保存当前票据。如果选项选择应付票据直接生成付款单，则保存完毕，并自动生成一张付款单，可对此付款单进行后续处理，如审核、核销等。

如果启用付款申请业务，则票据录入界面，单击"生单"按钮，可参照已经审核的付款申请单生成票据。

2. 修改票据

通过"票据管理"→"票据查询"命令，找到需要修改的商业汇票，利用"修改"功能可对该票据进行修改。但属于以下情况的票据不可以修改：收到日期在已经结账月的票据；票据所形成的付款单已经核销的票据；已经进行过计息、结算、转出等处理的票据；启用付款申请业务生成的票据不可修改金额等关键信息。

3. 票据计息

票据分为带息票据和不带息票据。带息票据指汇票到期时，承兑人按票据面额及应计利息之和向收款人付款的商业汇票。

执行"票据查询"操作，查找到需要进行计息操作的票据，然后单击"计息"按钮，分别选择所需的计息金额、开始计息日期和截止计息日期，系统将自动进行票据计息。单击"确认"按钮，系统会自动把结果保存在票据登记簿中。

4. 票据结算

票据结算即企业支付票据。

通过"票据管理"→"票据查询"命令，查找到需要结算的票据，然后单击"结算"按钮，就可以对当前的票据进行结算处理。输入结算金额等栏目后，单击"确认"按钮，结算完成，未全额结算的票据可进行其他处理。

三、采购运费处理

采购运费通过运费发票做出处理。采购运费是记录在采购货物过程中发生的运杂费、装卸费和入库整理费等费用的单据。运费发票记录可以在手工结算时进行费用分摊，也可以单独进行费用结算。

执行"采购结算"→"手工结算"→"分摊"命令，可将费用折扣存货发票记录和运费发票记录分摊。

典型工作任务

◎初始化销售管理系统。

◎初始化应收管理系统。

◎处理销售日常业务。

◎处理销售业务核算。

◎完成销售与应收、库存、存货月末结账。

职业能力目标

◎了解销售与应收、库存、存货系统的主要功能以及数据关系。

◎会初始化销售管理系统与应收款管理系统。

◎能处理销售日常业务。

◎会核算销售业务。

◎会操作销售与应收、库存、存货月末结账。

学习情境七　销售与应收、库存、存货业务处理

【情境引例】

　　重庆阅典计算机有限公司是一家集电脑及其周边产品生产、销售为一体的工业企业，会计核算采用新会计制度科目，于 2011 年 1 月 1 日开始实施会计信息化，同日启用供应链管理和往来管理。

一、建立账套

账套参数参见并沿用学习情境一——企业会计信息化实施的情境引例。

二、基础设置

参见并沿用学习情境一和学习情境六的情境引例。

三、录入期初数据

参见并沿用学习情境六的情境引例。

四、当月主要销售及结算业务

（一）业务一

　　1 月 14 日，昌新贸易公司想购买 10 台电脑（P3），向业务一部了解价格。业务一部报价为 6 300 元/台。填制并审核报价单。

　　该客户了解情况后，要求订购 10 台电脑，要求发货日期为 2011 年 1 月 16 日。填制并审核销售订单。

　　1 月 16 日，业务一部从成品仓库向昌新贸易公司发出其所订货物。据此开具专用销售发票一张。

业务部门将销售发票交给财务部门，财务部门结转此业务的收入及成本。

（二）业务二

1月17日，业务二部向昌新贸易公司出售喷墨打印机5台，报价为1 000元/台，成交价为报价的90%，货物从外购品仓库发出。

1月17日，根据上述发货单开具专用发票一张。

（三）业务三

1月17日，业务一部向昌新贸易公司出售电脑（P4）10台，报价为8 400元/台，货物从成品仓库发出。

1月17日，根据上述发货单开具专用发票一张，同时收到客户以支票所支付的全部货款。

（四）业务四

1月17日，业务一部向昌新贸易公司出售电脑（P3）10台，报价为6 400元/台，货物从成品仓库发出。

1月17日，业务二部向昌新贸易公司出售激光打印机5台，报价为2 300元/台，货物从外购品仓库发出。

1月17日，根据上述两张发货单开具专用发票一张。

（五）业务五

1月18日，业务二部向华宏公司出售激光打印机20台，报价为2 300元/台，货物从外购品仓库发出。

1月19日，应客户要求，业务二部对上述所发出的商品开具两张专用销售发票，第一张发票中所列示的数量为15台，第二张发票上所列示的数量为5台。

（六）业务六

1月19日，业务一部向昌新贸易公司出售10台激光打印机，报价为2 300元/台，物品从外购品仓库发出。据此开具专用销售发票一张。

（七）业务七

1月19日，业务一部在向昌新贸易公司销售商品的过程中发生了一笔代垫的安装费500元。

（八）业务八

1月20日，业务二部向精益公司出售主机（P4）20台，由半成品仓库发货，报价为2 500元/台，同时开具专用发票一张。

1月20日，客户根据发货单从半成品仓库领出15台主机（P4）。

1月21日，客户根据发货单再从半成品仓库领出5台显示器。

（九）业务九

1月20日，业务二部向精益公司出售主机（P4）20台，由半成品仓库发货，报价为2 500元/台。开具发票时，客户要求再多买两台，业务二部根据客户要求开具了22台主机（P4）的专用发票一张。

1月20日，客户先从半成品仓库领出13台显示器。

1月22日，客户再从半成品仓库领出7台显示器。

（十）业务十

1月20日，业务二部向精益公司出售电脑（P4）200台，由成品仓库发货，报价为8 500元/台。由于金额较大，客户要求以分期付款形式购买该商品。经协商，客户分四次付款，并据此开具相应销售发票。第一次开具的专用发票数量为50台，单价为8 500元/台。

业务部门将该业务所涉及的出库单及销售发票交给财务部门，财务部门据此结转收入及成本。

（十一）业务十一

1月20日，业务二部委托利氏公司代为销售电脑（P3）50台，售价为6 500元/台，货物从成品仓库发出。

1月25日，收到利氏公司的委托代销清单一张，结算计算机30台，售价为6 500元/台。立即开具销售专用发票给利氏公司。

业务部门将该业务所涉及的出库单及销售发票交给财务部门，财务部门据此结转收入及成本。

（十二）业务十二

1月25日，业务一部售给昌新公司的电脑（P3）10台，单价为6 500元/台，从成品仓库发出。

1月26日，业务一部售给昌新公司的电脑因质量问题，退回1台，单价为6 500元/台，收回成品仓库。

1月26日，业务一部开具相应的专用发票一张，数量为9台。

（十三）业务十三

1月27日，委托利氏公司销售的电脑（P3）退回2台，入成品仓库。由于该货物已经结算，故开具红字专用发票一张。

五、查询账表

（1）在销售系统中查询销售订单执行情况统计表。

（2）在销售系统中查询发货统计表。

（3）在销售系统中查询销售统计表。

（4）在销售系统中查询销售发货单。

（5）在销售系统中查询委托代销统计表。

（6）在库存系统中查询销售出库单。

（7）在库存系统中查询委托代销备查簿。

（8）在存货系统中查询出库汇总表。

（9）在存货系统中查询发出商品明细账。

六、完成各系统期末业务处理

【知识准备】

一、销售系统的主要功能

销售是企业生产经营成果的实现过程，是企业经营活动的中心。该销售管理系统提供了报价、订货、发货和开票的完整销售流程，支持普通销售、委托代销、分期收款、直运、零售和销售调拨等多种类型的销售业务，并可对销售价格和信用进行实时监控。可根据实际情况对系统进行定制，构建自己的销售业务管理平台。

销售管理系统具有以下主要功能：

1. 设置功能

销售管理系统可以设置销售选项、价格管理、允销限和信用审批人，还可以录入期初单据。

2. 业务功能

销售业务的日常操作包括报价、订货、发货和开票等业务；支持普通销售、委托代销、分期收款、直运、零售和销售调拨等多种类型的销售业务；可以进行现结业务、代垫费用和销售支出的业务处理；可以制订销售计划，对价格和信用进行实时监控。

3. 报表功能

可定义"我的报表"，查询使用销售统计表、明细表、销售分析和综合分析。

二、应收款管理系统的主要功能

应收款管理系统，通过发票、其他应收单、收款单等单据的录入，对企业的往来账款进行综合管理，及时、准确地提供客户的往来账款余额资料。同时还提供各种分析报表，如账龄分析表、周转分析表、欠款分析表、坏账分析表和回款分析表等，通过各种分析报表，帮助用户合理地进行资金的调配，提高资金的利用效率。

应收管理系统具有以下主要功能：

1. 设置功能

提供系统参数的定义，用户结合企业管理要求进行的参数设置是整个系统运行的基础；提供单据类型设置、账龄区间设置和坏账初始设置，为各种应收款业务的日常处理及统计分析做准备；提供期初余额的录入，保证数据的完整性与连续性。

2. 日常处理功能

提供应收单据、收款单据的录入、处理、核销、转账、汇兑损益和制单等处理。

3. 单据查询功能

提供单据查询的功能，包括各类单据、详细核销信息、报警信息和凭证等内容的查询。

4. 账表管理功能

提供总账表、余额表和明细账等多种账表查询功能；提供应收账款分析、收款账龄分析、欠款分析等丰富的统计分析功能。

5. 其他处理功能

其他处理提供进行远程数据传递的功能；提供对核销、转账等处理进行恢复的功能，以便进行修改；提供进行月末结账等处理的功能。

三、各系统之间的数据关系

销售管理系统、应收款管理系统、库存管理系统、存货核算系统均是既可以单独使用，又能与其他系统集成使用的管理系统，其能提供完整全面的业务和财务流程处理，发挥更加强大的应用功能。各系统之间的数据关系如图 7-1 所示。

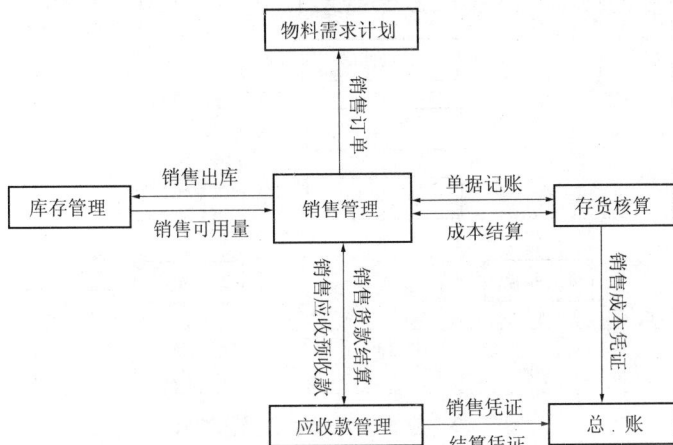

图 7-1　各系统数据关系

1. 销售管理系统与存货核算系统的数据关系

存货核算系统与销售管理系统集成使用时，从销售管理系统提取分期收款发出商品期初数据、委托代销发出商品期初数据，并可对销售管理系统生成的销售发票、发货单进行记账。

2. 销售管理系统与库存管理系统的数据关系

根据选项设置，可以在库存管理系统参照销售管理系统的发货单、销售发票、销售调拨单、零售日报生成销售出库单；销售出库单也可以在销售管理系统生成后传递到库存管理系统，库存管理系统再进行审核。

库存管理系统为销售管理系统提供可用于销售的存货的可用量。

3. 销售管理系统与应收款管理系统的数据关系

（1）在详细核算方式下，复核以后的销售发票在应收款管理系统进行审核登记应收账款、收款和核销，已经现收的销售发票可以在应收款管理系统进行记账和制单；应收款管理系统可以查询出销售管理系统中已经出库但还没有开票的实际应收信息和未复核的发票。

（2）简单核算方式下，在销售管理系统录入的发票可以在应收款管理系统中进行审核登记应收账款，已经现结的销售发票可以在应收款管理系统中进行记账和制单。

【业务操作流程】

各系统基本的业务操作流程大致相同，主要按以下流程开展：首先进行初始化设置；然后在初始化完成基础上，开展日常业务的处理，包括业务单据处理和财务核算；之后可查询打印各类单据账表；最后进行期末业务处理。

各系统业务操作流程如图 7 - 2 和图 7 - 3 所示。

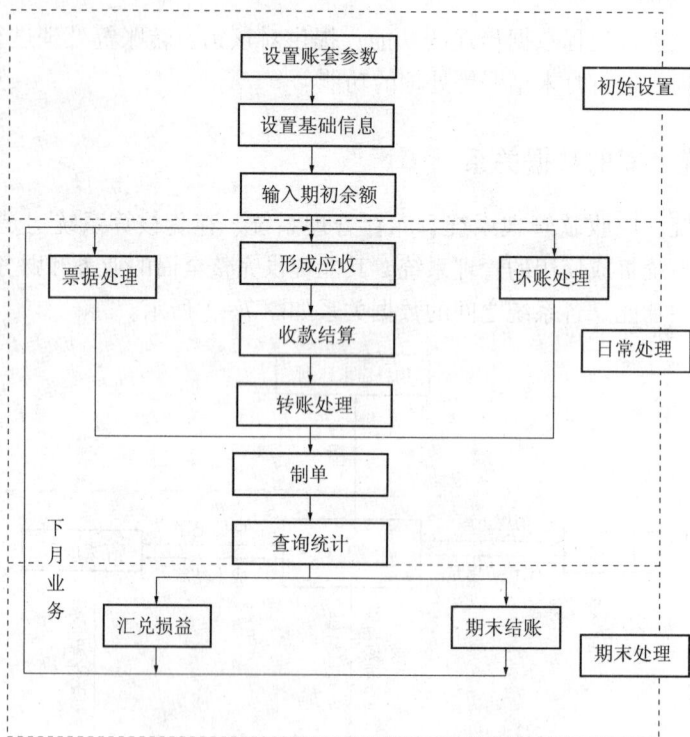

图 7 - 2　应收款管理业务操作流程

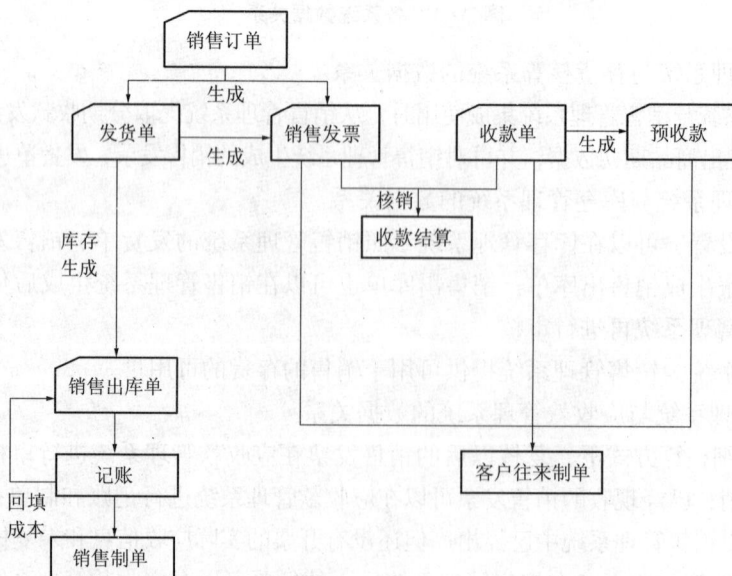

图 7 - 3　销售管理业务操作流程

【职业判断与业务操作】

一、初始化销售管理系统

在进行日常业务之前，需要做一些基本的设置工作。首先要根据业务情况设置销售选项，还可以进行允销限和信用审批人设置，录入期初单据。

（一）设置销售选项

销售选项包括业务控制、其他控制、信用控制、可用量控制和价格管理。

具体操作步骤为：

选择"基础设置"→"业务参数"→"供应链"→"销售管理"命令，将弹出如图 7 - 4 所示的"销售选项"界面。

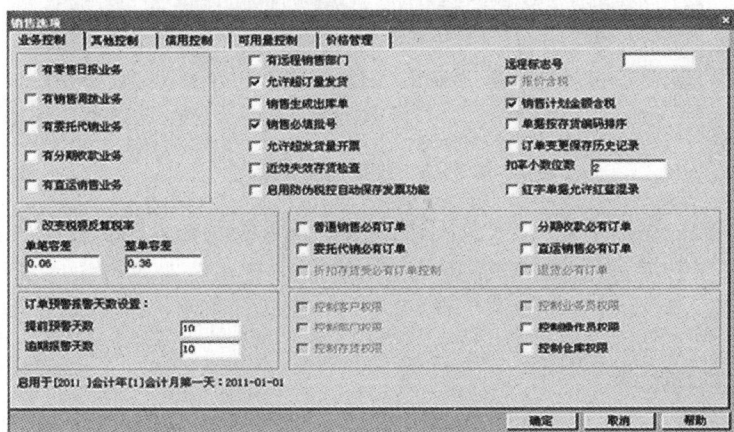

图 7 - 4　"销售选项"界面

1. 业务控制

业务控制中的选项包括销售业务选项开关设置、销售订单要求设置、数据权限控制设置、业务控制选项设置和订单预警报警天数设置等。用户可根据实际需要进行勾选。

2. 其他控制

其他控制中的选项包括打印控制、自动指定批号、自动匹配入库单、允销限销控制、质量检验选项和生单选项等设置。

3. 信用控制

进行信用控制，根据信用检查点，在保存、审核销售单据时（控制信用的单据），若当前客户（或按照部门、业务员控制）的应收账款余额（应收账款期间）超过了该客户（或部门、业务员）档案中设定的信用额度（信用期限），系统提示当前客户（或部门、业务员）已超信用，并根据需要信用审批进行控制。主要有信息控制对象、信用控制纬度、控制信用的单据和信用检查项目等设置。

4. 可用量控制

可用量控制包括可用量控制公式、超可用量控制和可用量检查公式。

5. 价格管理

价格管理选项包括取价方式、报价参照、价格政策和最低售价控制。

（二）设置仓库档案、收发类别与销售类型

1. 设置仓库档案

具体设置参见学习情境六初始化采购管理系统的仓库档案设置，此处不再赘述。

2. 设置收发类别

具体设置参见学习情境六初始化采购管理系统的收发类别设置，此处不再赘述。

3. 设置销售类型

具体设置步骤为：

执行“基础档案”→“业务”→“销售类型”命令，单击“增加”按钮，打开“销售类型”设置界面，按销售类型内容录入，如图 7－5 所示。

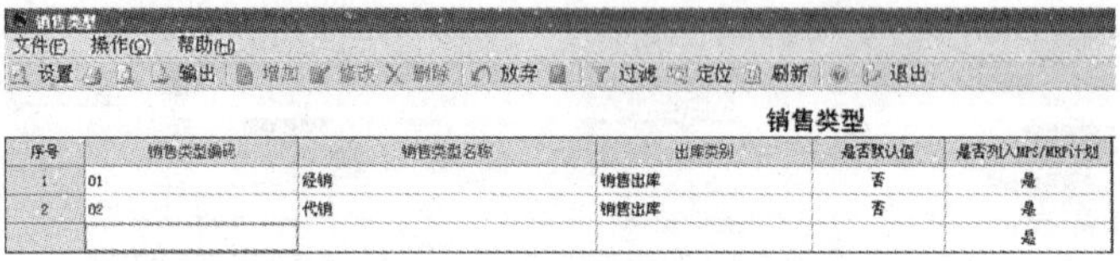
销售类型
文件(F) 操作(O) 帮助(H)
设置 输出 增加 修改 删除 放弃 过滤 定位 刷新 退出
销售类型
序号 销售类型编码 销售类型名称 出库类别 是否默认值 是否列入MPS/MRP计划
1 01 经销 销售出库 否 是
2 02 代销 销售出库 否 是
是

图 7－5 设置销售类型

销售类型编码、名称不能为空，且不能重复；出库类别输入销售类型所对应的出库类别，以便销售业务数据传递到库存管理系统和存货核算系统时进行出库统计和财务制单处理。

（三）录入期初数据

销售管理系统的期初数据是指在启用系统前尚未处理的数据，包括期初发货单和期初委托代销发货单。

1. 期初发货单

期初发货单处理启用日之前已经发货和出库，但尚未开发票的业务，包括普通销售和分期收款发货单。

具体操作步骤为：

（1）进入“业务工作”中，执行“供应链”→“销售管理”→“设置”→“期初录入”→“期初发货单”命令，将弹出“期初发货单”录入界面，在工具栏单击“增加”按钮，将新增一张期初发货单，如图 7－6 所示。

（2）录入期初发货单据后，单击“审核”按钮确认新增数据。

期初发货单可以修改、删除、审核和弃审，但期初分期收款发货单被存货核算取数后就不允许再弃审。

2. 期初委托代销发货单

期初委托代销发货单只需录入未完全结算的数据。例如，某期初委托代销发货单某货物原始发货数量为10，在日常业务开始之前已结算数量为3，那么在录入这张期初单据时，该货物的发货数量录入7。期初委托代销发货单被存货核算取数后就不允许再弃审。

期初委托代销发货单的录入方法与期初发货单基本相同，此处不再赘述。

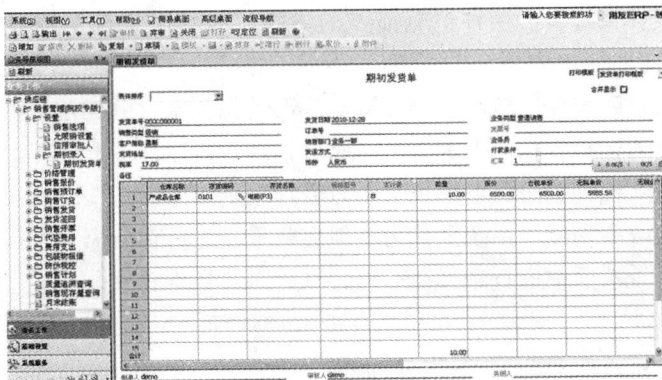

图 7 - 6 期初发货单

二、初始化应收款管理系统

应收款管理系统的初始化包括系统参数、初始设置和期初余额三项。

(一) 设置应收款系统参数

在运行应收款管理系统前，应先设置运行所需要的账套参数，以便系统根据设定的选项进行相应的处理。本系统的业务参数包括常规参数、凭证参数、权限与预警参数和核销设置参数。

具体操作步骤为：

选择"基础信息"→"业务参数"→"财务会计"→"应收款管理"命令，将弹出"应收款管理系统参数"设置界面，单击"编辑"即可进行业务参数的设置。

1. 常规参数

常规参数主要设置项如图 7 -7 所示。

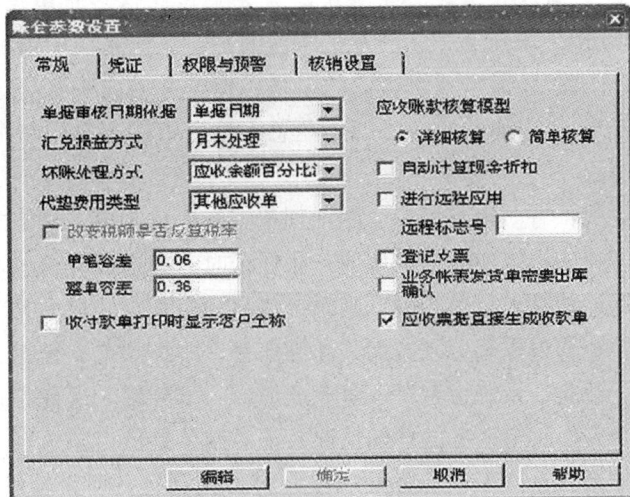

图 7 - 7 常规参数设置

单据审核日期依据：系统提供两种确认单据审核日期的依据，即单据日期和业务日期。

汇兑损益方式：系统提供两种汇兑损益的方式，即外币余额结清时计算和月末处理两种。

坏账处理方式：系统提供应收余额百分比法、销售收入百分比法、账龄分析法和直接转销法四种方法。若选择备抵类型的方法，则可自动进行后续坏账处理。

代垫费用类型：代垫费用类型解决从销售管理系统传递的代垫费用单在应收系统用何种单据类型进行接收的功能。系统默认为其他应收单，也可在单据类型设置中自行定义单据类型，然后在系统选项中进行选择。

2. 凭证参数

凭证参数主要设置项如图 7 - 8 所示。

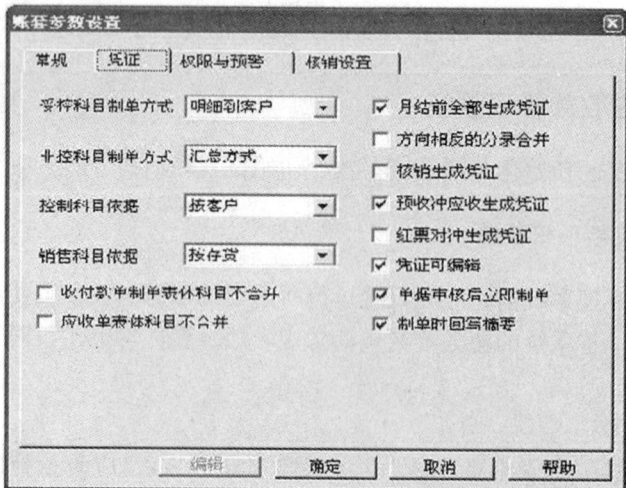

图 7 - 8　凭证参数设置

受控科目制单方式：有明细到客户、明细到单据两种方式可供选择。明细到客户是指当一个客户的多张单据合并生成一张凭证时，如果核算这多张单据的控制科目相同，系统将自动将其合并成一条分录。这种方式的目的是在总账系统中能够根据客户来查询其详细信息。明细到单据是指当一个客户的多张单据合并生成一张凭证时，系统会将每一笔业务形成一条分录。这种方式的目的是在总账系统中能查看到每个客户每笔业务的详细情况。

非控科目制单方式：有明细到客户、明细到单据和汇总制单三种方式可供选择。明细到客户是指当一个客户的多笔业务合并生成一张凭证时，如果核算这多笔业务的非受控科目相同且其所带辅助核算项目也相同，则系统将自动将其合并成一条分录。这种方式的目的是在总账系统中能够根据客户来查询其详细信息。明细到单据是指当一个客户的多笔业务合并生成一张凭证时，系统会将每一笔业务形成一条分录。这种方式的目的是在总账系统中能查看到每个客户每笔业务的详细情况。汇总制单是指当多个客户的多笔业务合并生成一张凭证时，如果核算这多笔业务的非控科目相同且其所带辅助核算项目也相同，则系统将自动将其合并成一条分录。这种方式的目的是精简总账中的数据，使总账系统中只能查看到该科目的一个总的发生额。

控制科目依据：应收控制科目是指所有带有客户往来辅助核算并受控于应收系统的科目，在会计科目中进行设置。系统提供按客户分类、客户、地区、销售类型、存货分类和存货六种设置控制科目的依据。

销售科目依据：系统提供了按存货分类、存货、客户、客户分类和销售类型五种设置存货销售科目的依据。在此设置的销售科目，是系统自动制单科目取值的依据。

3. 权限预警参数

权限预警主要包括是否启用客户权限、是否启用部门权限、录入发票时显示提示信息、单据报警、是否信用额度控制和信用额度报警等项，如图 7-9 所示。

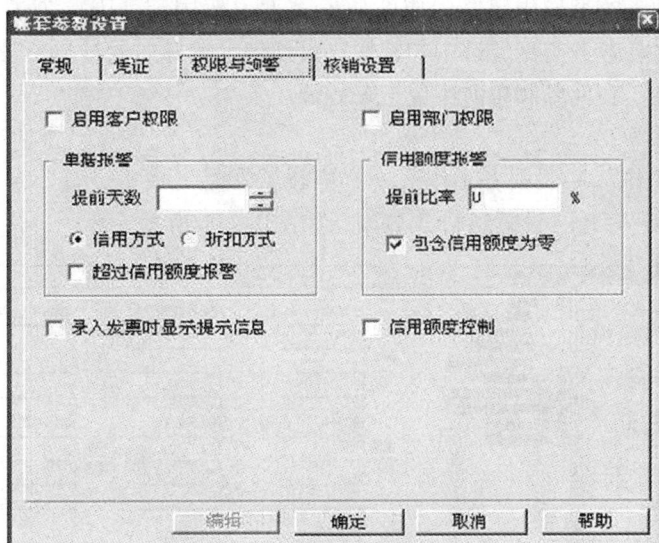

图 7-9 权限预警参数设置

4. 核销设置参数

核销设置主要有应收款核销方式、规则控制方式、核销规则和收付款单审核后核销等项，如图 7-10 所示。

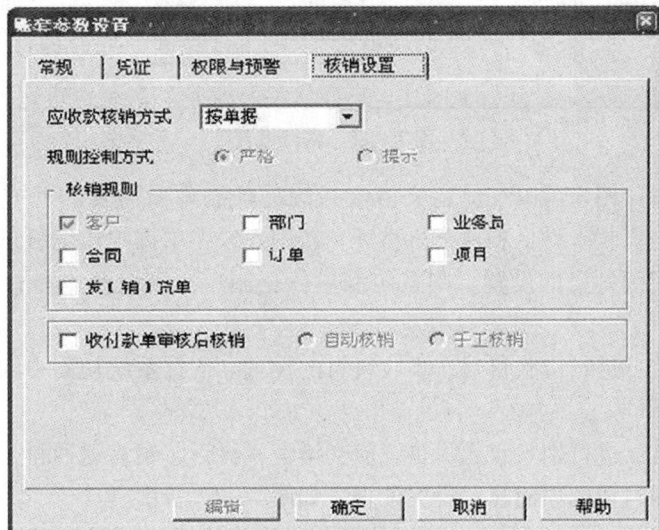

图 7-10 核销设置

（二）初始设置

初始设置包括科目设置、坏账准备设置、账龄区间设置、报警级别设置和单据类型设置等内容。初始设置的作用是建立应收款管理的基础数据，可以根据企业的实际情况设置相关数据，使应收款管理适应企业的需要。

1. 设置科目

由于本系统业务类型较固定，生成的凭证类型也较固定，因此为了简化凭证生成操作，可以在此处将各业务类型凭证中的常用科目预先设置好。通过科目设置，系统可以根据不同的业务类型，在业务制单时生成记账凭证。

具体操作步骤为：

选择"业务工作"→"财务工作"→"应收款管理"→"设置"→"初始设置"→"设置科目"命令，打开"设置科目"界面，如图7-11所示。

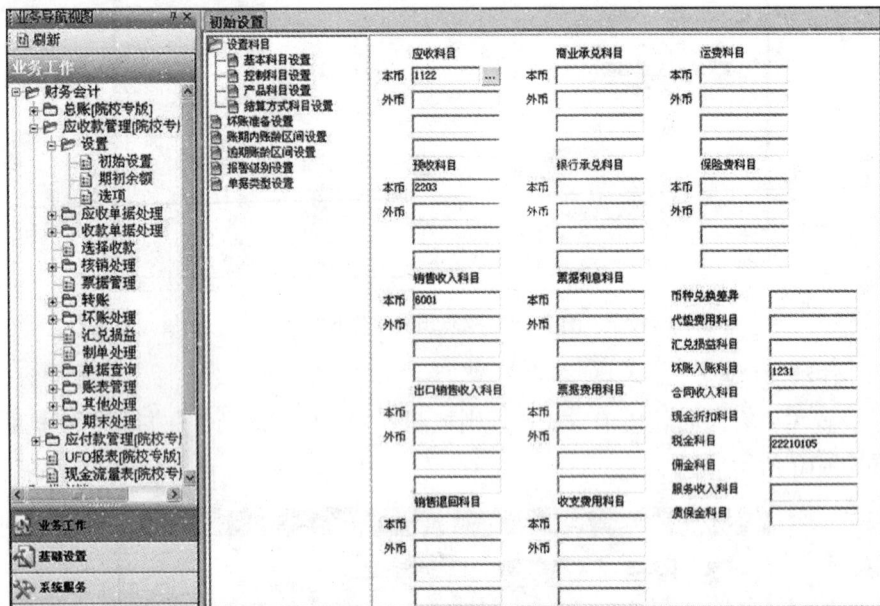

图7-11　科目设置

基本科目设置：用户可以在此定义应收系统凭证制单所需要的基本科目，如应收科目、预收科目、销售收入科目和税金科目等。若用户未在单据中指定科目，且控制科目与产品科目中没有明细科目的设置，则系统制单依据制单规则取基本科目设置中的科目设置。如图7-11所示。

控制科目设置：进行应收科目、预收科目的设置。依据系统初始中的控制科目依据项而显示设置依据。

产品科目设置：进行销售收入科目、应交增值税科目、销售退回科目的设置。依据系统初始中的销售科目依据项而显示设置依据。如图7-12所示。

结算方式科目设置：进行结算方式、币种、科目的设置。对于现结的发票、收付款单，系统依据单据上的结算方式查找对应的结算科目，系统制单时自动带出。

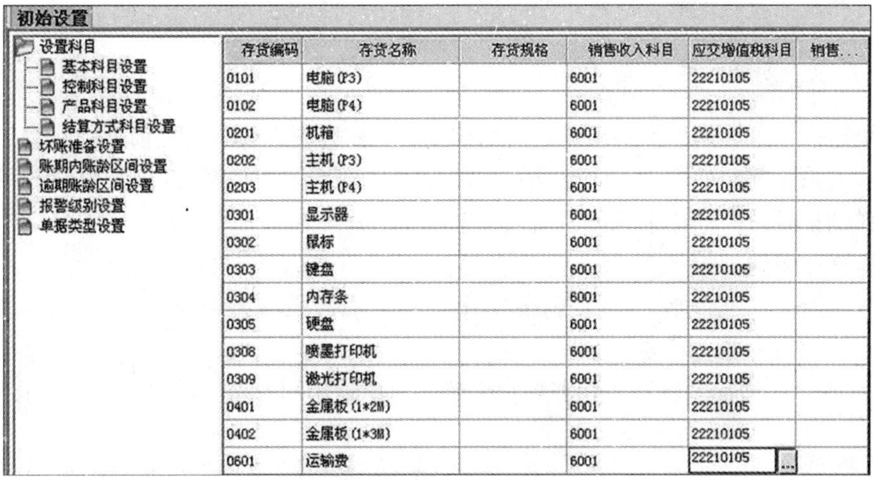

存货编码	存货名称	存货规格	销售收入科目	应交增值税科目	销售...
0101	电脑(P3)		6001	22210105	
0102	电脑(P4)		6001	22210105	
0201	机箱		6001	22210105	
0202	主机(P3)		6001	22210105	
0203	主机(P4)		6001	22210105	
0301	显示器		6001	22210105	
0302	鼠标		6001	22210105	
0303	键盘		6001	22210105	
0304	内存条		6001	22210105	
0305	硬盘		6001	22210105	
0308	喷墨打印机		6001	22210105	
0309	激光打印机		6001	22210105	
0401	金属板(1*2M)		6001	22210105	
0402	金属板(1*3M)		6001	22210105	
0601	运输费		6001	22210105	

图 7－12　产品科目设置

2. 坏账初始设置

坏账初始设置是指用户定义本系统内计提坏账准备比率和设置坏账准备期初余额的功能，其作用是系统根据用户的应收账款进行计提坏账准备。

坏账初始设置根据应收系统选项中所设置坏账处理方式的不同而做出不同的处理。销售收入百分比法和应收余额百分比法应录入坏账准备期初余额和坏账计提比率；账龄分析法应录入坏账准备期初余额、选择账龄区间方案及针对账龄区间方案录入相应账龄区间的坏账计提比率。如图 7－13 所示。

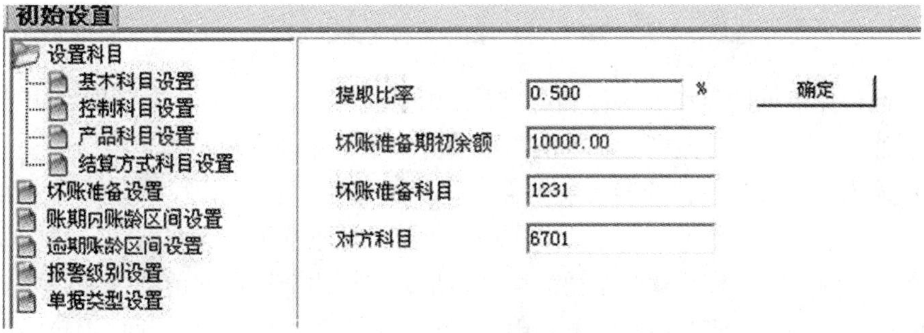

图 7－13　坏账准备设置

当做过任意一种坏账处理（坏账计提、坏账发生、坏账收回）后，就不能修改坏账准备数据，只允许查询。

3. 设置单据类型

单据类型设置时，用户将自己的往来业务与单据类型建立对应关系，达到快速处理业务以及进行分类汇总、查询和分析的效果。

系统提供了发票和应收单两大类型的单据。如果同时使用销售系统，则发票的类型包括增值税专用发票、普通发票、销售调拨单和销售日报；如果单独使用应收系统，则发票的类型不包括后两种。发票是系统默认类型，不能修改和删除。

应收单记录销售业务之外的应收款情况。在本功能中，可以将应收单划分为不同的类型，以区分应收货款之外的其他应收款。如将应收单分为应收代垫费用款、应收利息款、应收罚款和其他应收款等，应收单的对应科目由用户自己定义。

（三）录入期初余额

系统通过录入期初单据的形式建立期初数据。在启用应收系统之前，将账套启用会计期间以前的未处理完的应收、收款和预收单据录入到系统中，系统可对其进行后续处理，目的是详细记录每一笔往来业务，加强往来款项的处理。

具体操作步骤为：

（1）选择"业务工作"→"财务工作"→"应收款管理"→"设置"→"期初余额"命令，打开"期初余额查询"界面。

（2）单击"增加"按钮，选择单据名称、单据类型和方向，如图7-14所示。

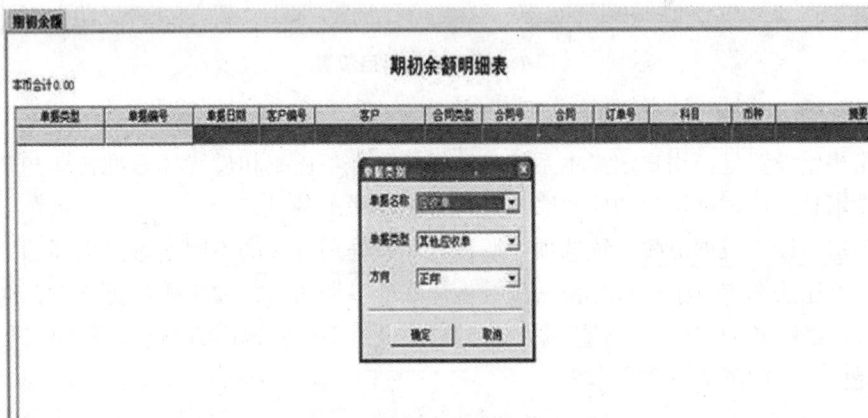

图7-14 期初余额明细表

（3）选择完单据的类型、名称和方向后，单击"确认"按钮，屏幕即会出现该类型单据的界面，可以输入有关栏目。单击"取消"按钮，系统会取消刚才的操作。

（4）输入各种类型单据的期初余额后，单击"保存"按钮，即可保持所进行的操作。

录入期初余额，包括未结算完的发票和应收单、预收款单据、未结算完的应收票据以及未结算完毕的合同金额。这些期初数据必须是账套启用会计期间前的数据；期初余额录入后，可与总账系统对账；在日常业务中，可对期初发票、应收单、预收款和票据进行后续的核销、转账处理，也可在应收业务账表中查询期初数据。

三、销售业务日常处理

销售业务的日常操作包括报价、订货、发货和开票等业务；支持普通销售、委托代销、分期收款、直运、零售和销售调拨等多种类型的销售业务；可以进行现结业务、代垫费用和销售支出的业务处理；可以制订销售计划，对价格和信用进行实时监控。

（一）销售报价

销售报价是企业向客户提供货品、规格、价格和结算方式等信息，双方达成协议后，销售报价单即转为有效力的销售订单。企业可以针对不同客户、不同存货与不同批量提出不同的报价和扣率。销售报价单是可选单据，用户可根据业务的实际需要选用。

具体操作步骤为：

在"业务工作"中，选择"供应链"→"销售管理"→"销售报价"→"销售报价单"命令，打开"销售报价单"录入界面，在工具栏单击"增加"按钮新增一张销售报价单，录入相关内容保存即可。如图 7－15 所示。

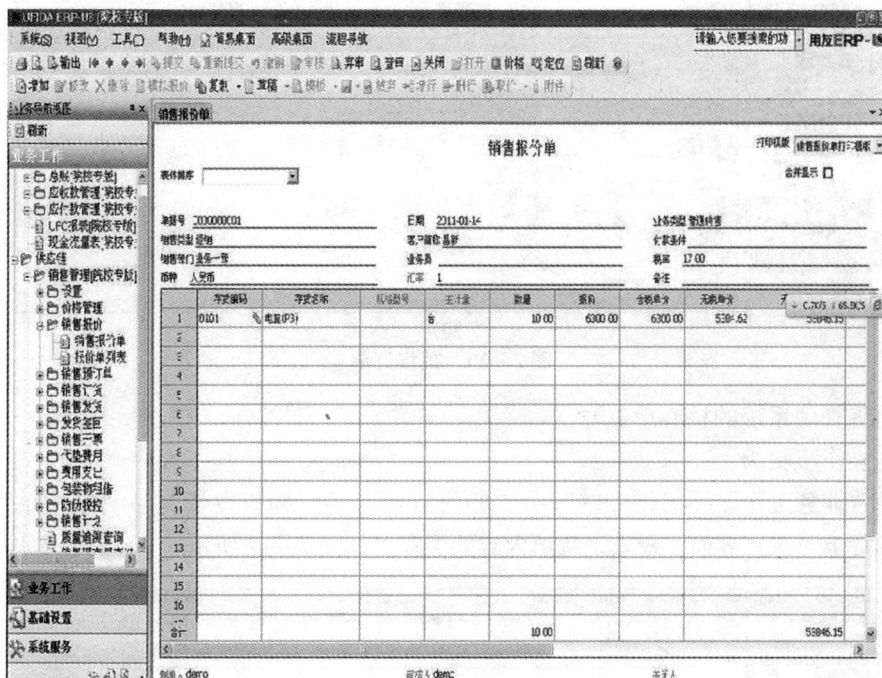

图 7－15　销售报价单

报价单有手工增加和参照模拟报价生成两种增加方式，可以修改、删除、审核、弃审、关闭和打开，已审核未关闭的报价单可参照生成销售订单。

（二）销售订货

销售订货是指由购销双方确认的客户的要货过程，用户根据销售订单组织货源，并对订单的执行进行管理、控制和追踪。

销售订单是反映由购销双方确认的客户要货需求的单据，它可以是企业销售合同中关于货物的明细内容，也可以是一种订货的口头协议。对于必有订单的业务模式，销售订单是必用单据；否则销售订单是可选单据，用户可以根据业务的实际需要选用。

具体操作步骤为：

选择"业务工作"→"供应链"→"销售管理"→"销售订货"→"销售订单"命令，打开"销售订单"录入界面，录入订单内容并保存。如图 7－16 所示。

销售订单可以手工增加，即在工具栏中单击"增加"按钮新增一张销售订单，也可参照报价单、合同等生成。

（三）销售发货

销售发货是企业执行与客户签订的销售合同或销售订单而将货物发往客户的行为，是销售业务的执行阶段。发货单是销售方给客户发货的凭证，是普通销售发货业务的执行载

图 7 - 16　销售订单

体，是销售管理系统的核心单据。

具体操作步骤为：

选择"业务工作"→"供应链"→"销售管理"→"销售发货"→"发货单"命令，打开"发货单"录入界面，录入发货单内容并保存。如图 7 - 17 所示。

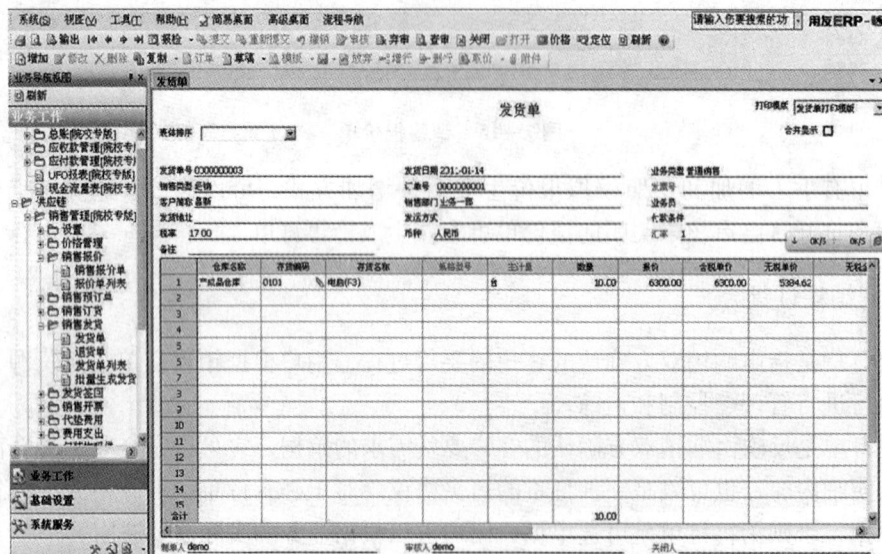

图 7 - 17　销售发货单

1. 先发货后开票

此种销售方式下，销售发货单可以手工增加，也可以参照销售订单生成；勾选必有订单业务模式时，销售发货单不可手工新增，只能参照生成。发货单审核后，生成销售发票和销售出库单。

2. 开票直接发货

此种销售方式下，销售发票复核时，自动生成销售发货单。此时的销售发货单不可以修改、删除和弃审，但可以关闭和打开。

　　与库存管理系统集成时，若通过"设置"→"销售选项"→"业务控制"命令将"销售生成出库单"设置为"是"，则销售发货单审核时生成销售出库单；否则库存管理系统根据发货单生成出库单。

（四）销售出库

　　销售出库单是销售出库业务的主要凭据，在库存管理系统中用于存货出库数量核算，在存货核算系统中用于存货出库成本核算（若存货核算系统销售成本的核算选择"依据销售出库单"）。

　　1. 销售管理系统生成出库单

　　具体操作步骤为：

　　（1）选择"业务工作"→"销售管理"→"设置"→"销售选项"命令，打开"销售选项"界面，在"业务控制"标签中勾选"销售生成出库单"，如图7－18所示。

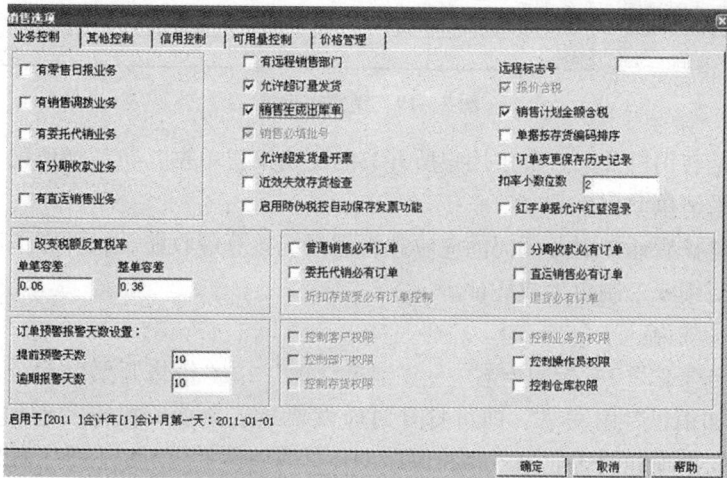

图7－18　销售生成出库单设置

　　（2）完成设置后，销售管理系统的发货单、销售发票、零售日报和销售调拨单在审核、复核时，会自动生成销售出库单，并传到库存管理系统和存货核算系统，库存管理系统不可修改出库数量，即一次发货一次全部出库。

　　2. 库存管理系统制作出库单

　　选择此操作方式，不可勾选销售选项中的"销售生成出库单"项，可在库存管理系统手工增加或参照审核的销售发货单等生成出库单。

　　具体操作步骤为：

　　选择"业务工作"→"库存管理"→"出库业务"→"销售出库单"命令，单击"增加"或"生成"按钮，完成出库单的制作。如图7－19所示。

（五）销售开票

　　销售开票是在销售过程中企业给客户开具销售发票及其所附清单的过程，它是销售收入确认、销售成本计算、应交销售税金确认和应收账款确认的依据，是销售业务的重要环节。

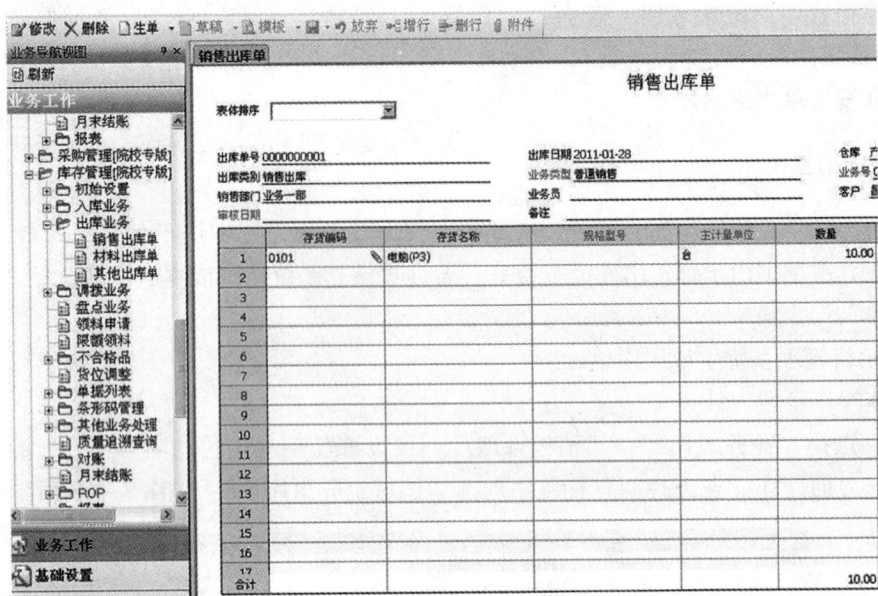

图 7 – 19　销售出库单

销售发票是在销售开票过程中用户所开具的原始销售单据，包括增值税专用发票、普通发票及其所附清单。

销售发票复核后通知财务部门的应收款管理系统核算应收账款，并在应收款管理系统审核登记应收明细账，制单生成凭证。

具体操作步骤为：

选择"业务工作"→"供应链"→"销售管理"→"销售开票"命令，选择需开具的发票种类（如销售专用发票）即可打开对应发票录入界面，执行"增加"或"生单"功能输入相关发票项和销售业务内容并保存，开具的销售发票可以修改、删除、复核和弃复。如图 7 – 20 所示。

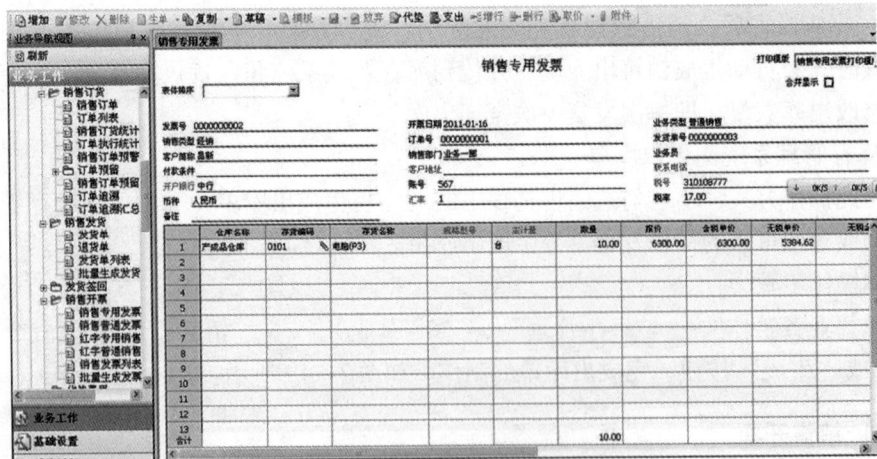

图 7 – 20　销售专用发票

1. 开票直接发货

销售发票可以手工增加，也可以参照销售订单生成。必有订单业务模式下，销售发票不可手工新增，只能参照生成；直运业务时，直运销售发票可参照直运采购发票生成。

2. 先发货后开票

参照销售发货单生成销售发票；根据委托代销发货单进行委托结算时自动生成委托代销发票。

四、销售业务核算处理

（一）货款结算与核销

1. 现结处理

现结是在货款两讫的情况下，在销售结算的同时向客户收取货款。在销售发票、销售调拨单、零售日报等收到货款后可以随时对其单据进行现结处理，现结操作必须在单据复核操作之前。系统提供完全现结和部分现结两种处理模式。

1）完全现结

客户在销售业务发生的同时付清货款，为完全现结。完全现结的销售业务不形成应收账款，故应收管理系统不对完全现结的业务进行处理，但其提供现结制单的功能。

发生完全现结业务时，用户需要在"销售管理"系统中录入销售发票，并在销售发票工具栏中单击"现结"按钮，输入结算方式和结算金额等信息，单击"确定"按钮，对当前单据进行现结，发票左上角注明"现结"红色标记。如图7－21所示。

图 7－21　销售现结

完全现结业务传递到应收系统，对销售发票审核时，系统自动将结算金额与发票金额进行核销，不形成应收账款，不在收款单审核列表中进行审核，也不在收付款单制单类型中进行制单。它们是在对应发票审核的同时进行审核的，制单是在应收款管理系统中通过"制单处理"自动行现结制单。

2）部分现结

客户在销售业务发生的同时，支付一部分货款，为部分现结。部分现结的销售业务部分形成应收账款，应收管理系统对部分现结的业务进行处理仅限于处理尚未结清的那部分金额，对已结算的部分提供现结制单的功能，对尚未结算的部分提供核销、转账等后续处理。

发生部分现结业务时，用户需要在"销售管理"系统中录入销售发票，并在销售发票工具栏中单击"现结"按钮，输入结算方式和结算金额等信息。传递到应收系统，对销售发票审核时，系统自动将结算金额与发票金额进行核销，余额则形成应收账款。

2. 应收账款处理

应收款管理系统，通过发票、其他应收单和收款单等单据的录入，对企业的往来账款进行综合管理，及时、准确地提供客户的往来账款余额资料，并提供各种分析报表，如账龄分析表、周转分析表、欠款分析表、坏账分析表、回款分析表等，通过各种分析报表，帮助用户合理地进行资金的调配，提高资金的利用效率。

销售管理系统中的销售发票传递到应收款管理系统中，经过财务人员审核销售发票，就形成了对该客户的应收账款。应收账款的处理流程如图 7 - 22 所示。

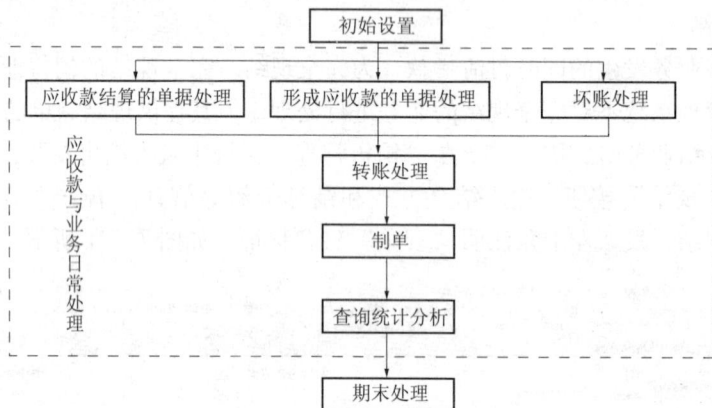

图 7 - 22 应收账款处理流程

1）应收单据处理

应收单据处理是指用户进行单据录入和单据管理的工作。通过单据录入、单据管理，可记录各种应收业务单据的内容，查阅各种应收业务单据，完成应收业务管理的日常工作。

根据业务模型不同，单据录入的类型也不同：

如果同时使用应收款管理系统和销售管理系统，则发票和代垫费用产生的应收单据由销售管理系统录入，此时，本系统需要录入的单据仅限于应收单；如果没有使用销售系统，则各类发票和应收单均应在本系统录入。

在本系统内可以对这些单据进行审核、弃审、查询、核销和制单等操作。审核时，系统提供手工审核和自动批审核的功能。当审核的发票已经做过现结处理，则系统在审核记账的同时，后台还将自动进行相应的核销处理，对于发票有剩余的部分，做应收账款处理。

已审核的应收单据可在审核完成时自动生成销售及往来确认记账凭证或以后执行"制单"功能生成记账凭证。

2）收款处理

收款业务主要是对结算单据［包括收款单、付款单（即红字收款单）］的录入和审核。其中，收款单是指企业所收到的客户款项，包括应收款、预收款及其他费用等。

应收系统的收款单用来记录企业所收到的客户款项，款项性质包括应收款、预收款和其他费用等。其中应收款、预收款性质的收款单将与发票、应收单和付款单进行核销勾对。

应收系统付款单用来记录发生销售退货时，企业开具的退付给客户的款项。该付款单可与应收、预收性质的收款单、红字应收单和红字发票进行核销。

具体操作步骤为：

（1）在"应收款管理"中，选择"收款单据处理"→"收款单据录入"命令，打开"收款单录入"界面，单击"增加"按钮，即可新增并录入一张收款单（单击"切换"按钮可使当前的收款单的界面切换为付款单的界面）。如图 7 – 23 所示。

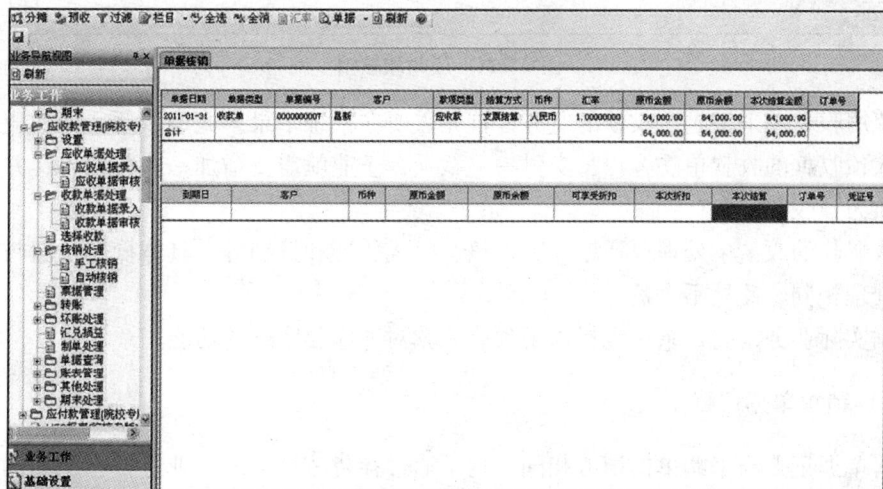

图 7 – 23　收款单

（2）对保存的收款单可进行手工审核或自动批审核。对完成审核的收款单可立即自动生成货款结算的记账凭证，也可以后再通过"制单"功能生成。

3）核销处理

核销处理是指收回客户款项，核销该客户的应收款，以此建立收款与应收款的核销记录，及时反映应收款的状态，以加强应收款的管理。系统提供了手工核销和自动核销两种方式。

手工核销时，在"应收款管理"中，选择"核销处理"→"手工核销"命令，打开核销过滤条件界面，输入技术优势，单击"确定"按钮，进入单据核销界面，上部分的记录是收款记录，下部分的记录是应收款记录；手工输入本次结算金额（或使用"分摊"功能），当次结算上、下列表中的结算金额合计必须保持一致，单击"保存"按钮，即可完成本次核销操作。如图 7 – 24 所示。

3. 预收账款处理

企业由于生产的产品供不应求，客户预先打款要货，企业收到提前支付的款项就是预收款，财务人员收到款后，需登记入账。通常，预收账款是通过应收款管理系统来管理的。

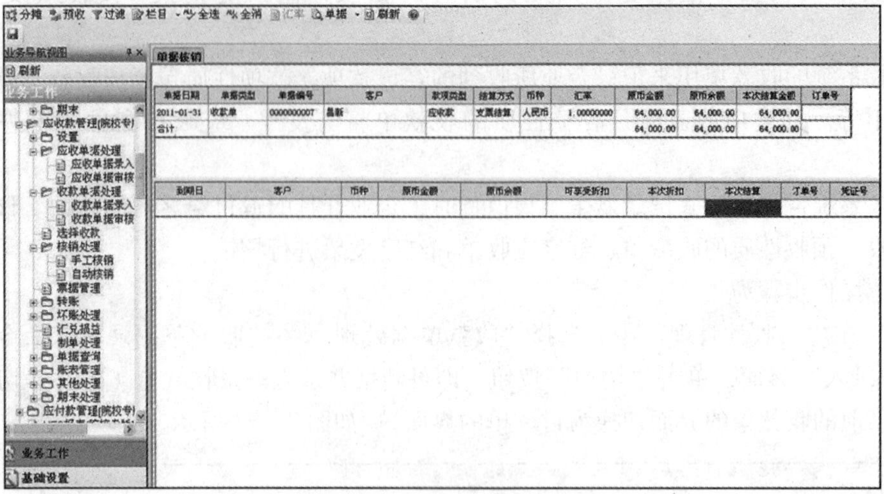

图 7-24 应收款核销

系统用收款单来记录预收款的业务，首先需要在系统中录入此笔款项，即在应收款管理中录入预收款的收款单。客户每支付一笔款项，企业就需要增加一张收款单，并指定其款项性质为预收款。

预收账款的收款单处理包括增加、审核、生成凭证和核销等，具体操作步骤与前述收款单的处理相同，此处不再赘述。

根据实际业务情况，系统也提供了预收账款对冲应收账款的功能。

（二）销售单据记账

销售单据记账与采购单据记账相同，均是通过存货核算系统"业务核算"中的单据记账功能完成。此处不再赘述。

（三）出库凭证生成

1. 生成销售出库单

销售出库单是销售出库业务的主要凭据，在库存管理系统中用于存货出库数量核算，在存货核算系统中用于存货出库成本核算。

具体操作步骤为：

选择"业务工作"→"库存管理"→"出库业务"→"销售出库单"命令，打开"销售出库单"管理界面，执行"增加"或"生单"功能完成销售出库单录入并保存。如图 7-25 所示。

2. 审核销售出库单

具体操作步骤为：

选择"业务工作"→"库存管理"→"单据列表"→"销售出库单列表"命令，打开出库单列表，单击或打开欲审核的销售出库单，单击工具栏中"审核"按钮完成审核。如图 7-26 所示。

3. 执行销售出库单记账

前已述及，此处不再赘述。

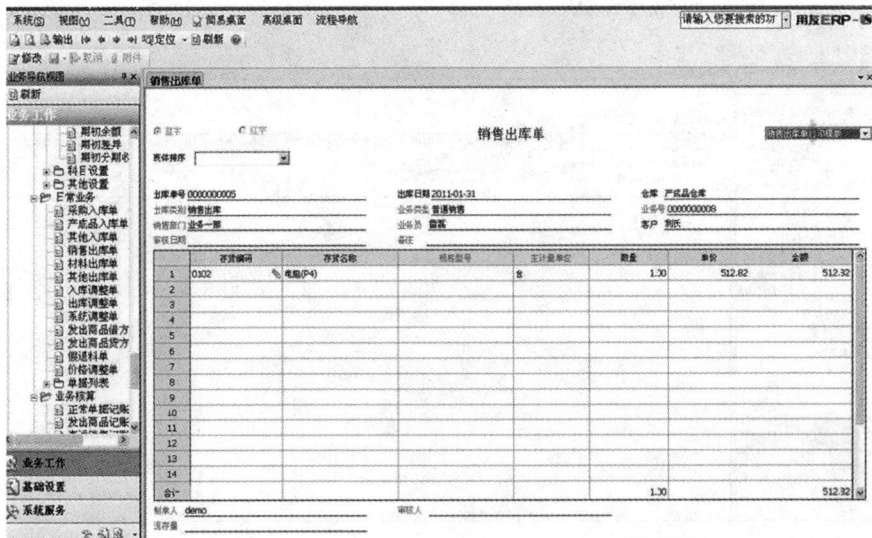

图 7 - 25　销售出库单

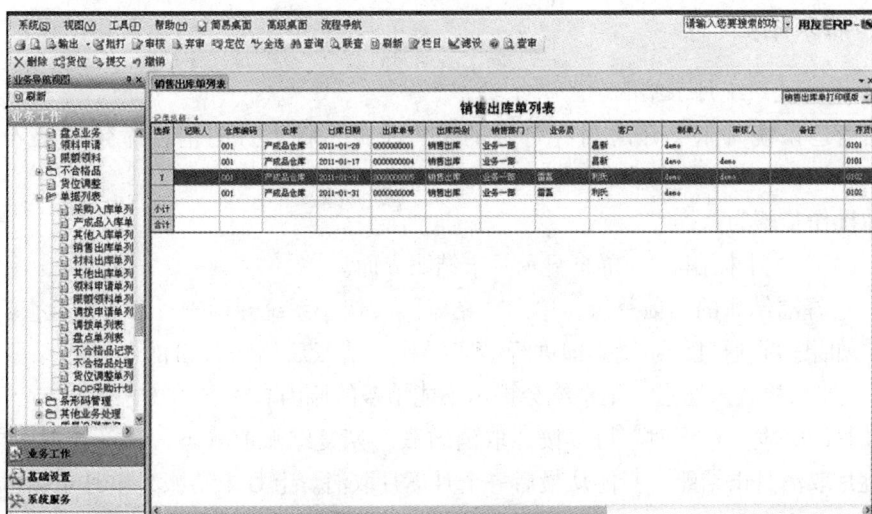

图 7 - 26　审核销售出库单

4. 生成出库凭证

在审核销售出库单时可立即制单，若没有，则可以使用存货核算系统的"生成凭证"功能制单。

具体操作步骤为：

选择"业务工作"→"存货核算"→"财务核算"→"生成凭证"命令，选择所需生成的"凭证类别"，单击工具栏"选择"按钮，打开查询条件，根据需要选择需生成凭证的单据类别，可单选，可复选，以及输入相应条件，单击工具栏"确定"按钮，即生成出库凭证。如图 7 - 27 所示。

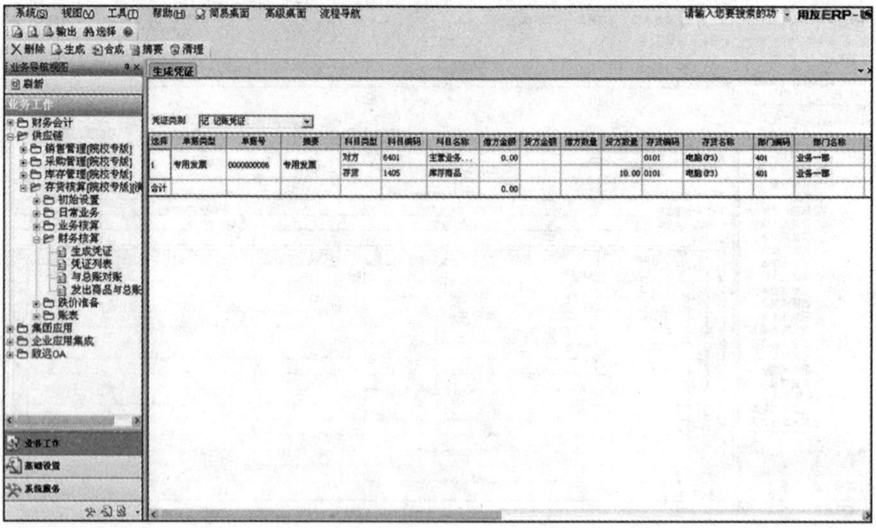

图 7 – 27 销售出库凭证生成

五、期末结账

1. 销售管理系统月末结账

销售管理系统月末结账时封存每月的销售单据，将当月的销售库数据记入有关账表中。

具体操作步骤为：

（1）进入"月末结账"，屏幕显示月末结账界面。

（2）选择需结账的当前月份，单击"结账"按钮，系统开始进行合法性检查。

（3）如果检查通过，系统立即进行结账操作，结账后结账月份的"是否结账"显示为"是"；如果检查未通过，则系统会提示不能结账的原因。

当某月结账发生错误时，可以按"取消结账"恢复结账前状态，正确处理后再结账。不允许跳月取消月末结账，只能从最后一个月逐月取消。上月未结账，本月单据可以正常操作，但是月末不能结账。

2. 应收款管理系统月末结账

如果已经确认本月的各项处理已经结束，可以选择执行月末结账功能。当执行了月末结账功能后，该月将不能再进行任何处理。

具体操作步骤为：

（1）选择"其他处理"→"期末处理"→"月末结账"命令，进入结账界面。

（2）选择结账月份，双击结账标志一栏，标志选择该月进行结账。

如果您这个月的前一个月没有结账，则本月不能结账，因为一次只能选择一个月进行结账。

（3）单击"下一步"按钮，系统将月末结账的检查结果列示，可以单击其中任意一项，以检查其详细信息。单击"取消"按钮，取消此次操作。

（4）单击"确认"按钮，执行结账功能。

（5）提示"结账成功"，单击"确定"即完成结账；提示"需完成其操作后方可重新进行记账"，表明系统中存在未审核或未制单的单据，修正后重新结账。

若结账后又发现仍需要处理的单据，则可以执行"期末处理"→"取消月结"命令恢复到未结账状态。

【拓展学习】

一、销售退货处理

销售退货业务是指客户因货物质量、品种、数量等不符合要求而将已购货物退回本企业的业务。

销售退货业务通过"退货单"完成，"退货单"是发货单的红字单据，可以处理客户的退货业务。退货单也可以处理换货业务，货物发出后客户要求换货，则用户先按照客户要求退货的货物开退货单，然后再按照客户所换的货物开发货单。

具体操作步骤为：

选择"销售发货"→"退货单"命令，可手工填制、参照原销售订单、原销售发货单填制或根据红字销售发票自动生成。

二、应收票据处理

实际业务中，企业收到客户支付的货款，不是以现金、支票或银行汇票等形式支付，而是用银行承兑汇票或商业承兑汇票进行支付。在这种情况下，财务人员将应收票据记账，结转应收账款，并对应收票据进行结算、计息、贴现和背书等处理。

（一）票据录入

具体操作步骤为：

（1）在应收款管理系统选择"日常处理"→"票据管理"命令，在打开的"票据查询"界面中单击"确定"按钮，进入票据管理界面，单击"增加"按钮，系统显示票据增加界面，增加票据。

（2）输入完成各必输项后，单击"保存"按钮，则保存当前票据。如果选项选择应收票据直接生成收款单，则保存完毕，自动生成一张收款单。

2. 修改票据

具体操作步骤为：

在应收款管理系统中选择"票据管理"，使用"票据查询"找到需要修改的票据，双击进入票据卡片界面，单击"修改"按钮，对当前票据进行修改。

收到日期在已经结账月的票据不能被修改；票据所形成的收款单已经核销的不能被修改；已经进行过计息、结算和转出等处理的票据不能被修改。

3. 票据结算

票据结算是指票据持有至到期，持到期商业汇票到银行办理结算，收取票据应收款，实现票据兑现。

具体操作步骤为：

（1）选择"票据管理"，在"票据查询"中输入查找条件后，单击"确认"按钮进入票据管理界面。

（2）选中需要结算的票据，然后单击工具栏的"结算"按钮，就可以对当前的票据进行结算处理。

（3）输入结算金额等栏目后，按"确认"按钮，结算完成。票据在未全额结算情况下，还可进行其他处理。

三、委托代销业务处理

委托代销业务，指企业将商品委托他人进行销售但商品所有权仍归本企业的销售方式，委托代销商品销售后，受托方与企业进行结算，并开具正式的销售发票，形成销售收入，商品所有权转移。

只有库存管理系统与销售管理系统集成使用时，才能在库存管理系统中应用委托代销业务。委托代销业务只能先发货后开票，不能不开票而直接发货。

1. 委托代销业务参数

具体操作步骤为：

（1）在销售管理系统的"设置"→"销售选项"设置中，勾选"启用委托代销业务"选项，否则系统不能处理委托代销业务。

（2）在库存管理系统的"初始设置"→"选项"→"通用设置"→"有无委托代销业务"中，选择"有"。

（3）在销售管理系统的"设置"→"销售选项"设置中，勾选"委托代销必有订单"，则委托代销业务必录订单，且委托代销发货单不可手工填制。

2. 委托代销业务期初数据

通过销售管理系统的"设置"→"期初录入"→"期初委托代销发货单"，录入"期初委托代销发货单"，并在"销售报价""销售订货"的业务类型中选择"委托代销"。

3. 委托代销业务处理

通过填制和处理"委托代销发货单""委托代销退货单""委托代销结算单""委托代销结算退回""委托代销调整单"和"委托代销结算价调整"等单据，以完成业务。具体可参照正常的销售业务流程。

企业会计信息化职业能力实训

能力实训一　建账及系统基础设置能力实训

一、账套信息

重庆阳光信息技术有限公司（简称：阳光公司－888），参照工业行业，执行股份有限公司会计制度；启用日期为 2011 年 1 月 1 日；会计期间为 1 月 1 日—12 月 31 日；记账本位币名称为人民币（RMB）；建账时按行业性质预置会计科目；对数量、单价等核算时小数位为 2。

地址为重庆市永川区昌州大道路 111 号；法定代表人为肖剑；邮政编码为 402160；联系电话及传真为 023 － 49838866；电子邮件为 YG @ YGXX. net；纳税人登记号为 110108201011013。

进行经济业务处理时，需要对存货、客户、供应商进行分类，要求进行外币核算。存货分类编码级次 1223；客户分类编码级次 223；供应商分类编码级次 223；部门编码级次 122；结算方式编码级次 12；会计科目编码级次 42222。

二、财务分工及权限设置

001 陈明（口令：1）——电算主管

负责财务软件运行环境的建立以及各项初始设置工作；负责财务软件的日常运行管理工作，监督并保证系统的有效、安全、正常运行；审核业务兼负责总账及报表管理。

002 王晶（口令：2）——软件操作员

负责所有凭证的输入及记账工作；负责应收系统、应付系统、工资系统和固定资产系统等管理。

三、建立部门档案和职员档案

重庆阳光信息技术有限公司部门档案见实训表 1，职员档案见实训表 2。

实训表 1　部门档案

部门编码	部门名称	负责人	部门属性
1	综合部	101（肖剑）	管理部门
101	总经理办公室	101（肖剑）	综合管理
102	财务部	102（陈明）	财务管理

部门编码	部门名称	负责人	部门属性
2	市场部	201（赵斌）	购销管理
3	开发部	301（孙健）	技术开发

实训表 2　职员档案

职员编号	职员名称	所属部门	职员属性
101	肖剑	总经理办公室	总经理
102	陈明	财务部	会计
103	王晶	财务部	出纳
201	赵斌	市场部	部门经理
202	宋佳	市场部	职员
301	孙健	开发部	部门经理
302	王华	开发部	职员
303	白雪	开发部	职员

四、定义结算方式

结算方式见实训表 3。

实训表 3　结算方式

结算方式编码	结算方式名称	票据管理
1	支票	否
101	现金支票	是
102	转账支票	是
9	其他	否

五、记账本位币

人民币:美元，1 月 1 日汇率为 1:7.3046。

六、开户银行

中国工商银行永川支行昌州大道办事处，账号为 201070125 - 55。

七、客户和供应商分类

（一）客户分类（见实训表 4）

实训表 4　客户分类

分类编码	分类名称
01	长期客户
02	中期客户
03	短期客户

（二）供应商分类（见实训表 5）

实训表 5　供应商分类

分类编码	分类名称
01	工业
02	商业
03	事业

八、客户档案和供应商档案

（一）客户档案（见实训表 6）

实训表 6　客户档案

客户编号	客户名称	客户简称	所属分类码	所属行业	邮编	税号	开户银行	银行账号	电话
001	重庆世纪学校	世纪学校	02	事业单位	400077	666666666666666	工行	7777	66666666
002	成都海达公司	海达公司	03	商业	200088	222222222222222	工行	6666	55555555

（二）供应商档案（见实训表 7）

实训表 7　供应商档案

供应商编号	供应商名称	简称	所属分类码	所属行业	邮编	税号	开户银行	银行账号	电话
001	重庆万科有限公司	万科	02	商业	100011	111111111111111	工行	1111	66666667

九、地区分类（见实训表 8）

实训表 8　地区分类

地区分类编码	地区分类名称
01	西北地区
02	西南地区
02001	重庆
02002	成都
10	其他

十、付款条件

付款条件见实训表 9。

实训表 9　付款条件

编码	信用天数/天	优惠天数 1/天	优惠率 1	优惠天数 2/天	优惠率 2	优惠天数 3/天	优惠率 3
01	30	5	2				
02	60	5	4	15	2	30	1
03	90	5	4	20	2	45	1

十一、存货分类

存货分类见实训表 10。

实训表 10　存货分类

存货分类编码	存货分类名称
1	教材
2	软件

十二、存货档案

存货档案见实训表 11。

实训表 11　存货档案

存货编码	存货名称	计量单位	是否销售	是否外购	是否自制	是否生产耗用	计划售价	参考成本	参考售价	最低售价	最新成本
0001	多媒体教程	套	√	√			32	28	0	0	0
0003	多媒体课件	套	√	√			58	35	0	0	0
备注：增值税税率13%。											

能力实训二 总账处理能力实训

一、业务控制参数

凭证制单时，采用序时控制（不能倒流），进行支票管理与资金及往来赤字控制，客户往来款项和供应商往来款项在总账系统核算，制单权限不控制到科目，不可修改他人填制的凭证，打印凭证页脚姓名，凭证审核时控制到操作员，由出纳填制的凭证必须经出纳签字，并进行预算控制。

账簿打印页数、每页打印行数按软件的标准设定，明细账查询控制到科目，明细账打印按年排页。

数量小数位和单价小数位 2 位，部门、个人、项目按编码方式排序，会计日历为 1 月 1 日至 12 月 31 日。

二、2011 年 1 月期初余额

重庆阳光信息技术有限公司 2011 年 1 月科目体系及期初余额见实训表 12。

实训表 12　科目体系及期初余额

科目名称	辅助核算	方向	币别/计量	期初余额
库存现金（1001）	指定科目	借		6 595.70
银行存款（1002）		借		119 488.89
工行存款（100201）	指定科目	借		119 488.89
中行存款（100202）		借		
		借	美元	
应收账款（1122）	客户往来	借		157 600.00
坏账准备（1231）		贷		788.00
其他应收款（1221）	个人往来	借		3 800.00
库存商品（1405）		借		199 976.00
多媒体教程（140501）	数量金额	借		87 976.00
		借	册	3 142.00
多媒体课件（140505）	数量金额	借		112 000.00
		借	套	3 200.00
待摊费用（1505）		借		642.00
报刊费（150501）		借		642.00
固定资产（1601）		借		260 860.00
累计折旧（1602）		贷		10 689.87
无形资产（1701）		借		58 500.00
短期借款（2001）		贷		200 000.00

科目名称	辅助核算	方向	币别/计量	期初余额
应付账款（2202）	供应商往来	贷		276 850.00
应付职工薪酬（2211）		贷		10 222.77
应交税费（2221）		贷		−13 000.00
应交增值税（222101）		贷		
进项税额（22210101）		贷		
销项税额（22210102）		贷		
转出多交增值税（22210103）		贷		
转出未交增值税（22210104）		贷		
未交增值税（222102）		贷		−13 000.00
其他应付款（2241）		贷		2 100.00
应付利息（2231）		贷		
股本（4001）		贷		500 000.00
本年利润（4103）		贷		0.00
利润分配（4104）		贷		−163 022.31
未分配利润（410407）		贷		−163 022.31
生产成本（5001）		借		17 165.74
直接材料（500101）	项目核算	借		155.00
直接工资（500102）	项目核算	借		15 000.00
制造费用（500103）	项目核算	借		2 010.74
制造费用（5101）	项目核算	借		
主营业务收入（6001）		贷		
多媒体教程（600101）	数量金额	贷		
多媒体课件（600105）	数量金额	贷		
汇兑损益（6061）		贷		
主营业务成本（6401）		借		
多媒体教程（640101）	数量金额	借		
多媒体课件（640105）	数量金额	借		
销售费用（6601）		借		
管理费用（6602）		借		
工资费用（660201）	部门核算	借		
办公费用（660203）	部门核算	借		
其他费用（660205）	部门核算	借		
财务费用（6603）		借		
利息支出（660301）		借		

备注：该公司正在研制开发 A1 软件产品。

三、辅助账期初余额

1. 其他应收款余额（见实训表13）

实训表13 1221 其他应收款

日期	凭证号数	部门名称	个人名称	摘要	方向	本币期初余额
2010－12－25	付－78	总经理办公室	肖剑	出差借款	借	3 800

2. 应收账款余额（见实训表14）

实训表14 1122 应收账款

日期	凭证号	客户	摘要	方向	金额/元	业务员	票号	票据日期
2010－10－25	转－118	世纪学校	销售商品	借	99 600	宋佳	P111	10－25
2010－11－10	转－15	海达	销售商品	借	58 000	宋佳	Z111	11－10

3. 应付账款余额（见实训表15）

实训表15 2202 应付账款

日期	凭证号	供应商	摘要	方向	金额	业务员	票号	票据日期
2010－9－20	转－45	万科	购买商品	贷	276 850	宋佳	C000	9－19

4. 凭证类型设置（见实训表16）

实训表16 凭证类型

类型	限制类型	限制科目
收款凭证	借方必有	1001，100201，100202
付款凭证	贷方必有	1001，100201，100202
转账凭证	凭证必无	1001，100201，100202

5. 项目档案（见实训表17）

实训表17 项目档案

项目目录 ／ 核算科目	项目大类：生产成本			
	自行开发项目		委托开发项目	
	101 软件产品	……	网络培训内容	……
5001 生产成本				
500101 直接材料				
500102 直接工资				
500103 制造费用				

四、2011 年 1 月发生的经济业务

1. 1 月 3 日，财务部王晶从工行提取现金 10 000 元（附单据 1 张，现金支票号 XJ2000）

借：库存现金　　　　　　　　　　　　　　　　　10 000

　　贷：银行存款——工行存款　　　　　　　　　　　　10 000

2. 1 月 5 日，总经理办公室肖剑出差归来，报销差旅费 3 600 元，交回现金 200 元（附单据 1 张）

借：管理费用——其他费用　　　　　　　　　　　　3 600

　　库存现金　　　　　　　　　　　　　　　　　　200

　　贷：其他应收款——应收个人款　　　　　　　　　　3 800

3. 1 月 12 日，市场部宋佳收到重庆世纪学校转来转账支票 2 张，面值分别为 40 000 元和 60 000 元，用以归还前欠货款

借：银行存款——工行存款　　　　　　　　　　　100 000

　　贷：应收账款——世纪学校　　　　　　　　　　　100 000

4. 1 月 14 日，市场部宋佳向重庆世纪学校售出《多媒体教学教程》600 册，单价 32 元。货税款尚未收到（适用税率 13%）

借：应收账款　　　　　　　　　　　　　　　　　21 696

　　贷：主营业务收入——多媒体教程　　　　　　　　　19 200

　　　　应交税费——应交增值税（销项税）　　　　　　2 496

5. 1 月 16 日，市场部宋佳从万科公司购入《多媒体课件》3 000 套，单价 35 元，货税款暂欠，商品已验收入库（发票号 C111，适用税率 13%）

借：库存商品——多媒体课件　　　　　　　　　　105 000

　　应交税费——应交增值税（进项税）　　　　　　13 650

　　贷：应付账款　　　　　　　　　　　　　　　　　118 650

6. 1 月 19 日，市场部宋佳归还前欠万科公司部分货款 100 000 元（支票号 201）

借：应付账款　　　　　　　　　　　　　　　　　100 000

　　贷：银行存款——工行存款　　　　　　　　　　　100 000

7. 1 月 19 日，总经理办公室支付业务招待费 1 200 元

借：管理费用——其他费用　　　　　　　　　　　　1 200

　　贷：银行存款——工行存款　　　　　　　　　　　　1 200

8. 1 月 20 日，收到泛美集团投资资金 10 000 美元，按双方约定的当时汇率 7.2598 折算入账

借：银行存款——中行存款　　　　　　　　　　　72 598

　　贷：股本　　　　　　　　　　　　　　　　　　72 598

9. 1 月 25 日，A1 软件产品项目发生工资费用 20 000 元

借：生产成本——直接工资　　　　　　　　　　　20 000

　　贷：应付职工薪酬　　　　　　　　　　　　　　　20 000

五、银行对账余额

阳光公司银行账的启用日期为 2011 年 1 月 1 日，工行人民币户企业日记账调整前余额为 119 488.89 元，银行对账单调整前余额为 159 488.89 元，未达账项一笔，系银行已收企业未收款 40 000 元。

六、2011 年 1 月银行对账单

重庆阳光信息技术有限公司 2011 年 1 月银行对账单见实训表 18。

实训表 18　银行对账单

日　期	结算方式	票　号	借方金额	贷方金额
2010.12.31			40 000.00	
2011.01.03	201	XJ2000		10 000.00
2011.01.06			60 000.00	
2011.01.21	202	201		100 000.00
2011.01.29	202	202		32 760.00

七、设置月末转账分录

（一）自定义转账

1. 计提短期借款利息（月利率 0.5%）
　　借：财务费用（660301）　　　　　　　　　　取对方科目计算结果
　　　贷：应付利息（2231）　　　　　　　　　2001 科目的贷方期末余额×0.5%
2. 摊销当月应负担的报刊费（642/12）
　　借：管理费用——其他费用（660205）　　　　　　　642/12
　　　贷：待摊费用（1505）　　　　　　　　　　　　642/12
3. 摊销当月应负担的无形资产（60000/10/12）
　　借：管理费用——其他费用（660205）　　　　　　60000/10/12
　　　贷：无形资产（1701）　　　　　　　　　　　60000/10/12

（二）对应结转分录（见实训表 19）

实训表 19　对应结转设置

编号	凭证类别	摘　要	转出科目编码	转出科目名称	转入科目编码	转入科目名称	系数
0001	转	结转进项税额	22210101	进项税额	22210103	转出多交增值税	1.00
0002	转	结转销项税额	22210102	销项税额	22210104	转出未交增值税	1.00
0003	转	结转转出多交增值税	22210103	转出多交增值税	222105	未交增值税	1.00

编号	凭证类别	摘　要	转出科目编码	转出科目名称	转入科目编码	转入科目名称	系数
0004	转	结转转出未交增值税	22210104	转出未交增值税	222105	未交增值税	1.00
0005	转	结转制造费用	5101		500103	制造费用	1.00

（三）销售成本转账分录

库存商品科目　　　　　　　　　　　　　　　　　　　　　　　1405
主营业务收入科目　　　　　　　　　　　　　　　　　　　　　6001
主营业务成本科目　　　　　　　　　　　　　　　　　　　　　6401

（四）汇兑损益转账分录（1 月 31 日美元汇率为 1:7. 1853）

凭证类别　　　　　　　　　　　　　　　　　　　　　　付款凭证
汇兑损益入账科目　　　　　　　　　　　　　　　　　　　6061

（五）期间损益转账分录

1. 结转支出类账户
2. 结转收入类账户

能力实训三　UFO 报表编制能力实训

（1）编制"货币资金表"，并将该报表保存为自定义报表模板。
（2）编制"资产负债表"，修改定义报表取数公式并生成报表数据。
（3）编制"损益表"，修改定义报表取数公式并生成报表数据。

能力实训四　应收款管理能力实训

一、业务控制参数

应收款核销方式：按余额；
控制科目依据：按客户；
产品销售科目依据：按存货；
预收款核销方式：按余额；
制单方式：明细到单据；
汇兑损益方式：月末处理；
坏账处理方式：应收余额百分比；
现金折扣是否显示：是；
录入发票时显示提示信息：是。

二、账龄区间设置

账龄区间设置见实训表 20。

实训表 20　账龄区间

序号	起　止　天　数
01	0～30
02	31～60
03	61～90
04	91～120
05	≥121

三、报警级别设置

报警级别设置见实训表 21。

实训表 21　报警级别

%

序号	起止比率	总比率
01	>0	10
02	10～30	30
03	30～50	50
04	50～100	100
05	>100	

四、常用科目设置

应收科目：1122；
销售收入科目：6001；
销售税金科目：22210102。

五、结算方式科目设置

结算方式科目设置见实训表 22。

实训表 22　结算方式与对应科目

结算方式	币　种	科　目
现金支票	人民币	1001（库存现金）
转账支票	人民币	100201（银行存款——工行存款）

六、坏账准备参数设置

提取比率：0.5%；

坏账准备期初余额：788 元；

坏账准备科目：1231（坏账准备）；

对方科目：660205（管理费用——其他费用）。

七、应收账款期初余额

应收账款明细见实训表 23。

实训表 23　1122 应收账款明细

单据类型	单据编号	单据日期	客户	科目	摘要	方向	金额	部门	业务员
普通发票	P1111	2010 - 10 - 25	世纪学校	1122	销售教程 1 300 册	借	41 600.00	市场部	宋佳
普通发票	P1111	2010 - 10 - 25	世纪学校	1122	销售课件 1 000 套	借	58 000.00	市场部	宋佳
普通发票	Z1111	2010 - 11 - 10	海达公司	1122	销售课件 1 000 套	借	58 000.00	市场部	宋佳

八、部分经济业务（业务员：市场部宋佳）

（1）1 月 10 日，重庆世纪学校从市场部购《多媒体课件》1 000 套，货款已收（发票号 Z113）。

（2）1 月 10 日，收到世纪学校交来的 8 000 元转账支票一张，其中 5 000 元用以归还前欠货款，另外 3 000 元作为预收款。

（3）1 月 13 日，收到世纪学校交来的 10 000 元现金支票一张用于归还前欠货款。

（4）1 月 15 日，收到世纪学校的转账支票一张，票号为 394，金额为 25 000 元以作预收款。

（5）1 月 18 日，经批准确认海达公司所欠的 18 000 元货款无法收回，作坏账损失处理。

（6）1 月 20 日，收到世纪学校交来的 6 000 元转账支票一张，连同 5 600 元预收款一并用于归还前欠货款。

（7）1 月 22 日，经协商将海达公司 5 000 元应收款转入到世纪学校中。

（8）1 月 25 日，将世纪学校 3 000 元预收款冲抵其应收款。

（9）1 月 25 日，将世纪学校 15 000 元应收款冲抵所欠万科公司的 5 000 元应付款。

（10）1 月 25 日，收到已作坏账处理的海达公司货款 18 000 元（转账支票票号为 4501）。

能力实训五　应付款管理能力实训

一、业务控制参数

按单据核销应付账款，按供应商控制科目，产品采购科目依据存货，按余额核销预付款；制单方式为明细到单据；汇兑损益方式为月末处理；显示现金折扣。

二、账龄区间设置

账龄区间设置见实训表 24。

实训表 24　账龄区间

天

序号	起止天数	总天数
01	0 ~ 30	30
02	31 ~ 60	60
03	61 ~ 90	90
04	91 ~ 120	120
05	≥121	

三、报警级别设置

报警级别设置见实训表 25。

实训表 25　报警级别

%

序号	起止比率	总比率	级别名称
01	>0	10	A
02	10 ~ 30	30	B
03	30 ~ 50	50	C
04	50 ~ 100	100	D
05	>100		E

四、基本科目设置

应付科目	应付账款 2202
预付科目	预付账款 1123
采购科目	库存商品 1405
采购税金科目	应交税费——应交增值税（进项税额）22210101

五、结算方式科目设置

现金支票：库存现金 1001

转账支票：100201 银行存款——工行存款

六、应付账款期初余额

应付账款明细见实训表 26。

实训表 26　2202 应付账款明细

单据类型	单据编号	单据日期	供应商	科目	摘要	方向	金额	部门	业务员
专用发票	C0000	2010－09－20	万科公司	2202	购教程 5 000 册	贷	158 200	市场部	宋佳
专用发票	C0000	2010－09－20	万科公司	2202	购课件 3 000 套	贷	118 650	市场部	宋佳

七、部分经济业务

（1）1 月 10 日，支付给万科公司 10 000 元转账支票一张，其中 5 000 元用以归还前欠货款，另外 5 000 元作为预付款。

（2）1 月 15 日，支付给万科公司转账支票一张，票号为 394，金额为 25 000 元以作预付款。

（3）1 月 16 日，从万科公司购入《多媒体课件》3 000 套，货税款暂欠（发票号 C111）。

（4）1 月 17 日，从万科公司购入《多媒体教程》1 000 套，货税款以转账支票方式支付（发票号 C222；支票号 200）。

（5）1 月 19 日，开出金额为 15 000 元的转账支票一张，支票号 395，用于归还万科公司前欠货款。

（6）1 月 20 日，开出金额为 6 000 元的转账支票一张，支票号 396，连同 15 600 元预付款，一并用于归还前欠万科公司的货款。

能力实训六　薪酬管理能力实训

一、业务控制参数

工资类别个数：多个。

核算币种：人民币 RMB。

要求代扣个人所得税，不进行扣零处理。

人员编码长度：3 位。

二、人员类别

经理人员、经营人员、开发人员、管理人员。

三、建立工资项目

工资项目见实训表 27。

实训表 27 工资项目

项目名称	类型	长度	小数位数	工资增减项
基本工资	数字	8	2	增项
奖励工资	数字	8	2	增项
交 补	数字	8	2	增项
应发合计	数字	10	2	增项
请假扣款	数字	8	2	减项
养老保险金	数字	8	2	减项
扣款合计	数字	10	2	减项
实发合计	数字	10	2	增项
代扣税	数字	10	2	减项
请假天数	数字	8	2	其他

四、工资计算公式

工资计算公式见实训表 28。

实训表 28 工资计算公式

工资项目	定 义 公 式
请假扣款	请假天数 $\times 20$
养老保险金	（基本工资 + 奖励工资）$\times 0.05$
交 补	if（人员类别 = "经理人员" OR 人员类别 = "经营人员"，100，50）

五、人员档案

（一）正式人员（见实训表 29）

部门设置：综合部（包括总经理办公室、财务部）、市场部、开发部。

实训表 29　正式人员档案

部门名称	人员编号	人员姓名	人员类别	账号	中方人员	是否计税
总经理办公室	101	肖剑	经理人员	20100090001	是	是
财务部	102	陈明	经理人员	20100090002	是	是
财务部	103	王晶	管理人员	20100090003	是	是
市场部	201	赵斌	经理人员	20100090004	是	是
市场部	202	宋佳	经营人员	20100090005	是	是
开发部	301	孙健	经理人员	20100090006	是	是
开发部	302	王华	开发人员	20100090007	是	是
开发部	303	白雪	开发人员	20100090008	是	是

（二）临时人员（见实训表 30）

部门设置：开发部、市场部。

实训表 30　临时人员档案

部门名称	人员编号	人员姓名	人员类别	账号
市场部	211	刘青	经营人员	20100080001
开发部	311	邢海	开发人员	20100080002

六、设置银行名称

中国工商银行永川支行昌州大道办事处；账号定长为 11。

七、1 月初人员工资情况

（一）正式人员工资情况（见实训表 31）

实训表 31　正式人员工资

姓名	基本工资	奖励工资
肖剑	5 000	500
陈明	3 000	300
王晶	2 000	200
赵斌	3 000	300
宋佳	2 000	200
孙健	4 500	450
王华	3 500	350
白雪	3 500	350

（二）临时人员工资情况（见实训表32）

实训表32　临时人员工资

姓名	基本工资	奖励工资
刘青	2 000	200
邢海	3 000	300

八、1月工资变动情况

（1）考勤情况：王华　请假2天；赵斌　请假1天。

（2）因需要，决定招聘李力（编号304）到开发部担任开发人员，以补充技术力量，其基本工资2 000元，无奖励工资，代发工资银行账号：20100090009。

（3）因去年市场部推广产品业绩较好，每人增加奖励工资200元。

九、计税基数

计算所得税的基数改为2 500元。

十、工资分摊

应付工资总额等于工资项目"等级工资＋奖励工资"，福利费、工会经费、职工教育经费、养老保险金也以此为计提基数。

十一、工资费用分配的转账分录

工资费用分配见实训表33。

实训表33　工资费用分配

工资分摊 部门			工资总额		福利费（14%）		工会经费（2%） 教育经费（1.5%） 养老保险金（15%）	
			借方	贷方	借方	贷方	借方	贷方
综合计划部	总经理办公室	经理人员	660 201	2 211	660 201	2 211	660 205	2 241
	财务部	经理人员	660 201	2 211	660 201	2 211		
		管理人员	660 201	2 211	660 201	2 211		
市场部		经理人员	660 101	2 211	660 101	2 211		
		经营人员	660 101	2 211	660 101	2 211		
开发部		经理人员	510 101	2 211	510 101	2 211		
		开发人员	500 102	2 211	500 102	2 211		

能力实训七　固定资产管理能力实训

一、业务控制参数

按平均年限法（一）计提折旧，折旧分配周期为1个月，类别编码方式为2112。

固定资产编码方式：按"类别编码＋部门编码＋序号"自动编码，卡片序号长度为3。

已注销的卡片5年后删除；当（月初已计提月份＝可使用月份－1）时，要求将剩余折旧全部提足。

要求与账务系统进行对账，固定资产对账科目为1601固定资产，累计折旧对账科目为1602累计折旧，在对账不平情况下不允许月末结账；业务发生后立即制单，月末结账前一定要完成制单登账业务；固定资产缺省入账科目为1601，累计折旧缺省入账科目为1602。

二、资产类别

资产类别见实训表34。

实训表34　资产类别

编码	类别名称	单位	计提属性
01	交通运输设备		正常计提
011	经营用设备		正常计提
012	非经营用设备		正常计提
02	电子设备及其他通信设备		正常计提
021	经营用设备	台	正常计提
022	非经营用设备	台	正常计提

三、原始卡片

固定资产卡片信息见实训表35。

实训表35　固定资产卡片信息

固定资产名称	类别编号	所在部门	增加方式	可使用年限	开始使用日期	原值	累计折旧	对应折旧科目名称
轿车	012	总经理办公室	直接购入	6	2010－10－1	215 470	5 745.87	管理费用
笔记本电脑	022	总经理办公室	直接购入	5	2010－11－1	28 900	4 624	管理费用

续表

固定资产名称	类别编号	所在部门	增加方式	可使用年限	开始使用日期	原值	累计折旧	对应折旧科目名称
传真机	022	总经理办公室	直接购入	5	2010－10－1	3 510	112.32	管理费用
微机	021	开发部	直接购入	5	2010－11－1	6 490	103.84	制造费用
微机	021	开发部	直接购入	5	2010－11－1	6 490	103.84	制造费用

注：净残值率均为4%，使用状均为"在用"，折旧方法均采用平均年限法（一）。卡片项目与卡片式采用软件的标准设定。

四、部门及对应折旧科目

部门及对应折旧科目见实训表36。

实训表36　部门及对应折旧科目

部　　门	对应折旧科目
1. 综合计划部	管理费用
2. 市场部	销售费用
3. 开发部	制造费用

五、增减变动方式设置

增减变动及对应科目见实训表37。

实训表37　增减变动及对应科目

增减方式目录	对应入账科目
增加方式	
直接购入	100201 工行存款
减少方式	
出售	1606 固定资产清理

六、部分经济业务

（1）1月21日，开发部购买扫描仪一台，价值1 500元，净残值率4%，预计使用年限5年。

（2）1月25日，经营需要，总经理办公室的传真机调拨到市场部使用。

（3）1月25日，开发部出售微机一台，售价5 800元，已提折旧103.84元。

（4）1月25日，总经理办公室的轿车添置新配件10 000元。

（5）1 月 31 日，计提本月折旧费用。

能力实训八　财务供应链一体化应用能力实训

一、建账与基础档案

华盛公司于 2012 年开始使用用友 ERP – U8.72 系统，为考虑数据的完整性，决定于 2012 年 1 月 1 日启用系统。

根据使用计算机系统的规范化要求，公司将所有的基础档案及其编码规则统一规定如下。

（一）编码级次

科目为 4222；客户分类为 22；供应商分类为 22；存货分类为 22；部门分类为 22；地区分类为 22；结算方式分类为 12；货位分类为 22；收发类别分类为 22；项目设备为 22；责任中心分类为 22；项目要素分类为 22。

（二）基础档案

华盛公司的基础档案见实训表 38 ~ 实训表 54。

实训表 38　会计科目

科目编码	科目名称	余额方向	辅助核算	受控系统
1001	库存现金	借		
1002	银行存款	借		
100201	工商银行	借		
1122	应收账款	借	客户往来	应收系统
1221	其他应收款	借		
122101	个人借款	借	个人往来	
122102	一般	借		
1231	坏账准备	贷		
1401	材料采购	借		
1403	原材料	借		存货核算系统
1405	库存商品	借		存货核算系统
1408	委托加工物资	借		
1601	固定资产	借		
1603	累计折旧	贷		
1604	在建工程	借		
1606	固定资产清理	借		
2202	应付账款	贷	供应商往来	应付系统

科目编码	科目名称	余额方向	辅助核算	受控系统
2211	应付职工薪酬	贷		
2221	应交税费	贷		
222101	应交增值税	贷		
22210101	进项税额	贷		
22210105	销项税额	贷		
222106	应交所得税	贷		
2241	其他应付款	贷		
4001	实收资本（或股本）	贷		
4002	资本公积	贷		
4101	盈余公积	贷		
4103	本年利润	贷		
4104	利润分配	贷		
410415	未分配利润	贷		
5001	生产成本	借		
500101	基本生产成本	借		
500102	辅助生产成本	借		
5101	制造费用	借		
510101	折旧费	借		
510102	工资	借		
5201	劳务成本	借		
6001	主营业务收入	贷		
6051	其他业务收入	贷		
6111	投资收益	贷		
6301	营业外收入	贷		
6401	主营业务成本	借		
6402	其他业务成本	借		
6403	营业税金及附加	借		
6601	销售费用	借	部门核算	
660101	工资	借	部门核算	
660102	办公费	借	部门核算	
660103	折旧费	借	部门核算	
6602	管理费用	借	部门核算	
660201	工资	借	部门核算	
660202	办公费	借	部门核算	
660203	折旧费	借	部门核算	

续表

科目编码	科目名称	余额方向	辅助核算	受控系统
6603	财务费用	借		
6711	营业外支出	借		
6801	所得税费用	借		
6901	以前年度损益调整	借		

实训表 39　部门编码

部门代码	部门名称
01	行政部
02	财务部
03	采购部
04	销售部
05	工厂
0501	车间
0502	车间管理部
06	质检部

实训表 40　人员编码

人员代码	人员名称	所属部门
01001	王飞	行政部
02001	陈强	财务部
02002	李玉	财务部
02003	关月	财务部
03001	张勇	采购部
03002	李超	采购部
04001	王华	销售部
0501001	何峰	车间
0502001	曹军	车间管理部
06001	胡勤	质检部

实训表 41　供应商分类

编码	名称
01	材料供应商
02	委外供应商

实训表 42　供应商档案

编码	简称	所属分类码	属性	税号
01001	首钢公司	01	货物	01001001
01002	鞍钢公司	01	货物	01002001
02001	华南精工	02	委外	02001001

实训表 43　客户分类

编码	名称
51	普通客户
52	重点客户

实训表 44　客户档案

编码	简称	所属分类码	税号	开户银行
51001	华北工程	51	51001001	工商银行
51002	天新建筑	51	51002001	工商银行
52001	红鑫商贸	52	52001001	工商银行

实训表 45　计量单位

计量单位分组代码	计量单位分组名称	计量单位代码	计量单位名称	换算关系
01	公斤①	0101	公斤	无换算

实训表 46　存货分类

编码	名称
01	产成品
02	原材料

实训表 47　存货档案

存货编码	存货名称	计量单位组	存货属性	所属分类
01001	H 型钢	公斤	销售，自制	产成品
01002	角钢	公斤	销售，自制	产成品
01003	面板	公斤	销售，委外，外购	产成品
02001	钢板	公斤	外购，生产耗用，检验（全检）	原材料
02002	镀锌钢卷	公斤	外购，生产耗用，委外	原材料

---

① 1 公斤 = 1000 克。

实训表 48　结算方式

编码	名称
1	现金结算
2	现金支票
3	转账支票

实训表 49　本单位开户银行

编码	银行账号	币种	开户银行	所属银行
01	999900018888	人民币	工商银行	中国工商银行

实训表 50　仓库

编码	名称	仓库属性	计价方式
01	产品库	普通仓	移动平均法
02	材料库	普通仓	移动平均法
03	委外库	委外仓	移动平均法

实训表 51　收发类别

编码	名称
01	收
0101	采购入库
0102	产成品入库
0103	盘盈入库
0104	委外入库
02	发
0201	材料出库
0202	销售出库
0203	盘亏出库
0204	委外领料

实训表 52　销售类型

编码	名称	出库类别	是否默认值
01	普通	销售出库	是

实训表 53　产品结构

母件	版本说明	子件	基本用量（分子）	仓库	领料部门
H 型钢	01001	钢板	2	材料库	车间
角钢	01002	钢板	1.5	材料库	车间
面板	01003	镀锌钢卷	1	委外库	采购部

实训表 54   固定资产类别

编码	名称
01	房屋
02	机器设备
03	车辆

二、设置各子系统参数

（一）设置总账系统参数

将现金和银行存款科目指定为现金流量科目；

将现金科目指定为现金总账科目；

将银行科目指定为银行总账科目；

再增加一个代码为 99、名称为其他的现金流量项目大类与一个代码为 99、名称为内部资金流转的项目。

（二）设置应收款管理系统参数

设置基本科目和结算方式科目。

（三）设置应收款管理系统参数

设置基本科目、结算方式科目和产品科目。

（四）设置固定资产管理系统参数

设置缺省入账科目；

设置部门对应折旧科目；

设置增减方式，为直接购入设置对应入账科目。

（五）设置销售管理系统参数

将销售生成出库单设置为库存生成出库单；

设置普通销售必有订单。

（六）设置采购管理系统参数

设置普通业务必有订单。

（七）设置存货核算系统参数

设置暂估回冲方式为单到回冲；

设置销售成本核算方式为销售出库单；

设置存货科目和对方科目。

三、初始数据整理录入

公司将截至 2012 年 1 月 1 日的期初数据整理如下，见实训表 55 ~ 实训表 58 和实训

图 1 ~ 实训图 5。

实训表 55　总账科目余额

科目名称	方向	期初余额
1002 银行存款	借	20 000 000
100201 工商银行	借	20 000 000
1122 应收账款	借	35 000 000
1221 其他应收款	借	4 780 000
122101 个人借款	借	30 000
122102 一般	借	4 750 000
1405 库存商品	借	30 300 000
1601 固定资产	借	100 000 000
1602 累计折旧	贷	5 000 000
2202 应付账款	贷	145 080 000
4001 实收资本（或股本）	贷	40 000 000

实训表 56　应收账款年初余额

客户	部门	货物	数量	含税单价	价税合计
华北工程	销售部	H 型钢	1 000 000	15	15 000 000
天新建筑	销售部	角钢	2 000 000	10	20 000 000

实训表 57　应付账款年初余额

客户	货物	数量	原币单价	价税合计
首钢公司	钢板	8 000 000	8	74 880 000
华南精工	镀锌钢卷	3 000 000	20	70 200 000

固定资产期初卡片（见实训图 1 ~ 实训图 5）。

固定资产卡片

卡片编号	00001			日期	2012-01-01
固定资产编号	00001	固定资产名称			财务部设备
类别编号	02	类别名称			机器设备
规格型号		部门名称			财务部
增加方式	直接购入	存放地点			
使用状况	在用	使用年限	10年0月	折旧方法	平均年限法（一）
开始使用日期	2011-06-01	已计提月份	6	币种	人民币
原值	10000.00	净残值率	0%	净残值	0.00
累计折旧	500.00	月折旧率	0.0083	月折旧额	83.00
净值	9500.00	对应折旧科目	550203 折旧费	项目	
录入人	demo			录入日期	2012-01-01

实训图 1　固定资产卡片 1

固 定 资 产 卡 片

卡片编号	00002			日期	2012-01-01
固定资产编号	00002	固定资产名称			销售部车辆
类别编号	03	类别名称			车辆
规格型号		部门名称			销售部
增加方式	直接购入	存放地点			
使用状况	在用	使用年限	10年0月	折旧方法	平均年限法(一)
开始使用日期	2011-06-01	已计提月份	6	币种	人民币
原值	50000.00	净残值率	0%	净残值	0.00
累计折旧	2500.00	月折旧率	0.0083	月折旧额	415.00
净值	47500.00	对应折旧科目	550103 折旧费	项目	
录入人	demo			录入日期	2012-01-01

实训图 2　固定资产卡片 2

固 定 资 产 卡 片

卡片编号	00003			日期	2012-01-01
固定资产编号	00003	固定资产名称			采购部车辆
类别编号	03	类别名称			车辆
规格型号		部门名称			采购部
增加方式	直接购入	存放地点			
使用状况	在用	使用年限	10年0月	折旧方法	平均年限法(一)
开始使用日期	2011-06-01	已计提月份	6	币种	人民币
原值	40000.00	净残值率	0%	净残值	0.00
累计折旧	2000.00	月折旧率	0.0083	月折旧额	332.00
净值	38000.00	对应折旧科目	550203 折旧费	项目	
录入人	demo			录入日期	2012-01-01

实训图 3　固定资产卡片 3

固 定 资 产 卡 片

卡片编号	00004			日期	2012-01-01
固定资产编号	00004	固定资产名称			一车间机器设备
类别编号	02	类别名称			机器设备
规格型号		部门名称			一车间
增加方式	直接购入	存放地点			
使用状况	在用	使用年限	10年0月	折旧方法	平均年限法(一)
开始使用日期	2011-06-01	已计提月份	6	币种	人民币
原值	45000000.00	净残值率	0%	净残值	0.00
累计折旧	2250000.00	月折旧率	0.0083	月折旧额	373500.00
净值	42750000.00	对应折旧科目	410501 折旧费	项目	
录入人	demo			录入日期	2012-01-01

实训图 4　固定资产卡片 4

固定资产卡片

卡片编号	00005			日期	2012-01-01
固定资产编号	00005	固定资产名称			二车间机器设备
类别编号	02	类别名称			机器设备
规格型号		部门名称			二车间
增加方式	直接购入	存放地点			
使用状况	在用	使用年限	10年0月	折旧方法	平均年限法(一)
开始使用日期	2011-06-01	已计提月份	6	币种	人民币
原值	54900000.00	净残值率	0%	净残值	0.00
累计折旧	2745000.00	月折旧率	0.0083	月折旧额	455670.00
净值	52155000.00	对应折旧科目	410501 折旧费	项目	
录入人	demo			录入日期	2012-01-01

实训图 5 固定资产卡片 5

实训表 58 存货初始余额

存货名称	数量	单价	金额	存货科目编码
H 型钢	1 010 000	12	12 120 000	1243
角钢	2 020 000	9	18 180 000	1243

四、2012 年 1 月的业务

(一) 销售业务

(1) 1 月 2 日,华盛公司销售部根据销售合同填制了 2 张对应的销售订单,并对其进行审核,订单号分别为 0000000001 和 0000000002,见实训表 59 ~ 实训表 60。

实训表 59 销售订单 1

订单号	0000000001	订单日期	2012 - 1 - 2	业务类型	普通销售	
销售类型	普通销售	客户简称	华北工程			
销售部门	销售部	业务员	王华	税率/%	17	
存货编码	存货名称	数量	无税单价	无税金额	价税合计	税率/%
01001	H 型钢	1 000 000	15	15 000 000	17 550 000	17

实训表 60 销售订单 2

订单号	0000000002	订单日期	2012 - 1 - 2	业务类型	普通销售	
销售类型	普通销售	客户简称	天新建筑			
销售部门	销售部	业务员	王华	税率/%	17	
存货编码	存货名称	数量	无税单价	无税金额	价税合计	税率/%
01002	角型钢	2 000 000	12	24 000 000	28 080 000	17

（2）1月3日，根据订单从产品库向华北工程和天新建筑公司发货，发货单号分别为0000000001和0000000002，并审核发货单，见实训表61和实训表62。

实训表61　发货单1

发货号	0000000001	订单日期	2012 – 1 – 3	业务类型	普通销售		
销售类型	普通销售	客户简称	华北工程				
销售部门	销售部	业务员	王华	税率/%	17		
仓库名称	存货编码	存货名称	数量	无税单价	无税金额	价税合计	税率/%
产品库	01001	H 型钢	1 000 000	15	15 000 000	17 550 000	17

实训表62　发货单2

发货号	0000000002	订单日期	2012 – 1 – 3	业务类型	普通销售		
销售类型	普通销售	客户简称	天新建筑				
销售部门	销售部	业务员	王华	税率/%	17		
仓库名称	存货编码	存货名称	数量	无税单价	无税金额	价税合计	税率/%
产品库	01002	角型钢	2 000 000	12	24 000 000	28 080 000	17

（3）1月3日，库房根据发货单进行发货，出库单号分别为0000000001和000000002，见实训表63和实训表64。

实训表63　出库单1

出库单号	0000000001	出库日期	2012 – 1 – 3	仓库	产品库
入库类别	销售出库	业务类型	普通销售	客户	华北工程
销售部门	销售部	业务员	王华		
存货编码	存货名称	数量			
01001	H 型钢	1 000 000			

实训表64　出库单2

出库单号	0000000002	出库日期	2012 – 1 – 3	仓库	产品库
入库类别	销售出库	业务类型	普通销售	客户	天新建筑
销售部门	销售部	业务员	王华		
存货编码	存货名称	数量			
01002	角钢	2 000 000			

（4）1月4日，在存货核算中将销售出库单进行记账，并制单生成凭证。

（5）1月4日，根据发货单向华北工程和天新建筑公司开具销售发票，发票号分别为0000000003和0000000004，并对发票进行复核，见实训表65和实训表66。

实训表 65　销售发票 3

发票号	0000000003	订单日期	2012 – 1 – 4	业务类型	普通销售		
销售类型	普通销售	客户简称	华北工程				
销售部门	销售部	业务员	王华	税率/%	17		
仓库名称	存货编码	存货名称	数量	无税单价	无税金额	价税合计	税率/%
产品库	01001	H 型钢	1 000 000	15	15 000 000	17 550 000	17

实训表 66　销售发票 4

发票号	0000000004	订单日期	2012 – 1 – 4	业务类型	普通销售		
销售类型	普通销售	客户简称	天新建筑				
销售部门	销售部	业务员	王华	税率/%	17		
仓库名称	存货编码	存货名称	数量	无税单价	无税金额	价税合计	税率/%
产品库	01002	角型钢	2 000 000	12	24 000 000	28 080 000	17

（6）1 月 4 日，在应收款管理中将开具的 2 张销售发票确定为收入，并立即制单。

（7）1 月 5 日，分别收到华北工程和天新建筑的货款 30 000 000 元和 40 000 000 元，立即制单，并与发票进行核销，见实训表 67 和实训表 68。

实训表 67　收款单 1

单据号	0000000001	日期	2012 – 1 – 5	客户	华北工程
结算方式	银行	结算科目	100201	币种	人民币
金额/元	30 000 000				
款项类型	客户	金额	科目		
应收款	华北工程	30 000 000	1131		

实训表 68　收款单 2

单据号	0000000002	日期	2012 – 1 – 5	客户	天新建筑
结算方式	银行	结算科目	100201	币种	人民币
金额/元	40 000 000				
款项类型	客户	金额	科目		
应收款	天新建筑	40 000 000	1131		

（二）采购业务

（1）1 月 5 日，华盛公司采购部根据采购合同正式向对应的供应商提交采购订单，并通过审核。订单号：0000000001，0000000002。见实训表 69 和实训表 70。

实训表 69 采购订单 1

业务类型	普通采购	订单日期	2012 - 1 - 5	订单号	0000000001	
采购类型		供应商简称	首钢公司	部门	采购部	
业务员	张勇		税率/%		17	
存货编码	存货名称	数量	原币单价	原币金额	原币价税合计	税率/%
02001	钢板	3 000 000	5	15 000 000	17 550 000	17

实训表 70 采购订单 2

业务类型	普通采购	订单日期	2012 - 1 - 5	订单号	0000000002	
采购类型		供应商简称	鞍钢公司	部门	采购部	
业务员	张勇		税率/%		17	
存货编码	存货名称	数量	原币单价	原币金额	原币价税合计	税率/%
02001	钢板	3 000 000	4	12 000 000	14 040 000	17

（2）1 月 6 日收到首钢公司的到货单，并录入系统。到货单号为：0000000001。见实训表 71 所示。

实训表 71 到货单 1

业务类型	普通采购	订单日期	2012 - 1 - 6	订单号	0000000001	
采购类型		供应商简称	首钢公司	部门	采购部	
业务员	张勇		税率/%		17	
存货编码	存货名称	数量	原币单价	原币金额	原币价税合计	税率/%
02001	钢板	3 000 000	5	15 000 000	17 550 000	17

（3）库管根据验收入库，并审核入库单，入库单号为 0000000001，见实训表 72。

实训表 72 采购入库单 1

入库单号	0000000001	入库日期	2012 - 1 - 6	仓库	材料库
供货单位	首钢公司	部门	采购部	业务员	张勇
入库类别	采购入库				
存货编码	存货名称	数量	本币单价	本币金额	
02001	钢板	3 000 000	5	15 000 000	

（4）1 月 7 日，收到鞍钢公司的到货单，并录入系统，到货单号为 0000000002，见实训表 73。

实训表 73 到货单 2

业务类型	普通采购	订单日期	2012 - 1 - 7	订单号	0000000002	
采购类型		供应商简称	鞍钢公司	部门	采购部	

业务员	张勇		税率/%		17	
存货编码	存货名称	数量	原币单价	原币金额	原币价税合计	税率/%
02001	钢板	3 000 000	4	12 000 000	14 040 000	17

（5）库管验收入库，并审核入库单，入库单号为0000000002，见实训表74。

实训表74　采购入库单2

入库单号	0000000002	入库日期	2012 - 1 - 7	仓库	材料库
供货单位	鞍钢公司	部门	采购部	业务员	张勇
入库类别	采购入库				
存货编码	存货名称	数量	本币单价	本币金额	
02001	钢板	3 000 000	4	12 000 000	

（6）1月8日，分别收到首钢公司和鞍钢公司开具的本月采购发票，发票号分别为0000000003和0000000004，并将发票和入库单进行结算，见实训表75和实训表76。

实训表75　采购发票3

业务类型	普通采购	发票类型	专用发票	发票号	0000000003	
开票日期	2012 - 1 - 8	供应商简称	首钢公司	部门	采购部	
业务员	张勇		税率/%		17	
存货编码	存货名称	数量	原币单价	原币金额	原币价税合计	税率/%
02001	钢板	3 000 000	5	15 000 000	17 550 000	17

实训表76　采购发票4

业务类型	普通采购	发票类型	专用发票	发票号	0000000004	
开票日期	2012 - 1 - 8	供应商简称	鞍钢钢公司	部门	采购部	
业务员	张勇		税率/%		17	
存货编码	存货名称	数量	原币单价	原币金额	原币价税合计	税率/%
02001	钢板	3 000 000	4	12 000 000	14 040 000	17

（7）在应付款管理中将开具的2张采购发票确认为应付，并进行制单。

（8）在存货核算中对2张采购入库单进行记账，并制单生成凭证。

（9）1月9日，对首钢公司和鞍钢公司分别付款40 000 000元与10 000 000元，立即制单，并与发票进行核销，见实训表77和实训表78。

实训表77　付款单1

单据号	0000000001	日期	2012 - 1 - 9	供应商	首钢公司
结算方式	银行	结算科目	100201	币种	人民币

金额/元	40 000 000				
款项类型	供应商	金额	科目		
应付款	首钢公司	40 000 000	2121		

实训表 78 付款单 2

单据号	0000000002	日期	2012 - 1 - 9	供应商	鞍钢公司
结算方式	银行	结算科目	100201	币种	人民币
金额/元	10 000 000				
款项类型	供应商	金额	科目		
应付款	鞍钢公司	10 000 000	2121		

（10）1 月 10 日，华盛公司又与首钢公司签订了一项镀锌钢卷的采购合同，合同即时生效，并及时填制审核了采购订单，订单号为 0000000003，见实训表 79 和实训表 80。

实训表 79 采购合同 5

合同编码	0000000005		合同名称	镀锌钢卷采购	
合同类型	采购合同		对方单位	首钢公司	
币种	人民币		业务类型	普通采购	
部门	采购部		业务员	张勇	
标的编码	标的名称	数量	税率/%	无税原币单价	无税原币金额	含税原币金额
0202002	镀锌钢卷	1 000 000	17	20	20 000 000	23 400 000

实训表 80 采购订单 3

业务类型	普通采购	订单日期	2012 - 1 - 10	订单号	0000000003	
采购类型		供应商简称	首钢公司	部门	采购部	
业务员	张勇		税率/%	17		
存货编码	存货名称	数量	原币单价	原币金额	原币价税合计	税率/%
02002	镀锌钢卷	1 000 000	20	20 000 000	23 400 000	17

（11）1 月 11 日，镀锌钢卷到货，填制到货单，单据号为 0000000003，见实训表 81。

实训表 81 到货单 3

业务类型	普通采购	订单日期	2012 - 1 - 11	订单号	0000000003	
采购类型		供应商简称	首钢公司	部门	采购部	
业务员	张勇		税率/%	17		
存货编码	存货名称	数量	原币单价	原币金额	原币价税合计	税率/%
02002	镀锌钢卷	1 000 000	20	20 000 000	23 400 000	17

（12）由于镀锌钢卷不需检验，因此库房直接根据到货单验收入库。入库单号为0000000003，见实训表82。

实训表82　采购入库单3

入库单号	0000000003	入库日期	2012 – 1 – 11	仓库	委外库
供货单位	首钢公司	部门	采购部	业务员	张勇
入库类别	采购入库				
存货编码	存货名称	数量	本币单价	本币金额	
02002	镀锌钢卷	1 000 000	20	20 000 000	

（13）1月12日，收到镀锌钢卷的采购发票，并进行结算，发票号为0000000005，见实训表83。

实训表83　采购发票5

业务类型	普通采购	发票类型	专用发票	发票号	0000000005	
开票日期	2012 – 1 – 12	供应商简称	首钢公司	部门	采购部	
业务员	张勇		税率/%		17	
存货编码	存货名称	数量	原币单价	原币金额	原币价税合计	税率/%
02002	镀锌钢卷	1 000 000	20	20 000 000	23 400 000	17

（14）在应付款管理中将镀锌钢卷的采购发票确认为应付，立即制单。

（15）在存货核算中对镀锌钢卷的入库单进行记账，并制单生成凭证。

（三）其他业务

（1）1月17日，车间分两次领用钢板，第一次2 000 000公斤，第二次3 000 000公斤。分别填制对应的材料出库单并审核，单据号分别为0000000003和0000000004，见实训表84和实训表85。

实训表84　材料出库单3

出库单号	0000000003	出库日期	2012 – 1 – 17	仓库	材料库
入库类别	材料出库	部门		车间	
存货编码	存货名称	数量			
02001	钢板	2 000 000			

实训表85　材料出库单4

出库单号	0000000004	出库日期	2012 – 1 – 18	仓库	材料库
入库类别	材料出库	部门		车间	
存货编码	存货名称	数量			
02001	钢板	3 000 000			

（2）1月19日，在存货核算中对材料出库单进行记账，并制单生成凭证。

（3）1月20日，提现10 000元。

（4）1月21日，公司为行政部新购买了一台打印机，价格5 000元，采购银行付款。该打印机，预计使用10年，无残值。并制单生成凭证。

（5）1月22日，收到销售部王华归还的个人借款1 000元。

（6）1月23日，公司用现金采购了5 000元的办公物资，其中2 000元物资由行政部领取，3 000元物资由财务领取。

（7）1月24日，车间生产完H型钢1 000 000公斤，角钢2 000 000公斤。分别进行产成品入库，入库单号为：0000000001，0000000002。见实训表86和实训表87。

实训表86　产成品入库单1

入库单号	0000000001	入库日期	2012－1－24	仓库	产品库
入库类别	产成品入库	部门	车间		
产品编码	产品名称	数量	项目编码	项目	
01001	H型钢	1 000 000	01	H型钢	

实训表87　产成品入库单2

入库单号	0000000002	入库日期	2012－1－24	仓库	产品库
入库类别	产成品入库	部门	车间		
产品编码	产品名称	数量	项目编码	项目	
01002	角钢	2 000 000	02	角钢	

（8）1月25日，计提固定资产折旧，并生成凭证。

（9）1月26日，计提员工工资与福利费。

其中，工资：行政部2 000元，财务部3 000元，采购部5 000元，销售部4 000元，车间300 000元，车间管理部50 000元。

福利费：行政部280元，财务部420元，采购部700元，销售部560元，车间42 000元，车间管理部7 000元。

（10）请完成上述各模块本月的结账操作。

（11）编制生成三大报表。

参 考 文 献

［1］杨周南. 会计信息系统：面向财务业务一体化［M］. 北京：电子工业出版社，2006.

［2］孙莲香. 会计信息化应用教程（高职版）［M］. 南京：南京大学出版社，2006.

［3］张明明. 会计信息系统［M］. 北京：高等教育出版社，2007.

［4］庄明来. 会计信息化教程［M］. 北京：北京师范大学出版社，2007.

［5］武新华，李防，黄宗响. 用友 ERP – U8 财务管理实务（8.7X 版）［M］. 北京：清华大学
出版社，2008.

［6］周阅，张煜. 会计电算化原理与实务［M］. 北京：北京理工大学出版社，2009.

［7］中国会计学会会计信息化专业委员会. 辉煌历程：中国会计信息化 30 年［M］. 北
京：中国财政经济出版社，2009.

［8］张洪波. 会计信息化［M］. 北京：高等教育出版社，2011.

［9］中国会计学会编写组. 初级会计电算化：用友版［M］. 北京：经济科学出版
社，2011.